I0090065

www.ingramcontent.com/pod-product-compliance
Lightning Source LLC
Chambersburg PA
CBHW051243020426
42333CB00025B/3035
9781068622007

اندیشه سیاسی مصطفی تاجزاده:
گفتگوی ملی برای اصلاحات ساختاری

جلد یک
ارزیابی گفتمان سیاسی

سعید برزین

عنوان: اندیشه سیاسی مصطفی تاجزاده: گفتگوی ملی برای اصلاحات ساختاری – جلد یک – ارزیابی اندیشه سیاسی

نویسنده: سعید برزین

انتشار اول: مرداد ۱۴۰۳ – اوت ۲۰۲۴

محل نشر: آنلاین

حق استفاده: کلیه حقوق این اثر، از جمله چاپ و نشر، برای نویسنده محفوظ است اما نقل قول با ذکر منبع بلامانع است.[i]

شابک: ۹۷۸-۱-۰۶۸۶۲۲۰-۰-۷

---

[i] در استفاده از منابع و مصاحبه‌ها حق و حقوق ناشران رعایت و محترم شمرده شده و آنجا که شرطی وجود داشته اجازه از ناشر گرفته شده است.

"راهی جز گفتگو،
راهی جز برسمیت شناختن یکدیگر،
راهی جز آشتی ملی نداریم"

فهرست

مقدمه و سپاس

بخش اول | تجزیه، تحلیل و ارزیابی اندیشه سیاسی

بخش دوم

مقدمه

این تحقیق تلاشی است برای یافتن راه حلی بر مشکلات کشور. مشکلاتی که صحنه سیاسی در پیچ و خم آن گرفتار مانده و همه ایرانیان را در بر گرفته است. سعی شده تحقیقی روشمند و بخردانه باشد و معیارهای مورد قبول دانشگاهی را راهنما قرار دهد. این یک نوشتار جدلی و ایدئولوژیک نیست و هدف حزبی ندارد. ولی البته در نهایت، ارائه تحقیق برای کمک به آن است که بتوان تصمیمی سیاسی گرفت. بین الترناتیوهای موجود انتزاعی و عملی انتخاب کرد. در هیاهو و ناکجاآباد سیاست امروز راهی پیدا کرد و پیشنهادی ارائه داد.

آنچه مرا به بررسی افکار مصطفی تاجزاده جذب کرد تاکیدش بر ضرورت گفتگوی ملی بجای تشویق تضاد قهرآمیز؛ و نیز اصلاحات ساختاری به جای انقلاب و فروپاشی بود. نکاتی برجسته و زیربنایی در تاریخ معاصر ایران که متاسفانه توجه به آنها کمیاب و نادر است و به همین خاطر ضروری است که بیشتر و عمیق‌تر مورد بحث و بررسی قرار بگیرند. متاسفانه حکومت تاجزاده را به زندان انداخته تا صدایی نداشته باشد و این بحث به فراموشی سپرده شود. فردی را که مبلغ گفتگوی خشونت‌پرهیز است خاموش کرده تا نتواند راه‌حل مسالمت آمیزی برای مشکلات کشور پیدا کند. به همین خاطر احساس کردم که باید صدای او را منعکس کرد. باید بحث او را پیش برد. باید ابعاد موضوع گفتگوی ملی و اصلاحات بنیادین را شکافت. تاجزاده شخصیتی قابل توجه در صحنه سیاسی ایران است. نماینده گرایش اصلاح‌طلب در انتخابات ریاست جمهوری ۱۴۰۰ بود. در مناظره‌های کلاب هاوس ده‌ها هزار نفر را جمع می‌کرد. با تمام گرایش‌های سیاسی حاضر به گفتگو و بحث می‌شد. فعالیت مداوم داشت. و در صحنه سیاست، علی رغم سختی‌ها و تلخی‌ها که بر او رفت انسانی خوش اخلاق باقی ماند.

سوالی که برای من مطرح بوده و هست این است که آیا تاجزاده راه حلی برای مسائل سیاسی ایران دارد یا خیر، مسائلی که در بسیاری از موارد پیچیده و سختند. به همین خاطر تلاش کردم صحبت‌ها و نوشته‌های او را به لحاظ موضوعی طبقه بندی کنم تا فرازهای اصلی گفتارش روشن شود. سپس استدلال و شواهد اصلی هر موضوع

را روشن کنم و آنرا در بستر تاریخی مشخص خودش قرار دهم. یعنی در مجموعه گفتارهای دوره خودش بگذارم و رابطه آنها را با یکدیگر پیدا کنم. و نهایتا دریابم که راه‌حل‌های او برای مشکلات جامعه چیست.

می‌توان ادعا کرد که نظریه‌پردازی صرف تاثیر مستقیم، دلخواه و حساب شده بر روند واقعی سیاست و جنگ قدرت ندارند. اهدافی را ترویج می‌کند ولی صدایش به جایی نمی‌رسد. حتی گاه تاثیر معکوس می‌گذارد. ربطی میان نظریه‌پردازی با واقعیات رفتاری سیاستمداران و توده‌های مردم و حتی نخبگان سیاسی نیست. می‌توان ادعا کرد تلاش متفکر سیاسی برای ارائه یک ساختار بی‌نقص، هماهنگ، فراگیر و آرمانی ضرورتا ربطی به تصمیم‌های سریع، کم عمق، غیرکارشناسانه و عوام پسند قدرتمندان ندارد. اما در همان حال نمی‌توان این واقعیت را ندید که در دراز مدت و در طول روند تاریخی، نظریه‌پردازی و اندیشه پروری سیاسی یکی از تعیین کننده‌ترین عناصر روند تحول است. مطالعه انقلاب فرانسه بدون ژان ژک روسو؛ حکومت محافظه‌کار بدون توماس هابز؛ جامعه لیبرال بدون جان لاک؛ دوره مشروطه بدون میرزا ملکم خان و انقلاب اسلامی بدون علی شریعتی کامل و دقیق نیست.

این تحقیق سه بخش دارد. بخش اول تجزیه و تحلیل و شناخت افکار سیاسی تاجزاده است. هدف اصلی بررسی و شناخت زیر و بم مختلف فکر است. معیارها برای شناخت فرازهای فکری او چند گانه‌اند که به ترتیب در متن مطرح می‌شود. بخش دوم زندگینامه سیاسی اوست. اینجا دیگر تمرکز بر اندیشه و افکار نیست. تمرکز بر کارنامه عملی و سابقه فعالیتی است. هدف این تحقیق اصولا و اساسا شناخت فکری تاجزاده بوده ولی نیاز بود که یک بیوگرافی کوتاه از کارنامه سیاسی او ارائه شود تا خواننده را راهنما باشد. این دو بخش در جلد اول تحقیق آمده است.

بخش سوم، گفتارها و صحبت‌های خود تاجزاده است که از مصاحبه‌های متفاوت پیاده شده و برحسب موضوع دسته‌بندی کرده‌ام. هدف این است که خواننده مستقیم و بدون واسطه بتواند نظر وی را در مورد مسائل مشخص اجتماعی بخواند. تاجزاده یک فیلسوف سیاسی نیست. یک نظریه پرداز حرفه‌ای نیست. یک سیاستمدار و یک فعال

سیاسی است که بر حسب نیاز و ضرورت روز نظریه پردازی میکند. انسان باهوشی است که توان ذهنی خود را برای آماده سازی حرکت سیاسی بکار می‌اندازد. در بخش سوم (که در جلد دوم آمده) سخن مستقیم او را میشنویم. به اضافه منابع تحقیق.

نزدیک به نیم قرن پس از انقلاب سال ۱۳۵۷، ایران دوران ناامیدی سختی را پشت سر می‌گذارد. تشتت فکری و تسلط تندروترین ایده‌ها و نیروها بر صحنه سیاسی دوران دشواری را ساخته. آشفتگی افکار در صحنه سیاسی مزمن است. در این شرایط شاید گفتگو در تمام سطوح و ابعاد بتواند روزنه‌ای بگشاید. البته گفتگوی صرف پاسخ به تمام مشکلات نیست ولی گفتگو بخش مهمی از آن را شکل می‌دهد. شکست تمام جریانهای سیاسی، از چپ و راست، در حکومت و در اپوزیسیون، و ناتوانی آنها در تسلط مطلق بر فضای سیاسی شاید زمینه را برای گفتگو ملی مهیا کند. گفتگویی که بتواند به تحولات خشونت‌پرهیز و بنیادین بی‌انجامد.

همین جا بگویم که شاید برخی از تحلیل‌های من نادرست باشد. من ادعای دانایی تمام و کمال ندارم. صرفا نتیجه تحقیق خود را ارائه می‌دهم. حتما نظرهای متفاوت، از جمله از طرف آقای تاجزاده، وجود دارد که امیدوارم مطرح شود. اینکه تاجزاده در زندان است و امکان دسترسی به او نبود تا مسائل گوناگون این تحقیق را نقد و اظهار نظر کند پروژه را سخت می‌کند. به اضافه، تغییر و تحول در اندیشه، بخصوص برای یک سیاستمدار، امری ممکن است و من سعی کرده‌ام تا حد امکان این تغییر و تحول را لحاظ کنم. برخی نکات نظری او شاید تغییر کرده باشد و بکند ولی به نظرم این تحقیق اصول و چارچوب اساسی فکر او را به اندازه کافی منعکس می‌کند. به هر حال، به صحت تحقیق امیدوارم ولی البته جای بحث را باز میگذارم و خود را مسئول تمام کوتاهی‌ها و اشتباهات می‌دانم.

سپاس

وظیفه دارم بطور مشخص از شخصیت‌های ارزشمند و محل اعتمادی که زحمت کشیدند و متن این تحقیق را ملاحظه کردند و نظر دادند سپاسگزاری کنم. جناب دکتر همایون کاتوزیان (استاد دانشگاه اکسفورد)، جناب دکتر محسن کدیور (استاد دانشگاه دوک، کارولینای شمالی) و جناب آقای علی مزروعی (نماینده دوره ششم مجلس و از همکاران آقای تاجزاده) این تحقیق را ملاحظه کردند و نظر دادند. از هر سه بزرگوار سپاسگزارم و برایشان آرزوی موفقیت دارم.

همچنین ضروری است که از همسر آقای تاجزاده، خانم فخرالسادات محتشمی‌پور، که وقت گذاشتند و در چند مورد به سوال‌های من پاسخ دادند، تشکر کنم. روحیه قوی ایشان در پشتیبانی از آقای تاجزاده قابل توجه و زبانزد بوده و هست. برای ایشان و خانواده گرامی آرزوی سلامتی و بهروزی دارم.

از دیگر دوستان و عزیزانی که مرا در این پروژه، در تهیه اطلاعات، پیشبرد گفتگو و ویرایش متن همراهی کردند سپاسگزارم. در اینجا باید بخصوص از آقای فرخ نگهدار (فعال جمهوری‌خواه) قدردانی کنم.

سرانجام، بخصوص از همسر بزرگوارم، لادن، که با صبوری و خوش اخلاقی محض، مرا در تمام راه تشویق کرد و روحم را شاد نگه داشت تشکر می‌کنم و این کتاب را به او هدیه می‌دهم.

فصل اول
فرازهای اصلی اندیشه

تحقیق در باب فلسفه سیاسی یک کار صرفا علمی نیست. تلاشی ضروری برای درک پیچیدگی‌های سیاست و حکومت است.

زین‌العابدین عبدالکلام، رئیس جمهور اسبق هند

در این فصل خلاصه‌ای از فرازهای اندیشه سیاسی سید مصطفی تاج‌زاده مطرح می‌شود به این امید که تشخیص رگه‌های اصلی گفتمان او بتواند ساختار اصلی را به اندازه کافی روشن و قابل فهم کند. طبیعتا دیگر نظریه‌پردازان و فعالین سیاسی ایرانی درباره این موضوعات اظهار نظر کرده‌اند. اما در بسیاری از این مسائل تاج‌زاده استدلال‌های ویژه خود را مطرح می‌کند. از جمله، درباره اهمیت گفتگو در سطح فراگیر ملی؛ و یا الگوبرداری خشونت‌پرهیز از روش‌های اعتراض مدنی؛ و یا همزمانی اصلاح سیاست‌های حکومتی و تغییر قانون اساسی. در فصل جاری چکیده‌ای از این بحث کلی، یعنی گفتگوی فراگیر ملی برای دستیابی به تغییرات و اصلاحات ساختاری، ارائه می‌شود و در فصل‌های بعدی موضوعات به ترتیب در جزئیات بیشتری مورد بررسی قرار می‌گیرد.

تجدیدنظر طلبی

بسیاری از کسانی که در انقلاب ۱۳۵۷ شرکت کردند، با گذشت زمان و به درجات مختلف، در مورد روش انقلابی و پیامدهای آن طوفان اجتماعی انتقاد و تجدید نظر کرده‌اند. نتایج آن انقلاب عظیم تاریخی را دیده و نمی‌خواهند اشتباهات آنرا تکرار کنند. این را به صراحت می‌گویند. تاج‌زاده یکی از آنها است. به قول خودشان، از گذشته پند گرفته و تجربه تاریخی را راهنمای خود قرار می‌دهند تا آن اشتباهات بزرگ تاریخی انقلاب تکرار نشود. این خود-انتقادی و تجدیدنظرطلبی، در دهه‌های پس از انقلاب اسلامی، روند گسترده‌ای دارد و میان تمام نخبگان سیاسی، از اسلامی و جمهوری‌خواه تا چپ و سلطنت طلب، به درجات مختلف و اشکال گوناگون، دیده می‌شود. نوعی

پشیمانی از عمل انقلابی در میان توده‌های مردم کوچه و بازار نیز دیده می‌شود و بخصوص در میان طبقه متوسط برجسته است. از مهم‌ترین ویژگی‌های ساختار فکری تاج‌زاده همین گونه تجدیدنظر تدریجی ولی عمیق در مسائل سیاسی است. او نخست یک انقلابی مذهبی و از طرفداران مبارزه مسلحانه با رژیم حاکم بود اما پس از چهار دهه تبدیل به یک لیبرال با افکار رفرمیستی و ملاحظه‌کار شد. تجدیدنظرطلبی او که فراگیر و زیربنایی است با سیر تحول اندیشه مردم عادی نیز هماهنگی دارد. خودش می‌گوید که با تجربه ۴۰ ساله دیگر حاضر نیست تن به یک انقلاب دیگر بدهد. هرگز! البته این تجدیدنظر برای تاج‌زاده به قیمت گزافی بدست آمد. نخست موقعیت عالی‌رتبه خود را در نظام سیاسی از دست داد و سپس به زندان رفت. اما تجدیدنظر را برای جلوگیری از تکرار اشتباهات گذشته و باز کردن راه آینده چنان ضروری تشخیص داد که آنرا صراحتا اعلام و رسما دنبال کرد. بنظر می‌رسد که پایگاه اجتماعی او نیز از این منظر با او هماهنگ باشد.

گفتگوی ملی

یکی از زیربنایی‌ترین ایده‌های تاج‌زاده درباره گفتگوی ملی است. گفتگوی ملی به این معنا که جریان‌های سیاسی یکدیگر را به رسمیت بشناسند و با یکدیگر صحبت و مذاکره و نهایتا معامله کنند. به این معنا که گفتگو، بر اساس تحمل مخالف و رقابت مسالمت آمیز با مخالف، مبنا قرار بگیرد. تاج‌زاده معتقد است این تعامل بایستی تمام جریان‌های سیاسی، از هسته مرکزی حکومت تا اپوزیسیون رادیکال، را دربر بگیرد و هر چه وسیع‌تر شود موثرتر خواهد بود. گفتگو میان نظام حاکم، نیروهای سیاسی و توده مردم را تنها راه نجات جامعه و حتی نوعی معجزه تلقی می‌کند. در اینجا از نظریه گفتگوی سیاسی محمد خاتمی الهام می‌گیرد و قصد دارد پرونده نحیف، ولی موجودِ تعامل سیاسی کشور را تقویت کند و به سرانجامی موثر برساند. مطالعه تاریخ معاصر ایران نشان می‌دهد که شرایط اجرای چنین برنامه‌ای آسان نیست ولی شاید غیرممکن هم نباشد.

سابقه تحولات سیاسی ۵۰ ساله حاکی از آن است که نیاز به گفتگوی سیاسی بیش از پیش مورد نظر قرار گرفته و نوعی تعامل، هر چند بسیار محدود، به وقوع پیوسته. واقعیات اجتماعی، و بخصوص تغییر توازن قوا میان حکومت و جامعه، در تشویق این روند موثر بوده است. به اضافه، ماهیت چند قطبی نظام جمهوری اسلامی؛ قوی شدن بیش از پیش جامعه مدنی؛ و تحول فکر و فرهنگ سیاسی زمینه‌ساز احتمال گفتگوی مورد نظر تاجزاده را فراهم آورده. تاریخ جوامع دمکراتیک غربی نشان می‌دهد که اهمیت موضوع گفتگو به حدی است که در این جوامع گفتگوی سیاسی به مثابه سنگ زیربنای نظام مردمسالار شناخته می‌شود. چنین زمینه‌ای، نظریه گفتگوی ملی تاجزاده را بیش از پیش با اهمیت می‌کند.

در نقد و دفاع از نظریه گفتگوی ملی

می‌توان محتوا و امکان نظریه گفتگوی ملی را مورد نقد قرار داد و یا از آن دفاع کرد. زمینه بحث گسترده است. آنچه تاجزاده را نگران می‌کند واقعیت سیاسی در ایران است که جریان‌های سیاسی اصولا فرقه‌ای و قبیله‌ای هستند و با یکدیگر دشمنی قهرآمیز دارند. تاجزاده یکی از پیش قراولانی است که می‌خواهد تمام جریان‌های سیاسی، در داخل و خارج نظام، یکدیگر را برسمیت بشناسند و با یکدیگر گفتگو کنند. وی خواهان تغییرات بنیادین در نظام سیاسی کشور است اما می‌خواهد که این تحولات با حفظ نوعی نظم و ثبات انجام بگیرد. می‌خواهد تحولات بنیادین به نحوی قابل تعریف، قابل پیش‌بینی و قابل مدیریت باشند. نگران است که اگر گفتگو ملی برقرار نشود خلاء سیاسی، خلاء قدرت و چاه ویل بی‌دولتی حاکم شود. که اگر گفتگو ملی نباشد به احتمال زیاد سرنگونی نهادهای کشوری و لشکری موجب شکل گرفتن خلاء سیاسی شود و مدیریت اوضاع مملکت را غیر ممکن کند. به همین خاطر پیشنهاد گفتگو می‌دهد.

تعریف تاجزاده از موضوع گفتگوی ملی در چارچوب انقلاب اجتماعی نیست بلکه در چارچوب اصلاحات بنیادین است. خواهان گفتگو میان تمام نیروهای سیاسی از

جمله با نیروهای حکومتی است. شرایط اجتماعی ایران را می‌توان در تایید نظر او تفسیر کرد. چرا که اولا، هویت‌های متکثر اجتماعی (فکری، طبقاتی، نسلی، مذهبی، سکولاری، جنسیتی و اتنیکی) زمینه چنین گفتگویی را فراهم می‌کند. ثانیا، تجربه تلخ از رادیکالیسم سیاسی (از انقلاب ۵۷ گرفته تا جنبش سبز ۸۸ و بهار عربی) موجب شکل گیری نوعی ملاحظه‌کاری میان مردم و الیت سیاسی شده. البته از سوی دیگر، بخش قابل توجهی از نیروهای سیاسی (در داخل و خارج حکومت) نظریه گفتگوی ملی را غیرواقعی و رمانتیک ارزیابی می‌کنند و با آن مخالفند. اما نکته مهم آنجاست که همین نیروهای سیاسی، در داخل و خارج حکومت، به تدریج واقف شده‌اند که در اجرای صددرصدی برنامه‌های خود ناکام بوده‌اند. به رسمیت شناختن این ناکامی، در واقع، می‌تواند اولین قدم در برسمیت شناختن رقیب و آغاز گفتگو ملی باشد.

نظریه اصلاحات ساختاری

اصلاحات ساختاری تاجزاده چیست و آیا عملی و قابل اجرا است؟ آیا می‌توان از طرح او برای پیشبرد کار سیاست استفاده کرد؟ اینجا، مجتهد و اندیشمند دینی، محسن کدیور تعریفی از اصلاحات ساختاری ارائه داده که می‌تواند راهگشا باشد. کدیور می‌گوید اصلاحات ساختاری تغییرات تدریجی و مسالمت‌آمیز است که با انقلاب تفاوت دارد. و آنچه اصلاحات را از انقلاب متمایز می‌کند میزان تغییرات اجتماعی نیست، بلکه آهنگ و روش تدریجی و روش مسالمت‌آمیز آن است. به اضافه، اصلاحات ساختاری از اصلاحات سطحی و روبنایی فراتر می‌رود و تغییرات بنیادی و اساسی را در برمی‌گیرد. در الهام از چنین تفسیری است که تاجزاده روشِ کار اجرایی خود را مطرح می‌کند. این روش که کلید اصلی و رمز زیربنایی استراتژی او محسوب می‌شود و بایستی همواره آن را مبنا قرار داد شامل دو استراتژی موازی و دو برنامه همزمان است. یک استراتژی برای اصلاح سیاست‌های حکومتی است و استراتژی دیگر برای تغییر قانون اساسی به عنوان متن حقوقیِ بالادستی می‌باشد. تاجزاده می‌گوید برای پیشبرد این دو استراتژی موازی، بایستی همزمان در دو جهت تلاش کرد: هم برای اصلاح قانون اساسی و هم

برای تغییر سیاست‌های جاری حکومتی. تعارضی این میان نمی‌بیند، که برعکس، این تلاش را هم‌افزا می‌خواند. موارد پیشنهادی وی برای تغییر قانون اساسی از جمله تفکیک قوای حکومتی؛ به رسمیت شناختن حقوق شهروندی؛ و مهم‌تر از همه، اصلاح و یا حذف اصل ولایت فقیه را به همراه دارد. استراتژی دیگر خواهان تصحیح سیاست‌های حکومتی، بخصوص در جهت برقراری آرامش در سیاست خارجی؛ باز کردن فضای انتخاباتی؛ توجه به توسعه اقتصادی؛ آزادی چرخش اطلاعات و آزادی تجمعات اعتراضی است. در ارزیابی ما نظریه اصلاحات موازی در حوزه سیاست‌های حکومتی و قانون اساسی، با اینکه تضمین صددرصدی برای پیشرفت و موفقیت ندارد اما برخوردار از سابقه و زمینه‌ای است که امکان مانور و تحرک سیاسی را ارائه می‌دهد. تاجزاده برای پیشبرد برنامه اصلاحات ساختاری خود شرط و شروطی را قائل می‌شود تا بستری واقعی تحقق آرمان‌ها و آرزوهای سیاسی‌اش روشن شود. برای رسیدن تدریجی و مسالمت آمیز به تغییرات بنیادین است که اهداف و روش‌های خاصی را مطرح می‌کند که به آنها می‌پردازیم.

اصلاح یا حذف اصل ولایت فقیه

آیا می‌توان ولایت استبدادی فقیه را تغییر داد بدون آنکه کشور گرفتار انقلاب و فروپاشی شود؟ در پاسخ به این سوال عمومی است که تاجزاده نظریه خود را در مورد امکان تغییر قانون اساسی، و مشخصا اصل ولایت فقیه، مطرح می‌کند. تاجزاده‌ای که در طول زندگی سیاسی خود دو نظرِ کاملا متفاوت را نسبت به مسئله ولایت فقیه داشته. یکی، در دهه ۵۰، که قویا از آن دفاع می‌کرد و دیگری در دهه ۹۰، که رسما و سرسختانه از منتقدین و فعالین علیه ولایت فقیه شد.

علت تغییر عقیده و مخالفت تاجزاده این است که تجربه به او ثابت کرد که نظام ولایت فقیه ساختاری استبدادی خلق می‌کند که در آن از حربه نظارت استصوابی استفاده شده و تفکیک قوا و انتخابات ریاست جمهوری و مجلس شورا بی‌معنا می‌شود. می‌گوید ولی فقیه، با اتکاء به یک پایگاه اقلیتی اجتماعی، جامعه را در بند و بست قرار

داد، و نه تنها به ضرر مملکت که به ضرر مذهب و دستگاه روحانیت کار کرد. تاجزاده حاکمیت روحانیون شیعه را همچنین زمینه‌ای برای تحریک بخش سُنی جامعه ایران می‌داند و همچنین نگران است که این نظام سرانجام نوعی حکومت موروثی را خلق کند. تاجزاده پیشنهاد می‌کند که نهاد روحانیت به نقش سنتی خود، به معنای جدایی و استقلال از دستگاه حکومت، بازگردد. مانند آنچه روحانیت شیعه در عراق، به رهبری ایت‌الله سیستانی، انجام داد و مقامی برای خود در نظام حکومتی نخواست.

تاجزاده در تعیین انجام وظائف خود، معتقد است که نباید در مورد مسئله ولایت فقیه سکوت کرد و به انتظار تحولات نشست چرا که اوضاع کشور حساس است و می‌تواند سخت‌تر و پیچیده‌تر شود. سکوت را جایز نمی‌داند. از سخنان تاجزاده می‌توان استنباط کرد که در تحلیل نهایی او دو راه برای ولایت پیش‌بینی می‌کند. از یک طرف، تعریف مجدد موقعیت و محدود کردن اختیارات ولی فقیه، و از طرف دیگر، حذف کامل آن از قانون اساسی کشور. تاجزاده با گذر زمان، بر راه حل دوم بیش از پیش تاکید می‌کند. یعنی احتمال انتخابی کردن، موقتی کردن، دوره‌ای کردن، یا مختصر کردن اختیارات ولی فقیه را مد نظر دارد. ولی بیش از پیش به این جمع‌بندی می‌رسد که این اصل باید از قانون اساسی حذف شود. اینجا، مبهم است که این تغییر به چه شکل و در چه زمانی اتفاق خواهد افتاد. اما نکته مهم این است که تاجزاده پیشنهاد تغییر موقعیت ولایت فقیه را خلاف قانون اساسی تفسیر نمی‌کند. برعکس! تاکید دارد حتی حذف ولایت فقیه از قانون اساسی مطلقا به معنای بحث براندازی و یا انقلاب علیه دستگاه حاکمه نیست. وی می‌خواهد که برای محدود کردن این عنصر در چارچوب قانون عمل کند و در قبال نحوه و ماهیت تغییر، خواهان بررسی و گفتگو می‌شود. چنین پیشنهادی برای تجدیدنظر داوطلبانه حکومت در مورد مقام و موقعیت ولی فقیه طبعا با مخالفت سرسخت حکومت روبرو می‌شود. اما تاجزاده ظاهرا امیدوار است که بحث درباره ضرورت عقب راندن ولی فقیه بتواند زمینه را برای حل این مسئله آماده کند و در عین حال به معنی انقلاب و فروپاشی حکومت تفسیر نشود. در تعیین استراتژی خود برای اینکه مقام ولایت را محدود کند، تاجزاده چند تاکتیک مشخص را مد نظر قرار می‌دهد. اینکه سیاست‌های شخص رهبر را زیر سوال ببرد؛ خواهان تغییر موقعیت

حقوقی رهبر شود و از پیشنهاد برگزاری رفراندم جهت تغییر قانون اساسی حمایت کند. می‌گوید همانطور که حکومت مجبور شد در مورد حجاب اجباری عقب بنشیند احتمال این سناریو وجود دارد که حکومت بدون رضایت ذاتی، ولی بدون فروپاشی، مجبور به تغییر اصل ولایت فقیه شود.

تبدیل حکومت انتخابی به حکومت یکدست

حیاتی است که بدانیم یک فعال سیاسی چه تعریفی از ماهیت نظام و سرشت دستگاه حکومتی ارائه می‌دهد چرا که این تعریف، زیربنای ساختار اندیشه سیاسی او را تشکیل خواهد داد و سیاست عملی او را تعیین خواهد کرد. اینجا، تاجزاده معتقد است انقلاب ۵۷ یک نظام نیمه‌–باز و نیمه–بسته؛ نیمه–انتخابی و نیمه–انتصابی را بوجود آورد که اجازه گفتگوی محدود سیاسی و زمینه سیاست ورزی نسبی را فراهم کرد. به همین خاطر طی دهه‌های بعدی، شهروندان در اکثر انتخابات شرکت کردند و علی‌رغم همه انتقادها رضایت نسبی داشتند و به یکی از جناح‌های نظام رای دادند. اما به تدریج ماهیت نیمه–باز دچار انسداد شد و به یک نظام تک نفره و یکدست گرایش پیدا کرد. تاجزاده ایت‌الله خامنه‌ای را مسئول اول این تغییر می‌داند. می‌گوید خامنه‌ای چنین برنامه‌ای را برای اجرای احکام فقهی و تعیین رهبر بعدی دنبال کرد. ولی احتمال موفقیت پروژه اندک است و حکومت را با بحران ناکارآمدی و مشروعیت مواجه می‌کند.

مسئله‌ای که اینجا تاجزاده با آن روبرو است، یعنی ارائه تعریف از ماهیت سیاسی نظام و نحوه تحول آن، موضوعی است که سالها فعالین سیاسی و اساتید علوم اجتماعی را به خود مشغول داشته. مثلا اینکه ساختار نظام چه شکلی دارد و مشروعیت اجتماعی خود را به چه شکلی تامین می‌کند. و یا اینکه نظام چگونه با مسائل رضایت عمومی، کارآمدی بوروکراتیک و عدالت طبقاتی برخورد می‌کند. اینجا محققین علوم اجتماعی طیف گسترده‌ای از نظریات را مطرح کرده‌اند. اینکه حکومت ایران جمهوریِ مذهبی؛ یا شبه جمهوری؛ یا حاکمیت دوگانه؛ یا چند قُطبی؛ یا دیکتاتوری؛ یا استبدادی خودکامه؛ و یا توتالیتر است. اما آنچه در اغلب تحقیقات دانشگاهی قابل توجه است اینکه چه

حکومت استبدادی و چه شبه–استبدادی تلقی شود، نمی‌توان حاکمیت دو گانه، چند قُطبی و مبارزه داخلی نظام را مد نظر و مورد بحث قرار نداد.

بحث مشابه‌ای میان گروه‌های سیاسی جریان داشته است. بحث‌های حزبی البته جدلی‌تر، دوقُطبی‌تر و تبلیغاتی‌ترند و در جهت پشتیبانی از اهداف عملی حزبی و با تاثیر فوری بیشتر در جامعه دنبال شده‌اند. این نظریات نیز در طیف بسیار گسترده‌ای مطرح می‌شوند. یک قطب، جمهوری اسلامی را یک نظام فاشیست–دینی، غارتگر و وطن فروش می‌داند که نه استحاله‌پذیر، نه مذاکره‌پذیر و نه صلح‌طلب است. اما از نظر خط میانه، در ساختار حقیقی نظام حاکم، توازن مطلوبی میان نهادهای حکومتی با جامعه مدنی وجود ندارد و باید با تقویت جامعه مدنی نوعی توازن سالم بوجود آورد. همزمان، یک قطب دیگر می‌گوید ولیّ فقیه جانشین امام معصوم و حاکم امت اسلامی و واجب الاطاعت است؛ و رهبر در کنار قوای سه گانه، نهادهای رسمی و تشکل‌های سیاسی اسلامی تعیین کننده سرنوشت جامعه هستند و مدیران صالح و کارآمد با فعالیت جمعی سیاسی صلاح و سداد را تعیین می‌کنند. تاجزاده جایی میان دو قطب افراطی و تفریطی می‌نشیند و در صحنه سیاست عملی در وسط صحنه قرار دارد. این آرایش، پیامد میدانی خاص خود را به همراه می‌آورد. وجود دو عنصر جمهوریت و استبداد در تجربه جمهوری اسلامی؛ و پیشبرد سیاست عملی با توجه به این روند تاریخی؛ معیار و راهنمای تاجزاده در تعریف و برخورد با نظام حاکم است.

خطر خشونت در سیاست

احتمال بروز خشونت برای همه بازیگران سیاسی جدی است. از یک طرف، حکومت برای برقراری نظم مورد نظر خود اعمال خشونت می‌کند، و از طرف دیگر، مخالفین برای تغییر رژیم حاکم دست به خشونت می‌زنند. به عنوان یک بازیگر سیاسی، تاجزاده مجبور است که برای این مسئله راهحلی پیدا کند. به همین خاطر سعی دارد تعریفی از ماهیت و سبب خشونت ارائه دهد و در جمع‌بندی به حکومت و به مخالفین هشدار دهد که می‌توانند عامل و زمینه ساز خشونت باشند. البته حکومت را متهم ردیف اول می‌داند

و می‌گوید تردیدی نیست که حکومت متهم اصلی اعمال خشونت در سیاست است. حکومتی که به استراتژی مشت آهنین و نصر بالرعب [i] اعتقاد دارد. اما نکته مهم اینکه، تاج‌زاده معترضینِ خشونت طلب را هم مسئول می‌داند. تاکید دارد آنها هم در ایجاد شرایط مرگبار مقصرند. در قبال "حق دفاع" از خود و "خشونت مشروعِ" مخالفین، استدلالش را، نه بر پایه اخلاقیات و حقوق، که بر پایه سود و هزینه قرار می‌دهد. بر این اساس خشونت در سیاست را روشی پرهزینه، غیر سودمند و ویرانگر معرفی می‌کند. معتقد است که مهم نیست که چه کسی آتش خشونت در سیاست را روشن کند، مهم این است که وقتی شعله خشم زبانه کشید خشک و تر با هم خواهند سوخت و ویرانی به جای خواهند گذاشت. با این استدلال پیش می‌رود که خشونت بی‌فایده، بی‌تاثیر و ویرانگر است و برای ساختمان جامعه آزاد سودی ندارد. جدا نگران است که خشونت کشور را به هرج و مرج، چاه ویل بی‌قانونی و جنگ‌های ۳۰ ساله ببرد، و به کل ملت آسیب برساند. مکرر به تجربه خشونت در انقلاب سال ۵۷ ایران، جنبش‌های اعتراضی و بهار عربی در خاورمیانه اشاره می‌کند. اصرار دارد که باید از آن تجربیات تاریخی آموخت. منتقدین تاج‌زاده در طیف اپوزیسیون رادیکال او را متهم می‌کنند که خشونت استبداد حاکم را می‌پذیرد ولی خشونت ضد رژیم را نفی می‌کند. منتقدین او در داخل حکومت نیز او را متهم می‌کنند که خشونت جنبش‌های اعتراضی (مثل مهسا) را می‌پذیرد و در ستایش از آنها قلم فرسایی می‌کند. اگر بتوان برای هر دو منطق نوعی مشروعیت قائل شد می‌توان گفت تاج‌زاده پاسیفیست مطلق نیست ولی برای جلوگیری از بروز خشونت با تمام قدرت تلاش می‌کند. و البته این تلاش با چالش‌هایی جدی روبرو است. در صحنه سیاسی ایران عواملی که خشونت را ترویج می‌کنند متعدّدند. جمله اینکه، اراده حکومت اعمال خشونت برای بقاء و به هر قیمت، است. به اضافه، تعدادی از احزاب سیاسی کشور مسلح هستند و اختلاف میان الیت سیاسی عمدتا قهرآمیز است. فرهنگ خشونت پرهیزی هم میان مردم کوچه و بازار ضعیف است و قدرت‌های خارجی نیز از دخالت خشن باکی ندارند. اما از آن سو نمی‌توان نادیده گرفت که فرهنگ خشونت پرهیزی هم رشد کرده. از جمله در بازی جناحی طی چند دهه؛

---

[i] پیروزی با ترس میسر می‌شود

قوی شدن جامعه مدنی؛ رشد فرهنگ همزیستی میان مردم و درس آموزی از شکست جنبش‌های انقلابی. در چنین فضایی است که تاجزاده برای ترویج سیاست ورزی خشونت‌پرهیز تلاش کرده است.

شرایط شرکت در انتخابات

شرکت و یا عدم شرکت در انتخابات از جنجالی‌ترین و سخت‌ترین مسائل سیاسی ایران است. در نظر تاجزاده انتخابات فرصت مهمی برای پیشبرد پروژه دمکراسی است که می‌تواند در تحول تدریجی بسوی مردمسالاری موثر باشد و آسیب احتمالی کمتری به کشور برساند. وی برای شرکت در انتخابات سه شرط پیشنهاد می‌کند: احتمال پیروزی، امکان پیشبرد برنامه و حرکت به سمت انتخابات آزاد و عادلانه. اگر این شرایط وجود داشت باید شرکت کرد وگرنه باید حکومت را به حال خود گذاشت. از همه می‌خواهد که برای آزاد شدن انتخابات تلاش کنند، برنامه سیاسی بنویسند و شعار بدهند. می‌پذیرد که برای پیش بردن این پروژه باید نوعی سازش و مدارا میان حکومت و اپوزیسیون شکل بگیرد و مصالحه و معامله‌ای بشود. اینکه چرا باید حکومت حاضر شود فضای انتخاباتی را باز کند، تاجزاده به سه استدلال متوسل می‌شود: اجبار، عقلانیت و تجربه. باور دارد که وقتی حکومت به بن‌بست رسید مجبور و ناچار خواهد شد که فضای انتخاباتی را باز کند. به اضافه، اشتیاق به حفظ بقا نوعی عقلانیت را به این معادله تزریق خواهد کرد. تجربه تاریخی هم نشان از این امر است. چه در سال انقلاب ۵۷ که شاه حاضر به بازکردن فضای سیاسی شد و چه نرمش جمهوری اسلامی در انتخاباتی که به پیروزی خاتمی و روحانی انجامید. پس باید برای چنین فرصتی آماده بود. تاجزاده معتقد است که توده مردم به چنین نظری در مورد انتخابات باور دارند. نه اینکه عاشق جمهوری اسلامی باشند بلکه باور دارند چنین روشی هزینه کمتر دارد و می‌تواند به تحولات مهمی بی‌انجامد. بررسی تاریخچه انتخابات در تاریخ معاصر ایران نشان می‌دهد که این پرونده‌ای نحیف است و بجز دوره‌ای پس از انقلاب مشروطه و دهه ۲۰، نقش و تاثیر رای گیری اندک بوده و صرفا پس از انقلاب ۵۷ است که

انتخابات مجلس و ریاست جمهوری تا حدودی به کارنامه سیاسی اضافه می‌شوند. بررسی همچنین نشان می‌دهد که در چهار دهه بعد از انقلاب، اکثریت قاطع مردم در مورد انتخابات، نظریه مشارکتی مشروط داشته‌اند. یعنی، مشارکت را با شروطی پذیرفته و در بیشتر رای گیری‌ها شرکت کرده‌اند. در اکثر انتخابات این چند دهه، میزان رای به راحتی بالای ۵۰ درصد بوده است. البته ماهیت عمده این رای در اعتراض به وضع موجود بوده و ماهیت شناور (به معنای عدم وفاداری به جریان‌های سیاسی) داشته است. اما بهر حال اکثر مردم مشارکت مشروط داشته‌اند. این واقعیت با نظریه مشارکت مشروط تاج‌زاده همخوانی دارد. در برابر این نظریهِ مشارکت مشروط، اصول‌گرایان اسلامی رای دادن را همیشه مفید و وظیفه‌ای اخلاقی می‌دانند، در حالیکه نیروهای برانداز ضد حکومتی در تمام شرایط، شرکت در انتخابات را مایه فساد و تقلب می‌شناسند. تحقیقات دانشگاهی گسترده‌ای در مورد رژیم‌های "ترکیبی" (های‌-برید) انجام شده که نشان می‌دهد آنها از روش‌های اقتدارگرا و روش‌های دموکراتیک (از جمله انتخابات)، در کنار هم و در ترکیب با هم، استفاده می‌کنند. این مطالعات نشان می‌دهد که انتخابات می‌تواند فرصتی برای گروه‌های مخالف برای به چالش کشیدن نظام حاکم و ایجاد یک حکومت آزادتر و باقاعده‌تر باشد. اما در همین حال، این نوع رژیم‌ها می‌توانند از انتخابات به عنوان ابزاری برای تحکیم روش استبدادی خود استفاده کنند. انتخابات همچنین می‌تواند به تشدید تنش‌های قومی و مذهبی بی‌انجامد. مطالعات آکادمیک این نظر را تایید می‌کند که احتمال و امکان استفاده موفقیت آمیز از انتخابات برای نیروهای طرفدار مردم‌سالاری وجود دارد ولی تضمین شده نیست. از این فرصت است که تاج‌زاده می‌خواهد استفاده کند.

رد روش براندازی و انقلاب‌گری

انقلاب بکنیم یا نکنیم؟ این یک سوال محوری در تاریخ معاصر ایران است و تاج‌زاده در پاسخ به این سوال تلاشی جدی دارد که مخاطب را متقاعد کند که انقلاب مناسب نیست. بحث ایرانیان در مورد ضرورت و مفید بودن انقلاب و یا خطر و ویرانگری آن،

بیش از یک صد ساله سابقه دارد و بسیاری از حوزه‌های فکر سیاسی را تحت‌الشعاع قرار می‌دهد. از خیزش مهسا و جنبش سبز گرفته تا انقلاب اسلامی و انقلاب مشروطه، همیشه این سوال اساسی مطرح بوده، انقلاب کنیم یا اصلاح؟ و البته چنین مشغولیت فکری کاملا طبیعی است. می‌دانیم که در نظریه‌پردازی سیاسی جهان هم، بحث اصلاح یا انقلاب سابقه چند صد ساله دارد. برخی از بزرگترین اندیشمندان سیاسی جهان فعالانه از انقلاب حمایت کرده‌اند؛ برخی شرط و شروطی برای انقلاب قائل شده‌اند و برخی دیگر آنرا کاملا مردود دانسته‌اند.

تاج‌زاده حق مردم برای تغییر حکومت را به رسمیت می‌شناسد. می‌گوید که مردم عادی حق اعتراض، تظاهرات و تغییر نظام سیاسی را دارند. حق دارند خواهان تغییر نظام پادشاهی شوند و حق دارند خواهان تغییر نظام جمهوری اسلامی باشند. اما در مورد نحوه تغییر و تحول، تاج‌زاده تاکید دارد که با انقلاب، براندازی و فروپاشی به عنوان روش برخورد با نظام حاکم سخت مخالف است. چند استدلال دارد. بیش از هر چیز به واقعیات تاریخی ایران و خاورمیانه اشاره دارد. به تجربه انقلاب ۵۷ و انقلاب مشروطه و بهار عربی اشاره دارد. تجربه صرف و خالص تاریخی را مبنا قرار می‌دهد. می‌گوید به تاریخ مراجعه کنیم. ببینیم که دو انقلاب ضد استبدادی و ضد استعماری ایران چگونه در مهار دیکتاتوری و ساختمان یک جامعه آزاد ناتوان بودند. ببینیم که انقلاب اساسا و اصولا یک نگاه و روش حذفی دارد که چون رخ بدهد راهی جز برخورد قهرآمیز و توسل به خشونت در برابر رقبای سیاسی نیست. به اضافه، باید اراده سرکوب نظام را دید که، علی‌رغم پایگاه اجتماعی محدود، توان ویرانگری دارد، و برای هر نوع اعمال خشونتی آماده است. به اضافه، اصلاحات ممکن‌تر و کم هزینه‌تر از انقلاب است. اصلاح به امکانات، سرمایه، برنامه و از خود گذشتگی کمتری از انقلاب نیازمند است. تاج‌زاده تاکید دارد در شرایطی که براندازان و انقلابیون فاقد حتی ابتدایی‌ترین برنامه حکومتداری هستند تز براندازی و انقلاب بسیار خطرناک‌تر و ویرانگرتر خواهد بود.

در حوزه فکر سیاسی، تاج‌زاده به وضوح از انقلابیون بدور است و در میان آنها نمی‌گنجد. اما در دیگر قطب سیاسی، یعنی میان محافظه‌کاران، هم ننشسته. تلاش او برای ایجاد تغییر و تحول جدی است و او خواهان تغییرات بنیادین است. اما او با حفظ

آرمان‌های آزادی‌خواهانه بشدت نگران پیامدهای خشونت سیاسی و انقلاب است و آنها را جایز نمی‌داند. بحث و استدلالش در نفی روش انقلابی است. جای او جایی میان دو قطب انقلابی و محافظه‌کار است. در خط میانی است.

مخالفت تاجزاده با روش انقلابی را می‌توان در ارتباط با افکار عمومی بررسی کرد. پذیرفته است که رشد تفکر انقلابی رابطه مستقیمی با بسته شدن فضای سیاسی کشور دارد. هر چقدر حکومت فضا را محدودتر کند امکان انقلاب‌گری بیشتر می‌شود. اما از طرف دیگر، بیم از خشونت و هرج و مرج نیز نوعی محافظه‌کاری را میان مردم کوچه و بازار ترویج داده و آنها را نسبت به نیروهای سیاسی بدبین کرده. از این جهت می‌توان گفت که نظر تاجزاده انعکاسی از افکار عمومی است. از یک سو خواهان تغییرات اساسی است و از سوی دیگر از انقلاب و فروپاشی پرهیز می‌کند.

ضرورت واقع‌بینی و عقلانیت در سیاست خارجی

تاریخ معاصر گواه است که پیدا کردن راه کار برای مشکلات روابط خارجی ایران بسیار پیچیده و مشکل است. تاجزاده نظریه‌پرداز در سیاست خارجی نیست و ادعایی هم برای اینکار ندارد. حرفش در قبال مسائل بین‌الملل عمدتا متوجه مسائل روز و درگیری‌های استراتژیکی جامعه ایران است که باید در دیدگاه یک سیاستمدار و فعال حزبی لحاظ شود. مشکل او تبیین عقلی و منطقی و فلسفی روابط بین‌الملل نیست. مسئله او پیدا کردن راه و روشی است که بتواند به مردم ایران کمک کند و زندگیشان را سامان دهد. با این حال، افکارش در قبال روابط بین‌الملل به میزانی منظم است که بتوان موضع ایدئولوژیکی او را تشخیص داد و در جایی میان مکتب واقع‌گرایی (رئالیسم) و لیبرالیسم گذاشت. واقع‌گرایانی که معتقدند که بی‌قانونی در روابط بین‌الملل حاکم است و قدرت مادی کشورها، توازن قوای بین‌المللی و تلاش برای حفظ امنیت ملی تعیین کننده روابط است. و لیبرال‌هایی که خوش‌بینی بیشتری به ذات نیک و اخلاق انسانی دارند و به امکان شناخت منافع مشترک در روابط بین‌الملل امیدوارند.

در قبال روابط بین‌الملل، تاجزاده به شکلی جدی معترض سیاست خارجی جمهوری اسلامی است و آنرا موجب ویرانی، جنگ و فشار اقتصادی علیه مردم می‌داند. جمهوری اسلامی را متهم می‌کند که خطر و بحران ناشی از سیاست خارجی‌اش را جدی نگرفته، تحریم‌ها را کوچک شمرده و از اجرای یک سیاست بازدارنده در سطح جهانی غفلت کرده. رهبر، تندروهای داخل نظام و نظامیان را مسبب جنگ سرد معرفی می‌کند و می‌گوید آنها با انگیزه‌ها و روش‌های خاص خود به این بحران دامن زدند. در عین حال، تاجزاده منتقد سیاست قدرت‌های بزرگ نسبت به ایران است و می‌گوید آنها ایرانی ضعیف می‌خواهند. به همین خاطر فعالین سیاسی ایرانی باید هوشیار باشند که الت دست قدرت‌های خارجی نشوند. در قبال آرمان مطلوب سیاست خارجی، تاجزاده برنامه‌ای را می‌خواهد که به روند شکل گیری دمکراسی در ایران کمک کند، تنش جهانی را کاهش دهد و مانع از برخورد و جنگ شود. یک نوع برنامه‌ای که به طبقات مختلف مردم آسیب نرساند و همزیستی مسالمت آمیز خارجی را در پی داشته باشد. برای دست‌یابی به این آرزوها، می‌گوید باید قهر را در سیاست خارجی کنار گذاشت، نوعی رقابت بین‌المللی را جایگزین کرد و زمینه همکاری را فراهم آورد. بایستی مذاکره را به هر شکل ممکن، در سطوح بالا و پایین، مستقیم و غیر مستقیم، محرمانه و علنی دنبال کرد تا از درگیری و جنگ پرهیز شود.

برای دستیابی به این آرمان‌ها، تاجزاده تغییر و اصلاح سیاست خارجی را در صدر استراتژی اصلاحات سیاست‌های جاری حکومتی قرار می‌دهد. این استراتژی در کنار تلاش برای تغییرات بنیادین در قانون اساسی است و در رقابت و تضاد با آن نیست. می‌گوید که ضرورت اصلاح سیاست خارجی در صدر لیست اقدامات ضروری و شاید مهمترین قدم در یک برنامه دراز مدت اصلاحات است. به همین خاطر، از برجام (توافق ۲۰۱۵ هسته‌ای ایران با پنج عضو دائم شورای امنیت سازمان ملل، آلمان و اتحادیه اروپا) به عنوان یک سیاست صحیح و مفید خارجی استقبال می‌کند و مخالف ساختن بمب اتمی است. همچنین به فعالین سیاسی هشدار می‌دهد که سیاست خارجی را از رقابت‌های داخلی کشور دور نگه دارند. در این پلاتفرم نظری، از دست‌آوردهای اصلاح‌طلبان در سیاست خارجی دفاع میکند. گفتگوی تمدن‌های محمد خاتمی و برجام

حسن روحانی را مایه افتخار می‌داند. دست آوردی که، به نظر او، کشور را از خطرهای مهلک رهاند، امنیت را برقرار کرد و حتی موجب تقویت بنیه نظامی کشور شد و توانست موقعیت کشور را به پیش ببرد.

ماهیت، حقوق و مسئولیت مردم در سیاست

این سوال که ذات سیاسی، حقوق سیاسی و نقش سیاسی مردم چیست بسیاری از اندیشمندان و فعالین را به خود مشغول داشته. تاجزاده نظری مثبت به ماهیت سیاسی مردم ایران دارد. آنها را عاقل و دانا معرفی می‌کند و نسبت به رفتار آنها خوش بین است. می‌گوید مردم ایران آگاه و باتجربه هستند و قابل اعتمادند. فرهنگ آنها طی صد سال اخیر، از مشروطه به بعد، رشد کرده و درس‌ها آموخته‌اند. اما، همزمان، نوعی نگرانی عمیق در افکار تاجزاده در قبال رفتار احتمالی مردم قابل روئیت است. در مورد مردم نوعی تامل و ملاحظه نشان می‌دهد که حاکی از نگرانی است. نگرانی از اینکه مردم متمایل به خشونت سیاسی و گرفتار آن شوند و زمینه درگیری و حتی جنگ داخلی را فراهم کنند. از یک سو، بر فرهنگ توسعه یافته جامعه تاکید دارد اما از سوی دیگر، مرتب در مورد خطر خشونت توده مردم هشدار می‌دهد و نگران درگیرهای بی‌رحمانه سیاسی است.

در اینکه مردم چه حق و چه حقوقی دارند تاجزاده مکرر بر چند محور تاکید می‌کند. بحث اساسی‌اش این است که مردم حق دارند سرنوشت خودشان را تعیین کنند و حق دارند حکومت را وادار به پاسخگویی کنند. حق تعیین سرنوشت و حق پاسخگو کردن حکومت از اصول اولیه است. تاکید دارد که در سیاست، به رسمیت شناختن حق رای مردم در تعیین و تکلیف امور از هر چیز والاتر است. و در این چارچوب است که حق بیان، حق فعالیت مدنی و حق تعیین نماینده به رسمیت شناخته می‌شود.

از حقوقی که مرتب به آن می‌پردازد حق اعتراض به حکومت است. می‌گوید هر جا مردم بخواهند تظاهرات کنند از آنها دفاع می‌کند. حق کسانی که به خیابان می‌آیند

تا ایراد خود از حکومت را به صورت مسالمت آمیز ابراز کنند باید به رسمیت شناخته شود. البته خشونت خط قرمز است و تاجزاده حاضر به تغییر موضع در این قبال نیست. به همین خاطر حق اعتراض مردم به رفتار حکومت و، همزمان، مسئولیت دوری گزینی از رفتار خشونت پرور در خیابان را، کنار هم و با هم، تذکر می‌دهد. اینجا، پرهیز از خشونت را نه صرفا بخاطر ذات اخلاقی و ماهیت حقوقی شوم می‌داند که آنرا ابزار نامناسبی برای اهداف سیاسی تعریف می‌کند. از این نظر فاصله مواضع تاجزاده با دیگر نیروهای سیاسی حاضر در صحنه مشخص است. فاصله از هسته سخت قدرت در جمهوری اسلامی که حاضر به قبول و مشروعیت بخشیدن به حق اعتراض مردمی نیست. و فاصله از اپوزیسیون رادیکال که همانند تاجزاده حق اعتراض را می‌پذیرد اما نوعی خشونت تهاجمی و انقلابی را تشویق می‌کند.

نکته دیگری که تاجزاده به آن میپردازد تکثر اجتماعی و سیاسی است. یعنی اینکه جامعه ایران مذهبی و غیر مذهبی و شهری و روستایی دارد. از هر دین و طبقه و جنس و زبان و قوم پاره‌ای دارد. مردمی دارد که در منافع، اعتقادات و سبک سیاست‌ورزی متکثرند. اشاره دارد اگر این تکثر به رسمیت شناخته نشود نوعی استبدادِ تک محوری حاکم خواهد شد. اما در عین حال نگران است که اگر این اختلاف‌های گوناگون مبنا و معیار مطلق کار سیاسی قرار گیرند می‌توانند زمینه تضاد، درگیری و برخورد قهرآمیز را فراهم کنند. به رسمیت شناختن اختلاف ضروری است اما باید برای همزیستی نیز راه حل پیدا کرد. اینجا است که در تفسیر حق تکثر اجتماعی تذکر می‌دهد که باید رفتار محترمانه با یکدیگر و مدارا نسبت به عقاید متفاوت مبنا قرار داده شود. بایستی حق تکثر را با مسئولیت پذیری متقابل و رعایت حق دیگران مطرح کرد و پیش برد.

جنبش سیاسی زنان

می‌دانیم که جمهوری اسلامی از روز نخست محدودیت‌های حقوقی و رفتاری شدیدی را بر زنان، بخصوص زنان سکولار، متجدد، و شهرنشین طبقه متوسط حاکم

کرد. ریشه این رفتار آمرانه از یک سو در تعالیم اسلامی و قرانی و از سوی دیگر در فرهنگ سنتی بود که در سال ۵۷، با تسلط خرده بورژوازی سنتی بر حکومت حاکم شد. محدودیت‌ها شامل روابط خانوادگی، طلاق، ولایت بر فرزند، پوشش، خروج از کشور، خشونت خانگی، ارث و تحصیل می‌شد. تاجزاده این سیاست را تحقیرآمیز و همانند روش حکومتی طالبان در افغانستان توصیف کرد. گفت این سیاست قشری و ارتجاعی زنان را ۲۴ ساعت تهدید و تحقیر می‌کند و باید با آن مبارزه کرد. مکرر در ستایش از "زنان و دختران شجاع و آزادیخواه" سخن گفت که برای حقوق زنان و از جمله آزادی پوشش مبارزه می‌کنند. مخالفتش با سیاست‌های جنسیتی حکومت، بخصوص حجاب، سه استدلال داشت. اینکه اکثریت مردم با آن مخالفند و خواستار تغییر آن هستند؛ یکی اینکه جامعه مذهبی و بخصوص زنان مسلمان باحجاب آن را صحیح نمی‌دانند؛ و دیگر اینکه اعمال خشن احکام مذهبی موجب میشود که مردم عادی، بخصوص جوانان، مجبور شوند با احکام اسلامی و در نهایت با خودِ دین، مبارزه کنند.

اینچنین است که تاجزاده از مبارزه زنان با حجاب اجباری استقبال می‌کند و مهمتر از همه، جنبش اعتراضی ۱۴۰۱ مهسا را به عنوان یک مبارزه برای حقوق زنان، نه تنها به رسمیت می‌شناسد که آنرا الگو و پارادایم مبارزه مدنی قرار می‌دهد. بخصوص به این تفکر اشاره دارد که بر اساس تجربه مهسا، حجاب رفت ولی نظام سرنگون نشد، رژیم و رهبر عقب نشستند ولی نهادهای حکومتی از هم نپاشیدند. با قرار دادن این الگو نتیجه گیری می‌کند که با روش مقاومتِ خشونت‌پرهیز می‌توان پیش رفت و به اهداف مشابه دست پیدا کرد. می‌توان روحانیت را عقب راند، قانون اساسی را تغییر داد، از اسلام اجباری خلاص شد و یا ولایت فقیه را برداشت. در این میدان، مبارزه زنان را مادر همه آزادی‌ها معرفی می‌کند. همانطور که مارکسیست‌ها طبقه کارگر و لیبرال‌ها طبقه متوسط را پیشقراول رهایی می‌شناسند. همانطور که در شکل گیری جامعه دمکراتیک در اروپا پذیرش و تثبیت حق مالکیت منشاء به رسمیت شناختن حقوق مدنی شد. تاجزاده مبارزه برای حقوق زنان را صحنه اصلی مبارزه در ایران معرفی می‌کند. در عین حال، تاجزاده به این بحث نیز اشاره می‌کند که جمهوری

اسلامی، خواسته یا ناخواسته، توده زنان را به صحنه مدرن اجتماعی کشانده، به مدرسه و تحصیلات عالیه برده و زمینه استقلال مالی، شهروندی و عاملیت آنها را تقویت کرده است.

در بررسی مواضع تاجزاده در مورد زنان باید توجه داد که وی به تدریج مواضع خود را اتخاذ کرد. خودش به این مسئله اعتراف و اذعان دارد. اینکه در اوائل انقلاب بخاطر مصلحت سیاسی و ساده انگاری، اعمال محدودیت در حوزه زنان را پذیرفته بود. به اضافه باید توجه کرد که وی شخصا و سراسر عمر مسلمانی معتقد و مقید به فرائض مذهبی بوده است. در این موضوع، تحول فکری و عملی تاجزاده با جریان اصلی اصلاح‌طلبی هماهنگی دارد. جبهه اصلاح طلبان بحث حقوق زنان را به تدریج مطرح کردند ولی در این مورد مشوق و رهبر فعال نبودند. این در حالی است که نیروهای رادیکال اپوزیسیون توجه بیشتری به مسئله حقوق زنان و حجاب اجباری داشتند و آنرا به عنوان یک محور اصلی مبارزه قرار دادند، برایش سرمایه گذاری کردند و موفق شدند.

ضرورت فراکسیون حزبی برای مدیریت اختلاف نظر

سنت فعالیت سیاسی در ایران بشدت قهرآمیز و حذفی است. کمتر دوره‌ای در تاریخ معاصر ایران دیده می‌شود که جریان‌های سیاسی نوعی همزیستی مسالمت آمیز را تجربه کرده باشند. از یک سو حکومت‌های مستبد و خودکامه اجازه تجربه و فعالیت سیاسی و حزبی نداده‌اند. از سوی دیگر، نیروهای سیاسی غیر حکومتی نیز نخواسته و یا نتوانسته‌اند فرهنگ همزیستی را میان خودشان سامان دهند و ترویج کنند. رقابت‌ها، چه میان احزاب و چه در داخل احزاب، عمدتا فرقه‌ای، فاقد شفافیت، بدون پاسخگویی و همراه با خشونت بوده است. مطالعه تاریخ یک صد ساله ایران نشان می‌دهد که ایرانیان چنان در کار گروهی گرفتار قهر، عقب ماندگی و اندیشه حذفی بوده‌اند که

نتوانستند حتی یک جریان مستمر و پایدار دمکرات حزبی را بوجود آورند و حفظ کنند. این خصلت در دوران مشروطه؛ در دوران دو پادشاه پهلوی؛ در دوران جمهوری اسلامی و نیز فاصله میان این دوره‌ها مشهود است.

همین مشکل در میان نیروهای اصلاح‌طلب نیز دیده می‌شود. اختلافاتی که چند دهه سابقه دارد و چپ و راست جبهه اصلاح‌طلب را در برمی‌گیرد. اختلافاتی، که به نظر تاجزاده، این جبهه را به دو جریان عمده ملاحظه‌کار و پیش‌رو تفکیک می‌کند. یکی طرفدار تغییرات بنیادین است که تاجزاده خود را در آن می‌بیند. دیگری جریانی است که می‌توان با اصطلاح ملاحظه‌کار از آن یاد کرد. تاجزاده با ملاحظه‌کاران فاصله دارد. به آنها هشدار می‌دهد که سکوت برای آنکه حساسیت کمتری در رهبری و حاکمیت بوجود آورد حاصلی ندارد، مشکل آفرین است و اعتراض عمومی مردم را به همراه خواهد داشت.

به یک جریان سوم دیگر هم اشاره دارد. نیروهایی که در جبهه اصلاحات به تدریج تندروتر شده و برخی مسئله براندازی را مطرح کرده‌اند. علی‌رغم این اختلاف نظرها، تاجزاده خواهان همکاری و همزیستی و فعالیت مشترک با هر دو جریان این جبهه است. تاجزاده وجود این اختلاف‌نظرها در داخل جبهه اصلاحات را جدی، عمیق و دائمی ارزیابی می‌کند و نگران آن‌ها است. بدنبال تدبیری است که بتواند آرایش سیاسی نیروهای داخل جبهه اصلاحات را منظم کند و مانع درگیری حذفی میان آنها و فروپاشی جبهه‌ای شود. می‌خواهد نوعی اتحاد سازمانی را حفظ کند و مبنای کار حزبی خود قرار دهد. برای این کار، یعنی مدیریت اختلافات درون جبهه‌ای، طرحی چند بُعدی عنوان می‌کند.

اول اینکه تلاشی برای سرپوش گذاشتن و پنهان کردن این پدیده نباشد. برعکس! این اختلافات به رسمیت شناخته شود. اینکه اختلاف، تفاوت، کشمکش و مشاجره داخل جبهه جنبه رسمی، ماهیت حقوقی و شکل سازمانی به خود بگیرد. دیگر اینکه راه کارهای مدیریت این اختلاف نظرها پیدا شود. راه کارهایی که بتواند میان جناح ملاحظه‌کار و جناح طرفداران تغییرات بنیادین نوعی همزیستی و همکاری جبهه‌ای

بوجود آورد. چاره کار، به نظر تاجزاده، ساختن فراکسیون‌های رسمی در داخل جبهه است.

معتقد است که به رسمیت شناخته شدن فراکسیون‌ها موجب می‌شود که قهر و تضاد از صحنه داخلی جبهه خارج شود و همزیستی میان آنها را ممکن سازد. هنگامی‌که آرایش درونی جبهه شکل رسمی فراکسیونی به خود گرفت جبهه در موقعیت توانمندتر قرار می‌گیرد. می‌تواند در سطح جامعه از دمکراسی دفاع جانانه‌تری بکند. البته تاجزاده از مشکلات پیش رو آگاه است. بیم دارد که فعالین حزبی نتوانند یکدیگر را قانع کنند و به تفاهم برسند. بیم دارد که فراکسیون‌های حزبی نتوانند با هم کار کنند. با این حال شرایط را به نحوی مساعد و بحدی ضروری می‌بیند که مسئله به رسمیت شناخته شدن فراکسیون در کار حزبی را مطرح می‌کند. امیدوار است که از این طریق امکان سیاست‌ورزی عملی‌تر و نیرومندی را فراهم کند.

فصل دوم

تجدیدنظرطلبی

"چه اشتباهی کردیم که انقلاب کردیم"
از شعارهای خودجوش تظاهرات اعتراضی ۱۳۹۶ در ایران

خلاصه

برای آنکه اندیشه سیاسی مصطفی تاجزاده را تجزیه و تحلیل کنیم و بدقت بشناسیم از جمله ضروری است که نخست مسئله "بازنگری انتقادی از کارنامه خودی" را مورد بررسی قرار دهیم. و از جمله توجه کنیم که:

یک – از مهمترین ویژگی‌های ساختار نظری تاجزاده تجدیدنظر تدریجی ولی عمیق در مسائل سیاسی است.

دو – تاجزاده، در اثر تحولات اجتماعی، از فکر انقلابی به فکر لیبرال، رفرمیست و جمهوریخواه تغییر موضع می‌دهد و مشخصا منتقد اصل ولایت فقیه در قانون اساسی می‌شود.

سه – در دهه‌های پس از انقلاب اسلامی، روند انتقاد از خود و تجدیدنظرطلبی گسترده و، البته به درجات متفاوت، است و در طیف‌های جمهوریخواه، چپ، سلطنت طلب، مذهبی و غیر مذهبی مشاهده می‌شود.

چهار– ملاحظاتی که در انتقاد از خود مورد توجه است صرفا نظری و فکری نیست بلکه موضوع‌های عملی را هم مد نظر دارد. از جمله: تاثیر تجدیدنظرطلبی بر پایگاه اجتماعی فعالین سیاسی؛ موثر بودن تجدیدنظر؛ و عمق و جدیت آن. این مسائل را بیشتر می‌شکافیم.[i]

---

[i] اصطلاح "بازنگری انتقادی از کارنامه خودی" را از این برنامه به عاریه گرفتم: مناظره درباره "نقد میراث پدری" – داریوش کریمی، شهران طبری و سعید برزین – برنامه پرگار بی.بی.سی فارسی – ۱۷ اردیبهشت ۱۴۰۱

دفاع تاجزاده از تجدیدنظرطلبی

یکی از مهمترین ویژگی‌های ساختار فکری تاجزاده انتقاد جدی وی به گذشته سیاسی خود و انقلاب ۱۳۵۷ است. او در این تجدیدنظرطلبی تا آنجا پیش می‌رود که علی‌رغم چند دهه فعالیت در بطن نظام جمهوری اسلامی، به نقطه‌ای می‌رسد که فکر انقلاب و روش انقلابی را نفی می‌کند. در واقع، تجدیدنظرطلبی او فراگیر و زیربنایی است. این تجدیدنظرطلبی که در تاجزاده دهه ۹۰ رسما قابل تشخیص است منحصر به وی نیست بلکه در بستر وسیع طیف‌های سیاسی دیده می‌شود. نکته آموزنده این است که با اینکه مصلحت این تجدیدنظرها، و تاثیر آنها، متفاوت بوده اما روند تجدیدنظرطلبی بستر مهمی است که در آن تحول و رشد اندیشه سیاسی در دهه‌های بعد از انقلاب اسلامی ممکن شد و شکل گرفت. تجدیدنظرطلبی سیاسی تاجزاده به این معنا است که او طی چند دهه از یک انقلابیِ مذهبی که از مبارزه مسلحانه پشتیبانی می‌کند به تدریج تبدیل به یک لیبرال رفرمیست و جمهوریخواه ملاحظه‌کار می‌شود.

در پایان دهه ۹۰، تاجزاده در مورد "انتقاد از خود" و تجدیدنظرطلبی در کارنامه سیاسی‌اش روشن و صریح صحبت می‌کند. می‌گوید ضروری است تجربیات انقلاب و پس از انقلاب بازخوانی شود و در این پروسه، عملکردهای خودی مورد نقد قرار بگیرد و اشتباهات مشخص شود. می‌گوید که خودش این کار را انجام داده و به این نتیجه رسیده که همه طرفداران و مخالفین انقلاب و جمهوری اسلامی مرتکب خطاهای اساسی شده‌اند. در این بازبینی تا آنجا پیش می‌رود که اصل و اساس انقلاب را زیر سوال می‌برد. یکجا به صراحت می‌گوید "با تجربه‌ای که امروز داریم انقلاب به هیچ وجه انتخاب اول من نیست. هرگز! برخلاف سال ۵۴ که انقلاب انتخاب اول ما بود". می‌افزاید که اسم این روند بازبینی و انتقاد را می‌توان "پشیمانی یا تجدیدنظر" گذاشت اما بحث بر سر واژه‌ها نیست چرا که این روند، که مایه "افتخار" است، باید طی شود. به عبارت دیگر، روشن و صریح اصل و اساس روش انقلابی را مایه تاسف معرفی می‌کند. در نهایت در تعیین موقعیت خود می‌گوید یک جمهوریخواه معتقد به دمکراسی است.

در توضیح علل ضرورت این تجدیدنظر سیاسی، تاج‌زاده معتقد است انتقاد از خود ضروری شده چون روند انقلاب ۵۷ به کشور لطمه زده و آنچه عملا اتفاق افتاده منفی بوده است. از جمله اینکه انقلاب ۵۷ به یک استبداد دینی منجر شده که از استبداد سکولار خطرناک‌تر است. اینجا، مهم‌تر از همه، ضرورت جلوگیری از تکرار اشتباهات گذشته حکم می‌کند که بازبینی و نقد صورت بگیرد تا آن اشتباهات تکرار نشوند. می‌گوید علت اصلی اشتباه در تحولات ۵۷، "فضای چپ‌زده" ایران و دنیا بود که تفسیری تند و انقلابی از مسائل اصلی سیاست، چون جمهوریت و حقوق شهروندی، را ارائه می‌کرد و اکنون که پس از سال‌ها، نیروهای سیاسی باتجربه‌تر و عاقل‌تر شده‌اند اشتباهات آن دوره را می‌فهمند و تشخیص می‌دهند.

تاج‌زاده در مورد موضوعات و موارد اشتباه انقلاب ۵۷ صراحت کلام دارد. اشتباهات بزرگ گذشته را از جمله شامل طرح و گنجاندن ولایت فقیه در قانون اساسی؛ استمرار اشغال سفارت آمریکا؛ برگزاری دادگاه‌های انقلابی (توسط صادق خلخالی) و ادامه جنگ با عراق پس از آزاد سازی خرمشهر می‌شناسد و معرفی می‌کند.

در عین حال، تاج‌زاده ملاحظاتی هم در روند تجدیدنظر دارد و به برخی از نظریات سابق، کم و بیش، وفادار است. از جمله، تاکید می‌کند انقلاب ایران (و تحولات پس از آن)، در مقایسه با انقلاب‌های دیگر، کمتر به خشونت کشیده شد. یا اینکه خشنود است که جمهوریت جایگزین سلطنت (دستکم به لحاظ حقوقی و شکلی) شد و نفوذ سیستماتیک آمریکا و انگلیس در ایران به پایان رسید، این نظر غیر معمول را هم در دفاع از اشغال سفارت آمریکا ارائه می‌دهد که "اشغال موقت سفارت یک حرکت اعتراضی مرسوم" بود.[i] نیز، برای توجیه تصمیم‌های انقلابیون به رفتار رقبای سیاسی اشاره می‌کند، از جمله اینکه آمریکایی‌ها و طرفدارانشان کودتای ۲۸ مرداد ۳۲ را برای شاه سازمان دادند و از آن دفاع کردند.

---

[i] حسین دهباشی – "مصطفی تاج زاده – گفتگو با حسین دهباشی – خشت خام ۱۵ آبان ۱۳۹۶"

ارزیابی مقایسه‌ای

مقایسه چند دوره از فکر سیاسی تاج‌زاده می‌تواند شکل تحول و عمق تغییر را نشان دهد. در دوره قبل از انقلاب، تاج‌زاده وابسته به گروه رادیکال و انقلابی فَلَق است. در دوره اصلاحات محمد خاتمی، تاج‌زاده از فعالین درجه اول پرونده گفتگو و رفرم سیاسی در دولت می‌شود اما هنوز خود را به افکار "امام خمینی" وفادار می‌بیند. در پایان دهه ۹۰، او تغییر قابل توجه کرده و خواهان حذف ولایت فقیه و تغییرات بنیادین در قانون اساسی است. بررسی برخی از نکات این تحول تجدیدنظرطلبانه روشنگر است.

در دهه ۵۰ و در سال‌های قبل از انقلاب اسلامی، تاج‌زاده برای تحصیل به آمریکا رفت و در آنجا بود که به گروه رادیکال و انقلابی فلق پیوست. اهداف این گروه، تبلیغ اسلام انقلابی در چارچوب رهبری ایت‌الله خمینی، مبارزه با استبداد پهلوی، مبارزه با استعمار خارجی و نیز مبارزه با شکل‌گیری گروه‌های چپ و "التقاطی" (مشخصا سازمان مجاهدین خلق ایران) بود. برخی از اعضای گروه به سوریه و لبنان رفتند و دوره چریکی دیدند. تاج‌زاده در مهر ۵۷ در الهام از ایت‌الله خمینی تحصیل را رها کرد و برای حمایت از انقلاب به ایران بازگشت. پس از انقلاب، گروه فلق به شش گروه دیگر پیوست و سازمان مجاهدین انقلاب اسلامی را ایجاد کرد و از اقدامات انقلابی این دوره، منجمله از اشغال سفارت آمریکا، فعالانه حمایت داشت. در همین دوره است که تاج‌زاده به رده‌های بالای حکومت دسترسی پیدا می‌کند و از جمله، همراه با رئیس جمهور دوم، محمد علی رجایی، به عنوان مشاور سیاسی وی، به مقر سازمان ملل در نیویورک می‌رود.

در دهه ۷۰ و ۸۰، اندیشه و فکر تاج‌زاده معتدل‌تر می‌شود و ما شاهد تاکید بیشتر وی بر اصول لیبرال و دمکراتیک در چارچوب نظریه جمهوری اسلامی هستیم. در همین دوره است که، به جریان اصلاح‌طلب، به ریاست جمهوری محمد خاتمی، گرایش پیدا می‌کند، معاون سیاسی وزیر کشور و سپس سرپرست وزارت کشور می‌شود و در اجرای طرح مهم شکل دادن به شوراهای محلی و نیز تقویت نهادهای مدنی نقش دارد. تاج‌زاده در این سال‌ها ترکیب جمهوریت و اسلامیت نظام را برسمیت می‌شناخت.

معتقد بود که در سایه تفسیر آیت‌الله خمینی، نه اسلام مخالف جمهوریت و مشارکت مردم است و نه جمهوریت محدود کننده اسلام است. برعکس، معتقد بود اسلام تضمین کننده همه حقوق مردم است، و آزادی در پرتو آن حاصل می‌شود تا بالاترین و برترین نوع آزادی حساب شود. معتقد بود که جمهوری اسلامی مدل نابی است که نه نیازمند قرائت دمکراتیک و نه حاجتمند قرائت طالبانی است. به عبارت دیگر هم "تفسیر دمکراتیک مبتنی بر ارزش‌های لیبرالی از جمهوری اسلامی و هم تفسیر توتالیتر و سلطنت‌گونه مبتنی بر ارزش‌های متحجرانه از اسلام" را غلط می‌دانست.[i]

در دهه ۹۰، روند تغییر و تحول در اندیشه تاجزاده عمیق‌تر می‌شود. بخصوص با یکدست‌تر شدن هسته مرکزی قدرت در انتخابات ۱۴۰۰، تاجزاده بیش از پیش به نظریه ضرورت اصلاحات و تغییرات بنیادین روی می‌آورد. عناصر جمهوریخواه و لیبرال در ساختار فکریش قوی‌تر می‌شود. اینجاست که می‌گوید اصلاحات از نوعی که در دهه ۷۰ و ۸۰ دنبال می‌شد با بن‌بست مواجه شده، نه مردم اقبالی به آن نشان می‌دهند و نه حکومت راه را برای یک چنین اصلاحاتی باز می‌گذارد. به همین خاطر، خواهان اصلاحات بنیادین و اصلاحات ساختاری می‌شود. از جمله این که "باید برویم دنبال این فکر که یکی از مطالبات جدی اصلاح‌طلبان تغییر قانون اساسی باشد". تاکید دارد که قبلا انتخابات عملا میان اصلاح‌طلبان و اصولگرایان برگزار می‌شد اما اکنون خیلی‌ها به این نتیجه رسیده‌اند که اصلاح‌طلبان و اصولگرایان به تنهایی جامعه سیاسی ایران را نمایندگی نمی‌کنند و نیروهای دیگری هم هستند که در این دو قالب و این دو جریان نمی‌گنجند و به همین خاطر انتخابات به اندازه کافی رقابتی نیست. "ما باید به سمت انتخابات آزاد برویم تا همه بتوانند نامزد داشته باشند. با توجه به بن‌بست‌های کشور و وضع اسفناک اقتصادی راهی نداریم جز اینکه به سمت بنیادی برویم که به مردم امید بدهد که قرار است تغییرات جدی به نفع مردم صورت بگیرد. این حرف را ما در ۲۴ سال گذشته نمی‌زدیم."[ii]

---

[i] مصطفی تاجزاده – مدل های اسلام خواهی – سالنامه شرق – اسفند ۱۳۸۴

[ii] مصطفی تاجزاده و مفهوم اصلاحات ساختاری – گفتگو با حامد سیاسی‌راد – دیدارنیوز

این نوع روند تغییر فکری، یعنی انتقاد از خود و تجدیدنظرطلبی، که نهایتا تا عمق ارزیابی مجدد از انقلاب ۵۷ و رد مقدس بودن آن پیش می‌رود، در چارچوب تحولات سیاسی نیم قرن اخیر قابل توجه و حائز اهمیت است. در واقع، تجدیدنظرطلبی یکی از ویژگی‌های مشخص این دوران محسوب می‌شود. اهمیت این روند تغییر در آن است که زمینه تحول اندیشه و عمل را در صحنه بزرگ سیاست ایران فراهم می‌آورد. به همین خاطر، برای فهم شکل تحولات سیاسی این دوره مفید است که ماهیت و تاثیر انتقاد از خود و تجدیدنظرطلبی شناخته شود.

انتقاد از خود در جریان‌های سیاسی

حرف و عملکرد تاجزاده مشابه گفتار و رفتار بسیاری از فعالین سیاسی از طیف‌های مختلف فکری است که، طی چند دهه اخیر، از گذشته و کارنامه خود، به اشکال متفاوت و به درجات مختلف، انتقاد کرده‌اند. محتوای این خود−انتقادی‌ها را می‌توان در دو قطب تشخیص داد. در یک قطب، پشیمانی از رادیکالیسم انقلابی، و در قطب دیگر، نادیده گرفتن ماهیت استبدادی نظام پهلوی. نمونه‌ها برجسته‌اند. در طیف سلطنتی، رضا پهلوی (ولیعهد محمد رضا شاه) در چند نوبت از "تمرکز قدرت در دست" شاه انتقاد کرده و آنرا "اشتباه بزرگ" دانسته است. اردشیر زاهدی (داماد شاه و وزیر خارجه وی) درباره حکومت پهلوی و علل انقلاب ۵۷ گفته "خودمان باعث دردسر شدیم... درد از خودمان" بود. داریوش همایون (که در دوران شاه، سیاستمداری متشخص و قائم مقام دبیرکل حزب رستاخیز بود) در خاطرات خود می‌نویسد که شاه می‌خواست همه قدرت را در دستش بگیرد و این دست‌ها قادر نبود کشور را اداره کنند.

در طیف مذهبی، مهدی بازرگان (اولین نخست وزیر جمهوری اسلامی) چند ماه بعد از انقلاب اسلامی گفته بود "سه سه بار نُه بار غلط کردیم که انقلاب کردیم". ولی شاید ایت‌الله منتظری (جانشین ایت‌الله خمینی) دلیرترین نمونه از این شیوه انتقاد از خود باشد. آنجا که در سال ۶۷ به اعدام‌های سیاسی حکومت اعتراض کرد و به کمیته ناظر بر اعدام زندانیان گفت "جمهوری اسلامی مرتکب جنایت شده و تاریخ ما را

محکوم می‌کند". در دیگر جریان‌های سیاسی نیز همین نوع انتقاد از خود مشهود است. در طیف چپ، روشنفکران شناخته شده‌ای چون اسماعیل خوئی (شاعر و نویسنده) که زمانی از "قیام خلق علیه رژیم پلید پهلوی و قاطعیت ضد صهیونیستی" دفاع می‌کرد بعدها نوشت که "نفرین به ما، ما مرگ را سرودی کردیم". هما ناطق (مورخ متجدد سکولار) که، در انقلاب ۵۷، خواستار احترام به "وحدت کلمه" زیر رهبری ایت‌الله خمینی شده بود بعدها کار خود را "نابخشودنی، جاهلانه و خیانت‌بار" توصیف کرد.

بررسی این چرخش‌ها و انتقادهای از خود نشان می‌دهد که پایگاه اجتماعی این افراد اصولا و بطور کلی از آنها حمایت کرده‌اند. به معنایی، پایگاه اجتماعی آنها نیز دستخوش تغییر، تحول و انتقاد از خود بوده و این تجدیدنظرطلبی بر پایگاه اجتماعی این افراد تاثیر گسترده داشته ولی عموما نه تنها از احترام آنها نکاسته بلکه به مثابه شهامت و صداقت سیاسی تلقی شده است.

ارزیابی و مقایسه موارد تجدیدنظرطلبی

مقایسه تاجزاده و ایت‌الله منتظری و رضا پهلوی به عنوان کسانی که به سنت سیاسی خودشان انتقاد کرده‌اند آموزنده است. زمینه‌ای که هر سه نفر را وادار به عمل و انتقاد به کارنامه خودی می‌کند واقعیت‌های سختی است که در نظام و سنت‌های مربوط به آنها رخ داده و آنها را، به اجبار و یا اختیار، وارد موضع‌گیری کرده است.

رضا پهلوی در مورد ماهیت استبدادی نظام پدرش چند بار اظهار نظر می‌کند، منتظری در قبال اعدام‌های دستجمعی ۶۷ موضع سرسختانه می‌گیرد و تاجزاده در برابر تمرکز بی‌سابقه قدرت در نظام سیاسی به صراحت صحبت می‌کند. همه آنها از یک نظر وضع قابل مقایسه‌ای داشتند چون مسئولیت سیاسی مهمی بدوش آنان بوده است. [i]

---

[i] برای مطالعه انتقادهای رضا پهلوی از نظام شاهنشاهی، مراجعه کنید به کتاب "زمان انتخاب" — مصاحبه میشل تُبمن، روزنامه نگار فرانسوی، با شاهزاده رضا پهلوی — نام ناشر و تاریخ نشر ندارد. احتمالا سال ۱۳۸۹ است.

یکی ولیعهدی نظام شاهنشاهی، دیگری قائم مقامی رهبر جمهوری اسلامی و سومی معاونت سیاسی وزارت در دولت محمد خاتمی. هر سه آنها در موقعیتی بودند که می‌توانستند یکی از عالیترین مقام‌های مملکتی را به عهده بگیرند اما شرایط به گونه‌ای شد که هر سه وادار شدند به نظام خودشان و سنت سیاسی خودشان انتقاد کنند. می‌توان گفت که، با فراز و نشیبی، منتظری و تاجزاده در انتقاد خود صریح و شفاف بوده‌اند و از مهمترین مشخصه‌های کارنامه سیاسی خودشان عیب جویی کرده‌اند. در مقایسه، رضا پهلوی از این نظر بسیار محدود و محافظه‌کار عمل کرده است.

به اضافه، در مقام مخاطره پذیری و پیچیدگی معادله، اقدام منتظری و تاجزاده قابل مقایسه با موقعیت رضا پهلوی نیست. رضا پهلوی در حالیکه هیچ منسب حکومتی ندارد انتقادی رسمی، ولی بسیار محدود، به نظام شاهنشاهی می‌کند و در چند مصاحبه وجود حکومت غیر دمکراتیک، سانسور و شکنجه را در نظام پهلوی می‌پذیرد. اما منتظری، در داخل کشور، و در حالیکه یکی از عالیترین مقام‌های حکومتی را به عهده دارد، بی‌مهابا، به اعدام‌های دستجمعی ۶۷ اعتراض می‌کند و آنرا جنایت می‌نامد. تاجزاده نیز از داخل کشور، و در شرایطی که هنوز درگیر فعالیت‌های سیاسی است و خطر متوجه او است، از سنت سیاسی خود انتقاد می‌کند.

اما از یک نظر دیگر، هر سه نفر شباهت‌هایی دارند چون انتقاد به سنت خودی را از عالیترین سطح جریان سیاسی خودشان انجام می‌دهند. هر سه با این مشکل روبرو هستند که باید انتقادها را با دیگر مسائل حیاتی نظام مورد تاییدشان جمع کنند، یکی در ضرورت حفظ نظام جمهوری اسلامی و دیگری در توجیه نظام سلطنتی.

پیامد این موضع‌گیری‌ها بر موقعیت سیاسی این افراد کاملا متفاوت است. منتظری و تاجزاده، موقعیت عالی خود را در نظام از دست می‌دهند. منتظری از عرش به فرش و از قائم مقامی به حصر می‌رود. تاجزاده نخست به هفت سال زندان انفرادی می‌رود و بار دیگر، در ۱۴۰۱، دستگیر و روانه زندان می‌شود. در اینجا مصلحت بزرگتری زمینه انتقاد آنها را فراهم کرده و معیار تعیین کننده برای اقدام آنها بوده است. اقدام منتظری و تاجزاده، و حتی رضا پهلوی، به معنای تلاش برای جلوگیری از تکرار اشتباهات

گذشته و باز کردن راه آینده است. آنها به این نتیجه رسیده‌اند که باید به اشتباه گذشته خود اعتراف کنند و آن را به منظر عمومی آورند تا بتوانند راه کار آینده را بیابند.

در این معادله و تصمیم‌گیری سیاسی، هم منتظری و هم تاجزاده با پارادوکس سختی روبرو هستند. آنها می‌توانستند سکوت و مماشات کنند و با نظام حاکم سازگاری نمایند به این امید که از داخل حکومت به قدرت برسند و در مقام تسلط بر دستگاه سیاسی، نهادها و برنامه‌های نظام را تصحیح کنند و مانع تکرار اشتباهات سابق شوند. اما آنها نظر جدید خود را، علی‌رغم هزینه‌ای که پرداختند، بیان کردند و مصلحت سیاسی و تاریخی را در اعلام نظر جدید خود دانستند. در آنسوی قطب سیاسی، رضا پهلوی نیز با نوعی پارادوکس مشابه مواجه است. بیان شکست‌های نظام پهلوی می‌تواند او را در نظر هواداران نظام پهلوی (بخصوص آنهایی که برداشتی رمانتیک از آن حکومت دارند) تضعیف کند ولی شاید اعلام برخی تجدیدنظرها بتواند راه تازه‌ای برای پیشبرد اهداف جدید پیدا کند و سپس جلب نظر افکاری عمومی را به همراه داشته باشد.

صحنه سیاسی اصولا و اساسا نیازمند رهبران نیرومندی است که بتوانند طرفداران خودشان را بسیج کنند و راهنما باشند و نه اینکه پرچمی از زخم‌ها و شکست‌های قدیمی خودشان را بالا ببرند. حتی اگر بپذیریم که انتقاد از خود یک ضرورت اخلاقی و سیاسی است باید مد نظر داشت که انتقادی که بیش از اندازه شود می‌تواند به ناکامی و خودکشی سیاسی بی‌انجامد. پس نباید انتظار آنرا از یک سیاستمدار داشت. با این حال، کسانی که انتقاد از سنت خودی و تجددطلبی را ضروری می‌دانند می‌توانند امیدوار باشند که با انتقاد حساب شده پایگاه خود را در میان طرفدارانشان حفظ کنند و پایگاه‌های جدیدی را هم بدست آورند. در عین حال باید مد نظر داشت که تاثیر واقعی این تجدیدنظرطلبی در تعیین روش سیاست‌های بعدی تا چه حدی مورد نظر بوده. یعنی، آیا این افراد، از جمله تاجزاده، در برنامه جدیدشان، خود را از روش‌های سابق که به آن انتقاد کرده‌اند، دور نگه می‌دارند و یا اینکه این انتقادها صرفا ابزاری برای مدیریت افکار عمومی و کسب قدرت بیشتر بوده است. اینکه تجدیدنظرطلبی چگونه و تا چه حد از حوزه فکری به حوزه عملی منتقل می‌شود حائز اهمیت است. بهرحال، هر جوابی

که به این سوال‌ها بدهیم، در تحلیل نهایی نمی‌توان این واقعیت را نادیده گرفت که صرف انتقاد از خود و تجدیدنظرطلبی، حائز اهمیت است چرا که در تاریخ معاصر ایران بستر تحولات مهم فکری و عملی سیاسی را فراهم کرد. نقش تاجزاده در این روند، به لحاظ نظری و عملی، قابل توجه است.

فصل سوم

گفتگوی ملی

"اختلاف سیاسی طبیعی است و باید وجود داشته باشد... اختلاف را اصلا نمی‌شود از جامعه حذف کرد. ولی موضوع بحث، نحوه اداره اختلاف است."
همایون کاتوزیان [i]

خلاصه

گفتگوی ملی، در معنای به رسمیت شناختن و تعامل تمام جریان‌های سیاسی با یکدیگر، یکی از زیربنایی‌ترین ایده‌های تاجزاده است. در این مورد چند نکته قابل توجه را ارائه می‌دهد که زمینه بحث را آماده می‌کند:

یک – تاجزاده تلاش دارد تعریفی از گفتگو (به لحاظ تاثیر، محدودیت، پراتیک و رسمیت) ارائه دهد.

دو – در تعریف گفتگوی ملی، تاجزاده تعامل همزمان با حکومت، رقبای سیاسی و مردم را ضروری می‌داند.

سه – بررسی تاریخ معاصر و مبارزات سیاسی ایران نشان می‌دهد که آن نوع گفتگوی سیاسی که مورد نظر تاجزاده است اهمیت و فرصت‌ها، و در عین حال، محدودیت‌های سخت خود را دارد.

چهار – تاجزاده نظر خود را در شرایطی مطرح می‌کند که جامعه مدنی، طی چند دهه و به تدریج، قوی‌تر شده و نوعی گفتگوی غیررسمی را بر حکومت تحمیل کرده است.

پنج – مخالفت اصولگرایان تندروی حکومتی و اپوزیسیون تندروی انقلابی با گفتگوی فراگیر ملی سدی است که نظریه تاجزاده با آن روبرو است.

---

[i] مصاحبه با عنوان "فرقه گرایی در تاریخ معاصر ایران"، (در کتاب جناح بندی سیاسی در ایران – سعید برزین – ۱۳۷۷)

گفتگو معجزه است

تاجزاده در تعریف و توضیح موضوع گفتگو سیاسی می‌گوید پس از سالها فعالیت به این نتیجه رسیده که جز گفتگو، جز برسمیت شناختن یکدیگر و جز آشتی ملی راهی وجود ندارد و "باید یک جوری دست به دست هم دهیم تا کشور اداره شود". از گفتگو ملی به معنای طرح مسائل مشترک اجتماعی با زبان صریح ولی مودبانه میان تمام گرایش‌های سیاسی سخن می‌گوید. از گفتگو به عنوان معجزه یاد می‌کند و تاکید دارد که بدون آن فاجعه بزرگی برای کشور رقم خواهد خورد. طیف‌های گسترده جامعه را زیر بلیط این برنامه قرار می‌دهد و خواهان فرو ریختن "مرزهای مصنوعی" میان آنها می‌شود. به ضرورت آمدن "افراد حکومتی و غیر حکومتی، طرفداران جمهوری اسلامی و مخالفشان، مسلمان و غیر مسلمان، زن و مرد، مدرن و سنتی، ترک، کرد، لر، بلوچ، فارس و عرب، چه در ایران و چه در خارج، چه در تهران و چه در شهرستان و روستا" برای طرح مسائل خودشان باور دارد. به معنایی، مرزبندی‌های سنتی و مورد قبول حکومت و اپوزیسیون را می‌شکنند. تاکید دارد که هر چه گفتگو وسیع‌تر شود جامعه دمکرات‌تر، مسئولین پاسخگوتر و مسائل کشور دقیق‌تر و جدی‌تر بررسی خواهند شد. معتقد است که اگر ایرانیان زندگی مدنی و مسالمت آمیز می‌خواهند راهی جز گفت‌وگو با یکدیگر و مشارکت دستجمعی (از هر دین، مذهب، قوم، نژاد، زبان، طبقه و جنسیت) در مدیریت میهن ندارند تا به راهکاری برسند که خیر عمومی در آن است. همین روش گفتگو را برای سیاست خارجی زیر بنایی تلقی می‌کند و می‌گوید "راهی نداریم" جز انکه به سمت گفتگو و تعامل با قدرت‌های خارجی برویم.

گفتگوی انتقادی با حکومت و رهبر

پیشنهاد گفتگوی ملی تاجزاده را می‌توان در چهار محور تجزیه و تحلیل کرد: گفتگو با حکومت، با مردم، با رقبای سیاسی و با فراکسیون‌های اصلاح‌طلب. مخاطب اصلی تاجزاده در گفتگو با حکومت، شخص رهبر است. و برای این کار، روش خطابه خود را

هم مشخص می‌کند. می‌گوید زبان باید صریح، شفاف و در عین حال محترمانه، مدنی و مشوقانه باشد. معتقد است همه کنشگران سیاسی باید دست به دست هم دهند و به رهبر بگویند که ایران کشور همه ما است. "اگر من با رهبری صحبت نکنم با چه کسی صحبت کنم؟ چه کسی در مملکت مانده که بتوانم با او صحبت کنم... شما [رهبر] می‌توانید و باید اصلاحات انجام بدهید تا ایران به سرنوشت کشورهای منطقه دچار نشود." تاجزاده به مسئله تاثیرگذاری گفتگو با رهبر توجه دارد. معتقد است که رهبر تاثیرپذیر است و خطاب قرار دادنش پیامد دارد. می‌گوید: "معتقدم اگر همه صریح صحبت کنیم رهبر تاثیرپذیر است. ما در سیستمی نیستیم که هرچه ملت بگوید و هر اتفاقی بیفتد رهبری [بتواند] کار خودش را بکند." در مورد محتوای گفتگو هم اشاراتی دارد. جمله اینکه باید هشدار داد که نظام مسیری اشتباه به ناکجا آباد می‌رود. اینکه خطر آشوب جدی است، اینکه چه باید کرد و چه نباید کرد. آنچه تاجزاده را به این روش وا می‌دارد نگرانی از شرایط جاری و وخامت اوضاع است. عمق نگرانی جایی برای مجامله و تعارف با حکومت و رهبر نمی‌گذارد. اشاره به تجربه دوران شاه دارد و آنرا شاهد هشدار خود می‌آورد. گوشزد می‌کند که در دهه ۵۰، شاه ارتباط خود را با مردم از دست داده بود و خطر تکرار آن شرایط در جمهوری اسلامی وجود دارد.

گفتگو با مردم یا بسیج افکار عمومی

تاجزاده در تعریف گفتگو با مردم آنرا به معنای "بسیج افکار عمومی" معرفی می‌کند. معتقد است باید برای بسیج افکار عمومی کار کرد چرا که "شرط" عقب راندن حکومت است. بسیج افکار عمومی را نوعی فشار مدنی تفسیر می‌کند که پادزهر اقتدارگرایی است. در تعریف بسیج افکار عمومی، آنرا در برابر بسیج خیابان معرفی می‌کند و روش موثر می‌شناسد. می‌گوید حکومت می‌تواند خیابان را سرکوب کند ولی در برابر افکار بسیج شده عمومی عقب نشینی خواهد کرد. تاجزاده می‌گوید بسیج افکار عمومی موثر است و جمهوری اسلامی و رهبرش را وادار به عقب نشینی می‌کند چرا که رژیم در موقعیتی نیست که بتواند افکار عمومی را نادیده بگیرد. می‌گوید "به نظر من رهبر یا

تن به بازنگری قانون اساسی نمی‌دهد، یا ناچار است تحت فشار افکار عمومی اصلاحاتی را بپذیرد که در جهت گشایش و دمکراتیک شدن قانون اساسی باشد". به عبارت دیگر، می‌گوید تحت فشار افکار عمومی، تحول رخ خواهد داد. اضافه می‌کند افکار عمومی برای وادار کردن نظام به تغییر رویکرد خود، عملی‌تر و آسان‌تر از اقدام برای سرنگون کردن جمهوری اسلامی است. به چند نمونه اشاره دارد: واکسن کوید و توافقنامه برجام. با این حال، تاجزاده می‌پذیرد که اگر نظام کنونی ماهیت شبه-استبدادی-شبه-دمکراتیک خود را از دست بدهد امکان پیشبرد چنین سیاستی منتفی خواهد شد. وی در مورد شکل، محتوا و روش بسیج افکار عمومی بیش از این نمی‌رود ولی به ضِعف رسانه‌ای اصلاح‌طلبان و میانه‌روها برای اجرای این پروژه اعتراف دارد.

گفتگو با رقیب در صحنه پراتیک سیاسی

همگام تلاش برای گفتگو با حکومت و تلاش برای خطاب قرار دادن عموم مردم و بسیج افکار عمومی، تاجزاده توجه خود را به رقبای سیاسی‌اش معطوف می‌کند و وارد گفتگو و جدل باز و انتقادی با آنها می‌شود. آنچه در این پروسه حائز اهمیت است، اینکه مسئله را بیش از انکه در حوزه نظری دنبال و تعریف کند در حوزه عمل گسترش می‌دهد. در تعریف و تشویق ضرورت گفتگو با رقبای سیاسی می‌گوید که نیروهای سیاسی از گفتن نظریات ضرر نکرده‌اند ولی از نگفتن آنها ضررهای زیادی کرده‌اند. بر همین اساس، "باید اجازه دهیم که فضای گفتگو شکل بگیرد، ادامه پیدا کند و عمیق شود". معتقد است که "اگر واقعا فکر می‌کنیم که خرد جمعی در مجموع تصمیم عاقلانه‌ای می‌گیرد جای ترس و نگرانی چیست؟ خرد جمعی تصمیم می‌گیرد که این کار و یا آن کار خوب و یا بد است. حق اظهار نظر را از احدی نگیریم." تاجزاده سیاست گفتگو با رقبای خود را با استفاده از فضای مجازی دنبال کرد. در سال ۱۴۰۰ و تا دستگیری در اواسط ۱۴۰۱، در فضای مجازی، و بخصوص از طریق پلاتفرم گفتگوی کلاب-هاوس فعال بود. با مراد ویسی (از طرفداران نظریه براندازای و روزنامه‌نگار رسانه ایران اینترنشنال) و علی علیزاده (از کنشگران خارج کشور و نزدیک به هسته

سخت حکومت) و دامون گلریز (از فعالان سلطنت‌طلب) گفتگوهای چند ساعته داشت. در ماه تیر ۱۴۰۱ در همان پلاتفرم اعلام آمادگی کرد که با رضا پهلوی گفتگو و مناظره کند. ظاهرا قصد داشت حوزه گفتگوی خود را وسعت دهد ولی چند هفته پس از اعلام این برنامه، و شاید به خاطر آن، در ۱۷ تیر بازداشت و بسرعت به هشت سال زندان محکوم شد.

گفتگوی درونی جبهه اصلاحات و فراکسیون سازی

چهارمین حوزه‌ای که تاجزاده گفتگو را در آن ضروری می‌داند داخل جبهه اصلاحات و نیروهای میانه‌رو است. زمینه این گفتگو اختلافاتی اساسی است که میان جریان‌های مختلف اصلاحی وجود داشته است. جمله اینکه در "جبهه اصلاحات" ۳۱ حزب و ۱۵ شخصیت حقوقی حضور دارند و بحث‌های این جبهه به حداقل دو جریان قابل تقلیل است: خط میانه و خط اصلاحات ساختاری. در خط میانه، حزب کارگزاران، اعتماد ملی و ندای ایرانیان و امثال بهزاد نبوی؛ و در خط اصلاحات ساختاری، حزب اتحاد ملت ایران اسلامی و حامیانش حضور دارند. در این دوره، تاجزاده که عضو رسمی این جبهه و احزاب وابسته به آن نیست ولی با آنها همکاری نزدیک دارد، به جناح اصلاحات ساختاری نزدیکتر است و نامزد جبهه در انتخابات ۱۴۰۰ ریاست جمهوری می‌شود. آنچه تاجزاده پیشنهاد می‌کند پیشبرد گفتگو درون جبهه‌ای است که باید، به گفته وی، رو در رو، شفاف و علنی صورت بگیرد. معتقد است در دراز مدت، ردوبدل نظریات موجب روشن شدن مسائل و مشکلات خواهد شد. می‌گوید بهترین کار این است که این دعواها را برسمیت بشناسیم و علنی و فراکسیونی کنیم. اجازه بدهیم که دعواها سر مواضع و نه مورد مسائل شخصی و قدرت‌طلبی‌های فردی صورت بگیرد. به گرایش‌های اصلاح‌طلب که تن به گفتگوی علنی و صریح نمی‌دهند انتقاد دارد. هشدار می‌دهد که تهدید و شرایط فروپاشی سیاسی و اجتماعی جدی است و برای مقابله با آن باید نظریات داخل جبهه را سازمان داد. گفتگو، فراکسیون سازی، رسمیت بخشیدن و سازمان دهی به اختلافات را قدم اساسی در درون جبهه رفرمیست معرفی می‌کند.

الهام از نظریه گفتگوی محمد خاتمی

می‌توان با اطمینان خاطر گفت که یکی از منابع الهام تاجزاده در پیشبرد نظریه گفتگوی سیاسی افکار محمد خاتمی است. می‌دانیم که تاجزاده سال‌ها با خاتمی در وزارت ارشاد بود و هنگامیکه خاتمی دولت خود را تشکیل داد در مقام معاون سیاسی وزیر کشور وی خدمت کرد. در دهه ۹۰ و پس از آزادی از زندان نیز در جبهه اصلاحات نزدیک به خاتمی بود. به نیکی هم از خاتمی یاد می‌کند. او را مبتکر گفتگوی تمدن‌ها و سیاستمداری می‌شناسد که با "شعار آزادی پا به عرصه انتخابات" گذاشت و کسی است که "دوست و دشمن برای ستایش از وی لب می‌گشایند". می‌دانیم خاتمی مبتکر نظریه گفتگوی تمدن‌ها است، و اینکه این نظریه را در چارچوب روابط بین‌الملل و در جهت تغییر سیاست تهاجمی خارجی ایران مطرح کرد و خواهان تنش‌زدایی با غرب و بخصوص آمریکا بود.[i] استقبال از این ابتکار به حدی بود که سازمان ملل سال ۲۰۰۱ را در احترام به وی "سال گفتگوی تمدن‌ها" نامگذاری کرد. خاتمی از گفتگو نه تنها به عنوان یک نظر و اندیشه که به عنوان یک "راهبرد و برنامه عملی" سخن گفت و آنرا ممکن‌ترین راه در همه سطوح فرهنگی و تمدنی دانست. می‌توان ادعا کرد که خاتمی همان روش گفتگو را که در سیاست خارجی دنبال کرد در حوزه داخلی نیز پیگیر بود. تقویت عملی نهادهای مدنی (از جمله مطبوعات، سندیکاها و سازمان‌های غیر دولتی) و تشویق فرهنگ پاسخگویی دولت به افکار عمومی از ویژگی‌های دولت هشت ساله او بود. حضور سالانه در دانشگاه تهران و پرسش و پاسخ رودررو با دانشجویان جوان از نمونه‌های سمبلیک روش او محسوب می‌شود. خاتمی در تعریف و توضیح نظریه گفتگوی خود تاکید دارد که دیالوگ وسیله انتقال آگاهی و معرفت انسان‌ها به یکدیگر است و عملی اخلاقی است که در آن سوال بر جواب الویت دارد. می‌گوید که

---

[i] "گفتگوی تمدن‌ها" در جواب به نظریه ساموئل هانتینگتون (استاد علوم سیاسی دانشگاه هاروارد) در کتاب "برخورد تمدن‌ها" است. وی استدلال می‌کند هویت‌های فرهنگی و مذهبی منبع اصلی درگیری پس از جنگ سرد در جهان است.

Samuel P. Huntington - The Clash of Civilizations: And the Remaking of World

در گفتگو، تلاش برای بزرگ کردن نقطه ضعف رقیب برای امتیاز گرفتن از او اصل نیست بلکه "خود-تحول-پذیری" اصل است. مهمتر از همه، پذیرفتن گفتگو فی نفسه به معنی اعراض از خشونت است. می‌گوید: "در گفتگو و با گفتگو است که می‌توان از وضعیت نا امن و ناگوار جهان کنونی به سوی جهانی حرکت کرد که در آن انسان‌ها، همه انسان‌ها، در همه جا برخوردار از حق زندگی امن و محترمانه باشند".[i] جایی دیگر می‌گوید قرن‌ها باید زمین با خون آدمیان بی‌شماری آبیاری می‌شد تا امروز فضیلت و رجحان گفت‌وگو بر جنگ به آسانی و سادگی نزد همگان پذیرفتنی باشد.[ii] خاتمی تا آنجا پیش می‌رود که ماهیت گفتگو و دیالوگ را هم از منظر علوم اجتماعی مشخص می‌کند و می‌گوید که زبان دیالوگ که زبان همزبانی است با زبان فلسفی، کلامی و علمی متفاوت است. "دیالوگ روندی است که ما را اداره می‌کند و راه می‌برد، بر خلاف مذاکره سیاسی و مباحثه کلامی و علمی که ما روند را اداره می‌کنیم." در تمامی این ابعاد، تاثیر نظر، سیاست و روش خاتمی بر تاجزاده مشهود است.

سابقه گفتگو در شرایط چند قُطبی جمهوری اسلامی

برای شناخت موقعیت گفتمانی تاجزاده ضروری است که سابقه گفتگوی سیاسی در تجربه جمهوری اسلامی، یعنی بستری که در آن فعال بوده، مورد بررسی قرار بگیرد. اینجا استمرار ماهیت چند قُطبی نظام، علی‌رغم تلاش برای تک قُطبی کردن آن، قابل تشخیص است. به عبارت دیگر، شکل گیری یک نظام چند قطبی سیاسی یکی از علل شکل گرفتن مفهوم گفتگوی سیاسی در ایران معاصر بوده است. در آغاز، دستگاهی که با انقلاب ۵۷ شکل گرفت و بر جامعه حاکم شد نظامی ماهیتا چند قُطبی بود. علی‌رغم تلاش‌هایی که برای تمرکز مطلق قدرت در هسته و در راس هرم حکومت انجام یافت هیچ جریانی نتوانست قدرت را در یک نقطه، در یک نهاد و یا در یک

[i] سخنرانی ها و یادداشت های سید محمد خاتمی - موسسه فرهنگی و اطلاع رسانی تبیان – ۱۳۹۵
[ii] سید محمد خاتمی – سخنرانی همایش "گفتوگوی بین فرهنگی؛ چالشی برای صلح" که از سوی دانشگاه پاپی گریگوریانوی واتیکان برگزار شد – ۱۳۸۶

شخص مشخص به شکل تام و تمام و مطلق متمرکز کند. نهادهای لشکری و کشوری در حوزه‌های مختلف چنان با یکدیگر، برای تعیین سرنوشت جامعه، رقابت داشتند و چنان توازن قوایی میانشان برقرار بود که به جریان رقیب اجازه نمی‌دادند تا کنترل سرنوشت را یکباره و تمام و کمال در دست بگیرد.

این رقابت با اینکه فاقد قاعده و قانون بود و عنصری از خشونت را به همراه داشت ولی در عین حال موجب شکل گیری فضایی شد که نوعی معامله و، بر اساس آن، نوعی ردوبدل نظریات را به همراه داشت. از این معامله، چانه زنی و گفتگو می‌توان به عنوان روند تولید مفهوم سیاست در ایرانِ پس از انقلاب نام برد. در این فضای رقابتی که بازیگران قادر به حذف یکدیگر نبودند مفهوم و تجربه‌ای به نام سیاست زاده شد که بر نحوه شکل‌گیری تحولات اجتماعی تاثیر داشت. این رقابت‌ها عمدتا میان نهادهای حاکم تجلی پیدا کردند و به صورت مبارزه برای توسعه حوزه نفوذ درآمدند.

علل شکل‌گیری رقابت میان گرایش‌های مختلف که به تدریج شکل جناح‌های حکومت را بخود گرفتند متعدد است. می‌توان نظریه‌های گوناگونی را در تعیین علل اجتماعی، تاریخی، اقتصادی، فرهنگی، نهادی و بین‌المللی این آرایش چند قُطبی مورد بررسی قرار داد. مثلا می‌توان اشاره کرد به رشد فرهنگ سیاسی و عدم تمکین به یک قدرت مرکزی؛ یا نیرومند شدن روندهای گریز از مرکز؛ یا توانایی مستقل اقتصادی نهادهای کشوری؛ یا فشار خارجی در جلوگیری از شکل‌گیری یک حکومت نیرومند مرکزی؛ یا چالش توسعه رسانه‌های مدرن (مجازی و خارجی)؛ یا موقعیت روحانیت به عنوان یک بورژوازی فرهنگی (در مقایسه با بورژوازی تجاری، صنعتی، نظامی)؛ یا ضعیف شدن تاریخی دستگاه حکومت در برابر جامعه. همه این توضیحات را می‌توان بکار برد تا استدلال کرد که چگونه یک نظام چند قُطبی شکل گرفته و فضایی به نام سیاست را بوجود آورده. اما فارغ از نوع استدلال، نکته مهم این است ماهیت چند قطبی حکومت شکل گرفت و حضور پیدا کرد.

به همان سان که باید این پدیده چند قُطبی را مورد نظر داشت و کمک آن به شکل گیری مفهوم سیاست را دید اما باید متوجه محدودیت‌های آن نیز بود.

محدودیت‌هایی که میل به تمرکز، خودکامگی، تمامیت‌خواهی و برخورد فرقه‌ای و حذفی را تقویت کردند. محدودیت‌هایی که بر فضای شکل گرفته سیاسی بعد از انقلاب حاکم شدند و گفتگوی جناح‌های سیاسی را بشدت محدود کردند. با این حال، رقابت واقعی میان این جناح‌ها بحدی جدی، قابل توجه و مورد لمس بود که در بیشتر انتخابات ریاست جمهوری اکثر مردم برای دفاع از این یا آن جریان سیاسی به پای صندوق رای می‌رفتند.

کارنامه مبارزه و گفتگوی جناحی

بررسی تحولات در درون نظام سیاسی، از دهه ۶۰ تا دهه ۹۰ نشان می‌دهد که جناح‌بندی بتدریج در داخل نظام شکل گرفت و زمینه برخی گفتگوها و ردوبدل نظریات سیاسی را فراهم آورد. در این فضای چند قُطبی که اجازه تسلط مطلقه به هیچ یک از جناح‌ها را نداد، نوعی ردوبدل نظری، هم به معنی گفتگو و هم به معنی جدال حذفی در بطن نظام دستگاه سیاسی قابل ملاحظه و قابل اندازه‌گیری و تعریف است. در دهه ۶۰، نظام به دو گرایش چپ و راست تقسیم شد که برای توسعه نفوذ خود و تعریف نقش دولت در اقتصاد بشدت درگیر و رقیب بودند. به تدریج طی دهه‌های بعدی، این جناح‌بندی‌ها به چهار جریان اصولگرای تندرو، اصولگرای سنتی، میانه و اصلاح‌طلب تفکیک شدند. دولت‌های هاشمی و روحانی از خط میانه؛ دولت خاتمی از خط اصلاح‌طلب؛ و دولت‌های احمدی‌نژاد و رئیسی از خط اصولگرا شمرده شدند. برخورد فکری و ایدئولوژیکی میان این جناح‌ها از جدل حذفی تا گفتگوی مسالمت آمیز را شامل می‌شد و در بر می‌گرفت. اما جریان اصولگرای انقلابی با حمایت ایت‌الله خامنه‌ای توانست بتدریج جناح‌های رقیب را کنار بزند و بشدت محدود کند به نحوی که با انتخابات ۱۴۰۰ هسته مرکزی نظام بیش از پیش یکدست و زیر پرچم اصولگرایان تندرو درآمد. این روند با تندخویی بی اغماض به نزدیک‌ترین عناصر سیاسی (از جمله هاشمی رفسنجانی، محمد خاتمی، میرحسین موسوی و محمود احمدی‌نژاد) همراه بود. این خشونت نسبت به نیروهای خارج از نظام نیز بیشتر دیده می‌شد. برخورد بی‌رحمانه

و حذفی ملاک، میزان و راهنمای هسته سخت حکومت قرار داشت تا از هیچ اقدامی برای حذف و نابودی "غیر خودی‌ها" کوتاهی نکند. با این حال و علی‌رغم خشونت‌های حذفی، نمی‌توان نادیده گرفت که نوعی رقابت سیاسی و اجتماعی میان جناح‌ها شکل گرفت که به تولد مفهومی به نام سیاست و گفتگوی سیاسی انجامید.

هسته سخت و پوسته نرم: روابط حکومت و جامعه در ۱۴۰۰

در کنار رقابتی که میان جریان‌های مختلف سیاسی وجود داشته، می‌توان ناظر بر قدرتمندتر شدن جامعه مدنی بود که نوعی گفتگوی غیر رسمی را بر حکومت تحمیل کرد و خود را به عنوان یک طرف گفتگو نشاند. ناظران عموما می‌پذیرند که ۴۰ سال مبارزه در درون و بیرون نظام به جایی رسید که، از جمله انتخابات ۱۴۰۰ و اعتراضات ۱۴۰۱، نشان دادند حکومت با یک جامعه مستقل‌تر، نیرومندتر و خود رای‌تر روبرو شد. حکومت برای اینکه بتواند این جامعه قوی‌تر شده را مدیریت کند، به درست یا غلط، هسته مرکزی خود را یک‌دست‌تر کرد، امور را کلا بدست جریان اصولگرای تندرو، نزدیک به ایت‌الله خامنه‌ای، داد و سعی کرد جناح‌های رقیب را کنار بگذارد. اما همزمان با این تمرکزگرایی، نوعی "نرمش" و تغییر رفتار در برخورد با جامعه و جناح‌های سیاسی نیز دیده شد. مهمترین وجه این روند، کنار گذاشتن خطهای اصلاح‌طلب و میانه بود. سختگیری در انتخابات ۹۸ مجلس و ۱۴۰۰ ریاست جمهوری بود که فعالین اصلاح‌طلب را بطور سیستماتیک رد صلاحیت و حذف کرد، و آزمایش انتخابات قبلی را (با رقابت محدود ولی برنامه‌های متفاوت) به بایگانی سپرد. در عین حال حائز اهمیت است که همزمان با یکپارچه شدن هسته سخت قدرت، می‌توان در رفتار نظام با پوسته خود، یعنی فضایی که حکومت با جامعه و در برخی موارد با گرایش‌های سیاسی مرتبط می‌شود، تغییراتی را ملاحظه کرد. یعنی، در اینکه هسته سخت قدرت از ابزار سرکوب و خشونت به عنوان یکی از اهرم‌های اصلی سیاست‌گذاری استفاده می‌کرد تردیدی نیست، اما در عین حال و در موازات این روش خشن نوعی نرمش و رفتار پیچیده با پوسته و در پوسته دیده می‌شد. این انعطاف در کلام و عمل به معنای قبول "غیر

رسمی" عناصر خارج از هسته سخت قدرت است. یعنی حکومت مجبور به پذیرش وجود بازیگر مستقلی به نام جامعه شد. نمونه عینی این روند تحول، پذیرش عملی "حجاب ضعیف" [i]، فعالیت هر چند محدود چند حزب میانه‌رو، باز شدن نسبی فضای مطبوعاتی و ادامه فعالیت سندیکایی بود. البته این عقب نشینی‌ها و نرمش را باید در کنار و جوار سرکوب شدید و خشن اعتراضات خیابانی در ۱۴۰۱ (که به مرگ حدود ۵۰۰ تا ۶۰۰ نفر انجامید) لحاظ کرد. [ii] اما در تحلیلی نهایی آنچه توازن قدرت را تغییر داد شکل گرفتن جامعه‌ای نیرومندتر بود که در رفتار خود نوعی دیالوگ و گفتگو غیر رسمی را عملا به حکومت تحمیل کرد.

نظر جناح نیرومند اصولگرا در مورد گفتگو

در اینجا باید توجه را معطوف به نیرومندترین و مستمرترین جریان سیاسی حاکم در نظام اسلامی کرد، یعنی جریان اصولگرای انقلابی که در شخص ایت‌الله خامنه‌ای، بیت رهبری، سپاه پاسداران، جبهه پایداری و حوزه علمیه تجلی پیدا می‌کند و موثرترین نفوذ را در جمهوری اسلامی داشته است. یکی از معتبرترین نظریه‌پردازان این جریان اصولگرا، ایت‌الله مصباح یزدی است که تئوری ولایت مطلقه فقیه را بیشتر و دقیق‌تر از دیگران تبیین کرد. بررسی افکار مصباح نشان می‌دهد که تفسیر همزیست گرایانه از موضوع گفتگوی سیاسی جایی در ساختار ایدئولوژیکی وی ندارد. مصباح امر سیاست را به فرمانروایی مطلقه ولی فقیه محدود می‌داند و ضرورتی برای مشورت و گفتگو برای رسیدن به یک اجماع گسترده اجتماعی نمی‌بیند. در واقع، تاکید مکرر مصباح بر محدودیت امر مشورت میان مردم و رهبری است. به معنایی آنرا غیر ضروری و اشتباه تلقی می‌کند. استدلال او را می‌توان به این شکل بیان کرد که گفتگوی سیاسی را فقط

---

[i] ایت‌الله خامنه‌ای: "چرا گاهی... این خانمی را که حالا فرض کنید یک مقداری موهایش بیرون است... که حالا باید گفت ضعیف الحجاب؛ حجابش ضعیف است، متّهم می‌کنید؟" - بیانات در دیدار با بانوان – دی ۱۴۰۱

[ii] سعید برزین - هسته سخت، پوسته نرم؛ شرایط سیاسی ایران در ۱۴۰۰ - سایت زیتون - آبان ۱۴۰۰

می‌توان به معنی "مشاوره برای جذب قلوب مردم و جلب موافقت جامعه در جهت حفظ مصالح اجتماع" دانست. اشاره دارد که مسئولیت‌های اساسی و هدف‌های اصلی جمهوری اسلامی "به هیچ وجه قابل بحث و مذاکره نیست". معتقد است که در زمان پیامبر اسلام هم کفار و مسلمانانی بودند که بسیار میل داشتند که به گونه‌ای با هم کنار بیایند و نمی‌خواستند کار به جنگ و جدال بکشد اما این کار صورت نگرفت چرا که "در مسائل اصولی، جایی برای انعطاف، نرمش، اغماض و چشم پوشی وجود ندارد". در یک نمونه مشخص، حتی در قبال مجلس خبرگان که باید در مورد تعیین ولی فقیه مشورت کند و تصمیم بگیرد و شخص رهبر را انتخاب کند، مصباح می‌گوید اعتبار این نهاد صرفا "به امضای ولی فقیه قبلی است... پشتوانه اعتبار این مقررات، رضایت ولی فقیه است. اگر او با ماده‌ای یا تبصره‌ای مخالف باشد و بگوید این را قبول ندارم، دیگر اعتبار ندارد".[i] به عبارت دیگر، حتی در قبال یکی از عالیترین نهادهای حکومت اسلامی نیاز و حقی برای گفتگو و مشورت نمی‌بیند چه برسد به گفتگو میان جریان‌های مختلف سیاسی برای دستیابی به اجماع درباره استراتژی ملی و تعیین تکلیف برای اهداف کلی مملکت. هنگامیکه این طرز تفکر به پایگاه اجتماعی اصولگرایان می‌رسد به شکل شعار "مرگ بر ضد ولایت فقیه" بیان می‌شود.

با توجه به سابقه و ماهیت چند قُطبی نظام که اجازه داد نوعی فضای سیاسی برای تعامل، گفتگو و معامله سیاسی فراهم شود، در عین حال باید مد نظر داشت که تسلط بیش از پیش جناح اصولگرای تندرو، که اعتقادی به گفتگوی سیاسی نداشته، اجازه نداده که فضای گفتگوی آزاد، قاعده‌مند و قابل پیش‌بینی شکل بگیرد و تبادل نظر میان جناح‌های رقیب رسمیت عرفی و حقوقی پیدا کند. در چنین فضای درون حکومتی است که تاجزاده نظر خود را در مورد ضرورت گفتگوی سیاسی بیان می‌کند.

---

[i] رجوع کنید به مصباح یزدی، کتاب‌های: حکیمانه‌ترین حکومت: کاوشی در نظریه ولایت فقیه – ۱۳۹۴ / اخلاق در قرآن، جلد سوم / نظریه حقوقی اسلام – جلد ۱ / پرسش‌ها و پاسخ‌ها / نگاهی گذرا بر فلسفه سیاسی اسلام

نظریه گفتگو در کمپ اپوزیسیون

در اوائل دهه ۱۴۰۰، اردوی اپوزیسیون را می‌توان در دو گرایش میانه‌رو و انقلابی تفسیر کرد. در ارزیابی ما، خط میانه همان نیروهای اصلاحی داخل کشور است که بر مفهوم گفتگو با حکومت تاکید دارد اما بحث درباره ضرورت گفتگو با "تمام" نیروهای سیاسی جامعه ایران را به ندرت بیان می‌کند . در خط میانه، از جمله، نهضت آزادی دیده می‌شود که خواستار "اصلاحات جامعه محور" و "بازنگری بنیادین" قانون اساسی به عنوان مطالبه عمومی است. برای رسیدن به این آرمان‌ها، نهضت آزادی "مشارکت و همکاری احزاب" را مناسب می‌داند ولی حد و حدود این گفتگو و همکاری را مشخص نمی‌کند جز اینکه هشدار می‌دهد که باید از شتابزدگی پرهیز کرد. [i] حزب اتحاد ملت که عضو جبهه اصلاحات داخل کشور است نیز "همگان را به تفکر و گفتگو" برای یافتن و ساختن راه دعوت می‌کند. اما تاکید دارد که در این تعامل و گفتگو، خطوط قرمز را باید رعایت کرد و این خطوط قرمز شامل خشونت، تجزیه طلبی، دخالت خارجی و تحریم‌خواهی است. [ii]

نیروهای اپوزسیون خارج کشور نیز مسئله گفتگو را مورد نظر دارند ولی اینجا محدودیت مشخصی را برای گفتگو قائل می‌شوند. از جمله رضا پهلوی خواهان گفتگو در چارچوب "مخالفین نظام" جمهوری اسلامی برای "پیکار با رژیم... و سرنگونی رژیم اسلامی" است. وی جمهوریخواهان و سلطنت‌طلبان را به آشتی و اتحاد می‌خواند و گفتگو را "تنها وسیله رسیدن به هم سوئی و راه حل" می‌داند. رضا پهلوی رسما مجاهدین، اصلاح‌طلبان و اصولگرایان را خارج از این گفتگو می‌شناسد و می‌گوید "خاتمی و احمدی نژاد برای دفاع از رژیم و سرکوب مردم به هر قیمتی با یکدیگر متحد می‌شوند". [iii] شورای مدیریت گذار که از شناخته شده‌ترین جریان‌های اپوزیسیون محسوب می‌شود هم شرط و شروطی برای گفتگو قائل است. همکاری احزاب طرفدار

---

[i] بیانیه نهضت آزادی ایران بمناسبت فرا رسیدن ۲۲ بهمن ۱۴۰۲

[ii] حزب اتحاد ملت - ۲ اسفند ۱۴۰۲ شمسی - بیانیه حزب اتحاد ملت درباره بیانیه میرحسین و خاتمی

[iii] رضا پهلوی - زمان انتخاب

دمکراسی و حتی نیروهای داخل حکومت را بر مبنای شرط "انحلال ارگان‌های [حکومتی] سرکوب و برای شکل گیری دولت انتقالی" و تعهد به "گذار از نظام جمهوری اسلامی" می‌داند.[i] در این شورا، چند حزب مسلح (دمکرات و کومله) عضویت دارند. مجاهدین خلق، که شاید منظم‌ترین و ثروتمندترین گروه اپوزیسیون جمهوری اسلامی باشند، هر چند که پایگاه اجتماعیشان بشدت محدود ارزیابی می‌شود، در استراتژی خود هیچ نشان نمی‌دهند که علاقمند و یا نزدیک به نوعی برداشت لیبرالیستی از سیاست و یا گفتگو با دیگر نیروهای سیاسی و رژیم اسلامی باشند.

برعکس، مجاهدین خواهان انقلابی تمام عیار به رهبری خود هستند. برای نمونه در پیام منتسب به مسعود رجوی در اواسط ۱۴۰۱ آمده است که از "دماوند بر روی شیخ، هم چون شاه، در آخر خط و مرحله پایانی آتش می‌بارد. اینجا آخر خط و گورستان ساواک شاه و سپاه شیخ و دیکتاتوری است... باید آنقدر آتش برافروزد تا بیت‌العنکبوت و رادیو و تلویزیون خامنه‌ای تصرف شود."[ii] بدین سان قابل ملاحظه است که تعریف موضوع گفتگو میان نیروهای سیاسی میانه‌رو و تندرو، چه در داخل و چه در خارج از کشور، بسیار محدود است. نیروهای میانه‌رو داخل کشور تعریف محدودی از آن ارائه می‌دهند و نیروهای تندرو گفتگو را حداکثر در چارچوب اتحاد برای سرنگونی رژیم تعبیر می‌کنند. در دهه ۱۴۰۰، افراد و احزابی که گفتگو میان تمام جریان‌های سیاسی، از داخل حکومت تا جبهه برانداز، را برسمیت بشناسند محدود و کم صدا بودند.

گفتگو در اندیشه سیاسی غرب

در فلسفه سیاسی غرب موضوع گفتگو تاریخی طولانی دارد و ریشه‌های آنرا می‌توان در یونان باستان یافت. افلاطون این مسئله را در چارچوبی فلسفی بررسی می‌کرد و معتقد بود که گفتگو راهی برای درمان فلسفی است چرا که به فیلسوف امکان می‌دهد

---

[i] سند شماره ۳ شورای مدیریت گذار - استراتژی گذار- سایت شورای مدیریت گذار
[ii] سایت اینترنتی مجاهدین خلق - پیام مسعود رجوی - ۱۶ مهر ۱۴۰۲

مخاطب خود را از اعتقادات سطحی و عمومی به دانایی حقیقی راهنمایی کند. گفتگو را روشی می‌دانست که تعصب و عقیده غلط را تبدیل به معرفت حقیقی می‌کند.

به تدریج و طی قرون، مفهوم گفتگو از حوزه شخصی و یا صرفا فلسفی به حوزه اجتماعی و سیاسی نقل مکان کرد. این تحول به حدی بود که در جامعه مدرن دمکراتیک، گفتگو به مثابه سنگ زیربنای دمکراسی شناخته شد و مورد توجه قرار گرفت. و سپس، در دوره معاصر ده‌ها نظریه پرداز به آن پرداختند[i]. از جمله، یورگین هابرماس (نظریه پرداز مسائل اجتماعی که در مورد موضوع عقلانیت ارتباطی کار کرده) معتقد است که گفتگوی نامحدود در حوزه عمومی یکی از پیش نیازهای توسعه فرهنگ و جامعه لیبرال است. بر این اساس باید بر کنش ارتباطی و گفتگوی جمعی تاکید همه جانبه داشت.[ii]

اگر گفتگو و نحوه انجام آن به مثابه پدیده‌ای سیاسی شناخته شود، برخی نظریه‌پردازان از جمله هانا آرنت (فیلسوف آلمانی/آمریکایی) سعی داشته‌اند که آنرا در چارچوب‌های کلی، از جمله حوزه عمومی و یا خیر عمومی، تعریف و تفسیر کنند. آرنت می‌گوید که حتی تفکر امری گفتگویی است، چون در جهان مشترک انسان‌ها معنا می‌یابد، و بنابراین پایان گفتگو به منزله پایان تفکر است. شاید بتوان گفت که میان نظریه‌پردازانی که این مسئله را مورد توجه قرار داده‌اند، مانند بروس اکرمن (نویسنده کتاب "تفکیک قانون جدید")، فرنک ون‌دان (نویسنده کتاب "اصول بنیادین قانون") و دیوید برهم (نویسنده کتاب "درباره گفتگو")، این توافق کلی وجود دارد که گفتگو برای جامعه مدرن دمکراتیک حیاتی است و تعریف و تبیین موقعیت آن در شرایط خاص و موردی یک پراتیک ضروری به شمار می‌رود.

در این چارچوب، گفتگو زمینه ساز اجماع و سپس تصمیم‌گیری منطقی و عاقلانه مشترک تعریف می‌شود. اهمیت مسئله به حدی مورد توجه قرار می‌گیرد که لیبرالیسم

---

[i] Katarzyna Jezierska, Leszek Koczanowicz - Democracy in Dialogue, Dialogue in Democracy

[ii] نویسنده کتاب بسوی جامعه‌ای عقلانی.

را نظامی مبتنی بر "گفتگو و منطق" معرفی می‌کنند. به اضافه، گفتگو را از گفت و شنود صرف و تبادل نظر بالاتر می‌برد و به مقام والاتر تامل، بررسی و سنجش نظر ارتقاء می‌دهد. در اینجا گفتگو مفهوم مشورت و بحث متفکرانه و مستدل در جهت ایجاد اجماع عمومی به خود می‌گیرد. اینکه چنین کیفیتی از گفتگو نیاز به چه عناصر، عوامل و مکانیزم‌هایی دارد ملاحظاتی عملی است که باید در روند پراتیک سیاسی مورد توجه قرار بگیرد. [i]

---

[i] Political Dialogue Theories and Practices Series - Poznań Studies in the Philosophy of the Sciences and the Humanities - Volume Forty Six

فصل چهارم

در نقد و دفاع از نظریه گفتگوی ملی

"در جوامع دو قُطبی، گفتگو میان نیروهای سیاسی بهترین راه برای حل مشکل
ضعف‌های فرهنگی و نهادهای سیاسی است"
موسسه بین‌المللی پشتیبانی از دموکراسی و انتخابات

خلاصه

در بررسی نظریه گفتگوی ملی ارزیابی چند نکته حائز اهمیت است. از جمله اینکه:

یک – تاجزاده پیشبرد حرکت سیاسی را در چارچوب گفتگو میان حکومت و مخالفین
ضروری تشخیص می‌دهد.

دو – وی این اقدام را برای مدیریت تغییرات حقوقی و حقیقی، و جلوگیری از خلاء
سیاسی، حیاتی می‌شمارد.

سه – اگر بپذیریم که در صحنه واقعی سیاسی، و در قبال انتخاب "انقلاب یا اصلاح"،
رفرمیسم برتری دارد، آنگاه باید نقش گفتگو را در این سناریو تبیین کرد.

چهار – نظریه گفتگوی ملی، علی‌رغم توانایی‌هایش، می‌تواند تفکری رمانتیک فرض
شود و با مخالفت جدی بخشی از الیت سیاسی روبرو باشد.

پنج – شکست عملی تمامی نیروهای سیاسی می‌تواند موجب آن شود که این گروه‌ها
از اهداف حداکثری خود دست بردارند و به معامله با یکدیگر روی بیاورند.

برسمیت شناختن همه گرایش‌های سیاسی

در شرایطی که سُنت سیاسی ایران اساسا فرقه‌ای و قبیله‌ای است یکی از ویژگی‌های تفکر تاجزاده تاکید بر ضرورت گفتگوی "تمام" نیروهای اجتماعی است. در سُنت سیاسی ایرانی، در داخل و خارج حکومت، و در چپ و راست، نیروهای سیاسی یکدیگر را قبیله‌های غیر خودی ارزیابی می‌کنند و آنها را تهدید موجودیتی برای خود می‌شناسند. به همین خاطر وظیفه خود می‌دانند که روشی تهاجمی و تضادی قهرآمیز با قبایل دیگر داشته باشند. تبدیل کردن این دشمنی و تضاد قهرآمیز به نوعی همزیستی مسالمت آمیز یکی، و شاید سخت‌ترین، تحولی است که جامعه سیاسی به آن احتیاج دارد. ایجاد شرایطی که حق حیات دیگران طبیعی محسوب و برسمیت شناخته شود. ایجاد شرایطی که تمام جریان‌های سیاسی، هم در داخل و هم در خارج حکومت، حاضر به گفتگو و صحبت با یکدیگر باشند، و با یکدیگر معامله و داد و ستد کنند. اینجا منظور از گفتگو صرفا محدود به همزیستیِ "همه با هم" در جهت سرنگونی قبیله حاکم نیست بلکه ایجاد شرایط روابط مسالمت‌آمیز میان حکومت و مخالفین نیز می‌باشد. تاجزاده را باید یکی از پیش قراولان این طرز تفکر محسوب کرد. او تمامی جریان‌های سیاسی، در داخل و خارج نظام، را برسمیت می‌شناسد و حاضر به گفتگو با آنها می‌شود. تنها شرط او برای گفتگو قبول روابط مسالمت‌آمیز و احترام به حاکمیت ملی و تمامیت ارضی است. در صحنه تاریخ مدرن ایران، این نقش تاجزاده برای تشویق ضرورت تبدیل قبیله‌های دشمن به جریان‌هایی که حاضر به گفتگو با یکدیگر باشند حائز اهمیت است.

جلوگیری از خلاء سیاسی یا چاه ویل بی‌دولتی

یکی از اهداف نظریه تاجزاده این است که از ایجاد خلاء سیاسی یا خلاء قدرت جلوگیری کند. به زبان خودش: "مهم آن است که تحت هیچ شرایطی در چاه ویل بی‌دولتی و هرج و مرج زندگی‌سوز" نیفتیم. اشاره تاجزاده به خلاءای است که با

فروپاشی حکومت بوجود می‌آید، همانطور که در انقلاب اسلامی و انقلاب مشروطه بوجود آمد و حاصل آن ده‌ها سال بی‌ثباتی و جنگ داخلی و خارجی و کشته شدن صدها هزار نفر بود. خلاء سیاسی با فروپاشی نهادهای لشکری و کشوری ایجاد می‌شود در حالیکه موضوع انتقال قدرت و یا جانشینی نامعلوم و نامشخص است. تاریخ ایران نشان می‌دهد این خلاء، اولین مرحله از چرخ هرج و مرج منتهی به یک استبداد جدید است.[i]

بررسی شرایط ایران، ۴۰ سال پس از انقلاب اسلامی، تایید می‌کند که پیامد سرنگونی حکومت، به احتمال زیاد، خلاء سیاسی خواهد بود، چرا که:

یک – نیروهای بنیادگرای حاکم، داوطلبانه از قدرت کنار نخواهند رفت.

دو – نخبگان سیاسی ایران گرفتار تضادهای شدید حذفی میان خودشان هستند.

سه – احزاب مسلح در ایران فعالند.

چهار – فرهنگ خشونت پرهیزی میان مردم کوچه و بازار ضعیف است.

پنج – کشورهای خارجی با قدرت در ایران دخالت خواهند کرد.

تاجزاده تلاش دارد از این خطرِ خلاء قدرت، بقول خودش از "چاه ویل بی‌دولتی"، پرهیز کند. به همین خاطر می‌توان تز گفتگوی او را به عنوان راه حلی برای رفع خطر خلاء قدرت تفسیر کرد. در واقع تاجزاده می‌خواهد با برسمیت شناختن و شرکت دادن نیروهای حاکم در بازی سیاسی شرایطی را فراهم کند که تغییرهای بنیادین با حفظ نوعی نظم و ثبات انجام بگیرد. گفتگو با نیروهای حاکم به آنها اطمینان می‌دهد که در سناریوهای احتمالی آینده نقش دارند و می‌توانند حامی تبیین و تعیین این سناریوها باشند. تاجزاده، با حفظ نقشی برای نیروهای حاکم (از جمله طبقه حاکمه، نیروهای مسلح و قشر دیوانسالار) می‌تواند امیدوار باشد که هرگونه تغییر و تحول ساختاری و

---

[i] این دیدگاه را همایون کاتوزیان در چندین کتاب مورد بررسی قرار داده، از جمله "دولت و جامعه در ایران"، "اقتصاد سیاسی ایران"، و "تضاد دولت و ملت: نظریه تاریخ و سیاست در ایران".

حقوقی قابل مدیریت خواهد بود و این نهادهای کشوری تحول را تبیین و اجرا خواهند کرد. به عبارتی، برقراری گفتگو، و سپس سازش و معامله، می‌تواند آرایش نیروهای سیاسی را به نحوی تعیین کند که تحول‌های بنیادین را قابل تعریف، قابل پیش‌بینی و قابل مدیریت سازد. از هزینه تحولات بکاهد و به سودشان بی‌افزاید.

انقلاب یا اصلاح؟ نقش تعیین کننده گفتگو

مردم ایران همواره با یک انتخاب زیربنایی روبرو بوده و هستند، انقلاب یا اصلاح؟ این سوال نه فقط در شرایط ۱۴۰۰ مطرح بوده که در دوره ریاست روحانی، احمدی‌نژاد و خاتمی هم مطرح بوده است. پیش از آن نیز در دهه ۴۰ و ۵۰ مطرح بود که در آنجا قضاوت به نفع انقلاب رفت و انقلاب اسلامی از آن بیرون آمد. سوال جدی و تعیین کننده این است که آیا باید راه انقلاب را در پیش گرفت و یا به راه اصلاح پیش رفت؟ این سوال به حدی زیربنایی است که می‌توان گفت پاسخ به آن از عوامل تعیین کننده، نه تنها در تاریخ معاصر ایران، که در تاریخ جوامع مدرن در چند صد سال اخیر می‌باشد.

بررسی این مسئله در چارچوب نظریه گفتگوی ملی تاجزاده حائز اهمیت است چون نشان می‌دهد گفتگو در انقلاب و گفتگو در اصلاح نقش‌های متفاوتی را ایفا می‌کنند. در استراتژی انقلاب، گفتگو به معنای صحبت و همفکری در جهت ایجاد وحدت تاکتیکی در برابر حکومت وقت است. یعنی گفتگو برای ساختن یک جبهه متحد، به اصطلاح "همه با هم"، در جهت حل یک تضاد قهرآمیز با حکومت است. اما در استراتژیِ اصلاحات، گفتگو از حوزه اپوزیسیون صرف فراتر می‌رود و حکومت و نیروهای وابسته به آن را وارد روند خود می‌کند. اینجا گفتگو فراگیرتر و همه جانبه‌تر است و مبنای ساختن رابطه میان جریان‌های داخل و خارج حکومت محسوب می‌شود. ایران در یک صد سال گذشته دو انقلاب گسترده را تجربه کرده و در اوائل قرن ۱۵ هجری نیز بار دیگر با این سوال مواجه است. آیا بار دیگر ضروری است که نیروهای مخالف حکومت یک وحدت نظرِ طبقاتی را شکل بدهند و علیه طبقه حکومتی انقلاب کنند؟ بار دیگر، در یک چرخ انقلابی، طبقات حاکم را به زیر بکشند، سلطان را حقیر

سازند، پابرهنه‌ها را به قدرت برسانند، و فقرا را، حداقل برای کوتاه مدتی، قدرتمند کنند؟ اما اگر تجربه صد سال گذشته به ما نشان داده که انقلاب می‌تواند حکومتی را بوجود آورد که ضرورتا ناجی نیست بلکه می‌تواند جلاد باشد آیا به حرکت درآوردن مجدد چرخه انقلاب عاقلانه و مفید است؟

این نگرانی و تردید که در مورد مطلوب و ممکن بودن انقلاب وجود دارد در مورد اصلاحات هم مطرح است. یعنی می‌توان و باید پرسید که چرا اصلاح و رفرم محدودیت‌های طاقت‌فرسای خود را دارد. آیا تجربه چند دهه بعد از انقلاب ۵۷ نشان نداده که رفرم به اندازه کافی عمیق، کارساز و تعیین کننده نیست؟ آیا باید بار دیگر پای صندوق رای رفت، به سیاستمداران اعتماد کرد و آنها را به قدرت رساند و به آنها مشروعیت داد تا شاهد ناتوانی و ناکارآمدی آنها بود؟

در برابر این دو سوال و این دو راه حل باید دید که کدام راه حل ممکن‌تر و مطلوب‌تر است. در تایید نظریه تاجزاده، آنچه جامعه ایران را بیش از پیش از شرایط انقلابی دور کرده و شرایط اصلاحی را جدی‌تر مطرح می‌کند واقعیت متکثر شده موقعیتی و هویتی اقشار و گروه‌های مختلف اجتماعی است. جامعه امروز ایران ترکیبی پیچیده از هویت‌های گوناگون فکری، طبقاتی، نسلی، مذهبی، سکولار، جنسیتی و اتنیکی است. هر یک از این عناصر منافع خود را به شکل متفاوتی تعریف می‌کند. هر یک مصالح خود را مستقل از دیگری تفسیر و دنبال می‌کند. این هویت مستقل عناصر بازیگر سیاسی خلاف آن روحیه انقلابی است که خود را یک ید واحده می‌داند و اختلاف را نادیده می‌گیرد و یکپارچه عمل می‌کند. در ایران ۱۴۰۰ بنظر می‌رسد که "وحدت انقلابی ما در برابر دشمن مشترک" دیگر وجود ندارد.

به اضافه بنظر می‌رسد که جامعه ایران پس از تجربه انقلاب ۵۷، جنبش سبز ۸۸ و بهار عربی در خاورمیانه، با این سوال جدی روبرو است که آزادی و حقوق جدید را نمی‌توان با انقلاب خشن بدست آورد. یک انقلاب دیگر نمی‌تواند خواسته‌های انسان معاصر ایرانی، از جمله آزادی فردی، حاکمیت قانون، تحول خشونت پرهیز، اجماع عمومی، دولت کارآمد، عدالت طبقاتی و اطمینان خاطر از امنیت جان و مال را تامین

کند. پس رسیدن به این اهداف جدید، نیاز به روش‌های جدید رفرمیستی و اصلاحی دارد. آزادی مدرن فقط با روش‌های مدرن که تکثر جامعه را برسمیت می‌شناسد و قادر به نوعی معامله میان همه، یا بخش بزرگی از، آن عناصر متکثر است ممکن می‌شود.

اگر استدلال فوق را بپذیریم و اگر قبول کنیم که راه انقلاب پاسخگوی خواسته‌های ملت نخواهد بود آنگاه باید نقش گفتگو را در چارچوب رفرمیستی پذیرفت. یعنی گفت و شنود را به عنوان زیربنای مصالحه و معامله با تمام نیروهای سیاسی از جمله حکومت و اپوزیسیون قرار داد و در چارچوب استراتژی رفرمیستی معادله‌بندی کرد. در اینجا است که اهمیت و تاکید تاجزاده برای ساختن راه‌های گفتگو با حکومت، با اپوزیسیون، با توده مردم و با دیگر نیروهای اصلاحی، قابل شناسایی، قابل ارزیابی و با اهمیت می‌شود.

آیا گفتگو ملی عملی است؟

آیا تز گفت و شنود میان همه جریان‌های سیاسی ممکن است؟ این سوالی است که همواره مطرح می‌شود و جواب‌های کاملا متضادی دریافت می‌کند. از یک طرف بخشی از فعالین معتقدند که این نظریه غیرعملی و شکست خورده است و از طرف دیگر برخی می‌گویند که این تنها روش شکستن بن‌بست استراتژیک کشور است.

افرادی که می‌گویند گفتگو ممکن نیست اشاره به صحنه عملی سیاسی دارند. از جمله اینکه مذهبیون تندروی حاکم حاضر نیستند با دیگران، حتی با نیروهای معتدل‌تر داخل نظام اسلامی، مذاکره و معامله کنند. شخص رهبر و گروه‌های وابسته به وی تقاضای میانه‌روها و اصلاح‌طلبان را برای گفتگو و مذاکره نه تنها ده‌ها بار نادیده گرفتند و از آن رد شدند که سرکوب، بازداشت و زندانی شدن نیروهای طرفدار گفتگو را تایید و تشویق کردند و آنها را، در تحلیل نهایی، دشمنان مصالح نظام اسلامی دانسته‌اند. این نیروهای حاکم همواره خط میانه‌رو و اصلاح‌طلب را دشمن اصلی خود دانسته و برای از میان برداشتن آنها، شرایط دوقُطبی را طراحی و تشویق کرده‌اند. آنها معتقدند

در شرایط دو قُطبی، خط میانه ضعیف و قابل حذف می‌شود و قطب افراطی مخالف (یعنی اپوزیسیون رادیکال) قابل مدیریت‌تر است. در آن سوی صحنه سیاسی، نیروهای اپوزیسیون رادیکال ایستاده‌اند که حاضر به گفتگو با "دشمنان" خود، یعنی نیروهای وابسته به حکومت و از جمله اصلاح‌طلبان نبوده‌اند. استراتژی اپوزیسیون رادیکال نیز ایجاد شرایط دوقُطبی است تا با یک روش انقلابی، قطب مخالف، یعنی هسته سخت حکومت، را حذف کنند. در چنین استراتژی، حذف خط میانه و طرفداران نظریه گفتگوی ملی در صدر دستور کار قرار می‌گیرد. خطاب قرار دادن نیروهای میانه‌رو با عناوین ماله‌کش، خندق، استمرارطلب، وسطباز، جیره‌خوار حکومت و سیاستمداران التماسی به همین خاطر است.

اینجا، حتی برخی از نیروهای میانه‌روِ محافظه‌کار نیز تز گفتگوی ملی را گمراه و بی‌مورد ارزیابی می‌کنند. نیروهایی مانند حزب کارگزاران معتقدند گفتگو و رابطه باید عمدتا به نیروهای حکومتی محدود باشد تا نوعی اطمینان خاطر را میان طرفین فراهم کند و زمینه شکل‌گیری و رسمیت یافتن نوعی اپوزیسیون داخل نظام را فراهم آورد. از نظر این جریان میانه‌روِ محافظه‌کار، هدف استراتژیک باید شکل دادن به یک اپوزیسیون رسمی باشد و دستیابی به آن از طریق "گفتگوی ملی با تمام جریان‌های سیاسی" ممکن نیست. از نظر آنها، هدف اصلی، یعنی شکل دادن به یک اپوزیسیون رسمی و سامان یافته، نیاز به یک راه قابل تعریف و قابل پیش‌بینی دارد.

شک دیگری می‌توان در مورد نظریه گفتگوی ملی قائل شد و پرسید که آیا نظریه گفتگو نوعی آرمان‌گرایی غیرواقع‌بینانه نیست که در پراتیک حوزه سیاست‌گذاری اثر اندک و چه بسا مخرب دارد؟ سیاست امری عملی و اجرایی است که در شرایط واقعی اجتماع ریشه دارد تا بتواند موثر واقع شود. تصویر برخی سناریوها، مثلا اینکه تمام نیروهای اجتماعی حاضر به گفتگو و همزیستی با یکدیگر باشند، رمانتیک و غیرواقع‌بینانه است. طرح این سناریوها اتلاف وقت و نیرو است و ارزش دنباله‌روی ندارد. کسانی که این سناریوها را مطرح می‌کنند به عوام‌گرایی و پاپولیسم دامن می‌زنند و جامعه را گمراه می‌کنند. تز گفتگوی فراگیر ملی از نوعی آرمان‌گرایی لیبرال نشات می‌گیرد که فقط در چارچوب بحث‌های روشنفکرانه و رویایی معنا و مفهوم دارد. این

در حالی است که واقع‌گرایی اجرایی حکومت نیاز به بازیگری میدانی دارد که بتواند اختلافات واقعی و تصنعی را مدیریت کند. این امر بخصوص در جامعه‌ای که سنت دمکراتیک و فرهنگ قانونمند ندارد و تحزب فوق‌العاده ضعیف است اهمیتی فوری‌تر پیدا می‌کند و توجه به گفتمان و سیاستی قوی و قاطع برای مدیریت اوضاع بیشتر می‌شود.

درحالیکه چنین شک و تردیدهایی در مورد عملی بودن نظریه گفتگو ملی وجود دارد و جدی است اما می‌توان از چند زاویه از آن دفاع کرد. یک ارزیابی مهم این است که تمام جریان‌های سیاسی ایرانی در تلاش برای دستیابی به اهداف استراتژیک خود عملا به نوعی به بن‌بست رسیده‌اند و، مهمتر، اینکه وقتی این بن‌بست و شکست استراتژیک را بپذیرند خواهند دانست که امکان پیشرفت و مانور در صحنه عملی را ندارند. به عبارت دیگر، توازن قوا و تعادل نیرو به نحوی است که، در دنیای واقع، اجازه مانور و پیشرفت را از همه گرفته است. از جمله، حکومت بخوبی می‌داند که بخش مهمی از پایگاه اجتماعی را از دست داده و از حل بسیاری از مشکلات ناتوان است. اصلاح‌طلبان نیز می‌دانند پایگاه اجتماعیشان، بخصوص پس از شکست برجام در دهه ۱۳۹۰، بشدت صدمه دیده و بازسازی این سکو سالها وقت خواهد گرفت. اپوزیسیون رادیکال، عمدتا در خارج کشور، نیز می‌بینند که وعده‌های انقلابی آنها، بخصوص پس از اعتراضات "زن، زندگی، آزادی"، درمورد سرنگونی حکومت و برقراری نظام سکولار دمکراتیک عملی نشده است. اگر این تحلیل را بپذیریم که شرایط بن‌بست و فلج سیاسی بوجود آمده آنگاه می‌توان این نظریه را مطرح کرد که همین بن‌بست می‌تواند زمینه پیشرفت و تحول سیاسی را در مرحله بعد فراهم کند، اگر مبنا گفتگو باشد. این شاید به معنایی نوعی پارواداکس و تناقض تاریخی به نظر برسد اما هنگامیکه قبیله‌های سیاسی واقف شوند که امکان اجرای صددرصدی اهداف خود را ندارند و نمی‌توانند تمام آرمان‌ها و آرزوهای خود را به شکل کامل اجرا کنند آنگاه وارد یک مرحله جدید خواهند شد و آن مرحله آمادگی برای برسمیت شناختن تدریجی رقیبان خود خواهد بود. این برسمیت شناختن نیروهای رقیب، رسمی و غیر رسمی، زمینه گفتگو میان آنها را فراهم می‌کند. اینجا، اشاره به تجربه و تاریخ جوامع دمکراتیک می‌تواند آموزنده باشد،

آنجا که اندیشه و عمل دمکراتیک و قانونمدار در اروپا، طی قرون گذشته، بخاطر شرایط بن‌بست متحول شد. در آن تجربه، رژیم‌های متمرکز استبدادی قرن‌ها در برابر طبقات فئودال زورآزمایی و مقابله کردند که حاصل آن نوعی قرارداد و تفاهم دوطرفه، نوشته و نانوشته، در برسمیت شناختن یکدیگر و تقسیم قدرت در حوزه‌های متفاوت اجتماعی، از کسب مالیات تا بسیج نیروی مسلح، بود. هنگامیکه طبقه جدید بورژوازی شهرنشین صنعتی به عنوان نیروی سوم وارد صحنه زورآزمایی تاریخی شد روند ناتوانی این سه جریان (یعنی حکومت متمرکز استبدادی، فئودالیسم کهن و بورژوازی صنعتی) در حذف رقیبان خود زمینه‌ای را فراهم کرد که آنها وادار شوند یکدیگر را بیش از پیش برسمیت بشناسند، وارد گفتگو و معامله با یکدیگر شوند، به قراردادهای چند طرفه تقسیم قدرت جنبه حقوقی و رسمی بدهند و سپس در تعامل با بخش‌های دیگر جامعه قوانین اساسی را حاکم کنند. مقایسه این الگوی بلند مدت تاریخی غربی با الگوی کوچک‌تر و محدودتر ایرانی، شاید بتواند راهنمایی برای فهم شرایط کلی ایران معاصر محسوب شود.

از منظر دیگری هم می‌توان به شرایط تقویت نظریه گفتگوی ملی در ایران نگاه کرد. می‌توان گفت آنچه که نظریه گفتگو با تمام جریان‌های سیاسی را مورد توجه قرار می‌دهد و با اهمیت می‌کند این است که بسیاری از فعالین و نظریه‌پردازان متوجه این امر شده‌اند که باید به نحوی چرخ استبداد–انقلاب را متوقف کرد، باید به شکل گیری شرایط دو قُطبی در حوزه سیاست پایان داد، و باید از تکرار سوال "یا با اونا یا با ما" خودداری کرد. [i] به عبارت دیگر، سیاست باید مفهوم و دینامیسمی پیدا کند که از این محدودیت‌ها و از این انتخاب‌ها فراتر برود و شرایطی بسازد که سیاست‌ورزی و کنش اجتماعی محدود به یک دو قُطبی استبداد خودکامه در برابر مردم انقلابی نباشد. باید راه سومی را پیدا کرد و در صحنه عمل از شکست تجربه انقلابی پند گرفت. پند گرفت که گفتمان‌های مشروطه ۱۲۸۴ و انقلاب اسلامی۱۳۵۷ شکست خوردند و نتوانستند جامعه‌ای متحول، قانونمند، مستمر و توسعه–محور ایجاد کنند.

---

[i] یکی از بهترین نمونه‌های شرایط دو قطبی در سطح عوام، شعار برخی تظاهرکنندگان در ناآرامی‌های سال ۸۸ در خطاب به رئیس جمهور آمریکا، باراک اوباما، بود که "اوباما، اوباما یا با اونا یا با ما".

فصل پنجم

نظریه اصلاحات ساختاری

"سیاستمداران عموما از اصلاحات ساختاری اجتناب می‌کنند تا زمانی که فاجعه‌ای اجتماعی و یا رکود اقتصادی به آنها تحمیل شود."
راجر داگلاس - وزیر مهاجرت زلاند نو [i]

خلاصه

یکی از زیربنایی‌ترین اصول فکری تاجزاده اصلاحات ساختاری است که برای شناخت آن می‌توان به موارد زیر اشاره کرد:

- اصلاحات ساختاری آرمانی لیبرال و روشی رفرمیستی دارد.

- ویژگی این فکر را باید بخصوص در "روش و عملکرد" سیاسی آن شناخت.

- این نظریه اصلاح همزمان سیاست‌های حکومت و اصلاح قانون اساسی را پیشنهاد می‌کند.

- اصلاح قانون اساسی را در چارچوب همکاری با رژیم حاکم تشخیص می‌دهد.

- اصلاح سیاست‌های حکومتی را در چند حوزه سیاسی و اقتصادی ضروری می‌شمارد.

- شروطی را برای پیشبرد برنامه خود تعیین می‌کند.

---

[i] راجر داگلاس — سیاست اصلاحات ساختاری موفق — ۱۹۸۹

آرمان‌های اصلاحات ساختاری

نظر تاجزاده در مورد برنامه‌ای که با عنوان اصلاحات ساختاری مطرح می‌شود را باید در سخنرانی‌ها و نوشته‌های متفاوت و گوناگونش جستجو کرد تا بتوان تصویری کامل از آن بدست آورد. بحث‌ها، استدلال‌ها و شواهدش در مورد این مسئله گاه پراکنده و بعضا کوتاه است اما به اندازه‌ای گفته و تکرار می‌شود که تصویری گویا مطرح می‌کند و قابل استناد می‌گردد. نظریه اصلاحات ساختاری تاجزاده، با آرمان‌ها و روش‌های خاص خودش، در چارچوب فکر آزادیخواهی قابل ارزیابی است و می‌توان آنرا در سنت مکتب لیبرال قرار داد. یعنی نظریه‌ای که تاکید بر مفاهیمی چون حقوق فردی، آزادی اجتماعی، آزادی سیاسی، رضایت شهروندی، برابری سیاسی و حاکمیت قانون دارد. و نیز خواهان آزاد بودن فرد، آزادی در تعیین حق سرنوشت و آزادی در برابر حکومت است.

محسن کدیور، استاد فلسفه، در سال ۱۳۸۱ تعریفی از اصلاحات ساختاری ارائه داده (که ما بعدا به آن می‌پردازیم) و موضوع را بطور عام به این شکل عنوان کرده که اصلاحات ساختاری دو ویژگی دارد. اولا تغییرات تدریجی مسالمت‌آمیز است، که با تغییرات دفعی قهرآمیز یعنی انقلاب تفاوت دارد. آنچه اصلاحات را از انقلاب متمایز می‌کند میزان تغییرات اجتماعی نیست، بلکه آهنگ و روش تدریجی، روش مسالمت‌آمیز و خشونت پرهیز آن است. ثانیا، از اصلاحات سطحی و روبنایی فراتر می‌رود و خواهان تغییرات ساختاری، بنیادی و اساسی می‌شود. از اصلاح در چارچوب قوانین موجود فراتر می‌رود و اصلاح و تغییر قانون اساسی را در برمی‌گیرد. [i]

در اینجا، نخست به آرمان‌هایی که تاجزاده در چارچوب نظریه اصلاحات ساختاری مطرح می‌کند می‌پردازیم. آرزوهایی که برایشان نظریه اصلاحات ساختاری را شکل داده است. وی نظر اصلاحات ساختاری خود را در بستر انتقاد از استبداد حکومتی و مشخصا ولایت مطلقه فقیه مطرح می‌کند. عیوب، نواقص و ناکارآمدی اوضاع اجتماعی

---

[i] محسن کدیور ـ اصلاحات، نقد مرحله اول، دورنمای مرحله دوم ــ ۸ شهریور ۱۳۸۱

را حاصل نظام مطلقه حکومت و ساختار خود محور آن می‌داند. می‌خواهد این وضع را اصلاح کند و حق ویژه روحانیت و حکومت فردی را از میان بردارد. آرمان‌ها و آرزوهای خود را در این چارچوب مطرح می‌کند. می‌خواهد با ترویج نظریه اصلاحات ساختاری، اندیشه آزادیخواه را در صحنه سیاسی تشویق کند و به پیش ببرد. نظریه‌های خود را در حوزه‌های حقوقی و عملی پی‌گیری می‌کند. در این پروسه، به مسئله توسعه مدرن اجتماعی، به مفهوم برنامه حکومت برای ارائه رفاه عمومی، اشاره دارد، اما آنرا نسبت به مسئله آزادیخواهی در درجه پایین‌تری قرار می‌دهد. در طرح نظریه اصلاحات ساختاری، تاجزاده شرط و شروطی را قائل می‌شود. می‌گوید این فکر در چارچوب استقلال ملی ایران از قدرت‌های خارجی، یکپارچگی ملی و یکپارچگی سرزمینی مطرح است. به اضافه، خشونت سیاسی و تجزیه طلبی را باید خط قرمز دانست و به آنها وارد نشد. از نظر آرمان‌های مطرح شده، گفتار اصلاحات ساختاری تاجزاده مردمسالار است. به حق حاکمیت مردم اشاره دارد و می‌گوید هر نسل حق دارد سرنوشت خود را تعیین کند. برای این هدف، آزادی رسانه و چرخش آزاد اطلاعات را حیاتی فرض می‌کند و اختلال در گردش اطلاعات را خطرناک می‌داند. خواهان فعالیت تشکل‌های صنفی و احزاب سیاسی است و می‌گوید مردم از حق اجتماع و اعتراض برخوردارند. شاید، بیش از هر چیز خواهان آزادی انتخابات و رفع نظارت استصوابی شورای نگهبان است. همچنین تاکید بر تفکیک قوا دارد و می‌گوید که نیروهای نظامی نباید در امر سیاست دخالت کنند و "میدان" و نظامی‌گری را بر دیپلماسی حکومت تقدم بدهند. بر آزادی‌های شخصی نیز تاکید دارد و با تحمیل سبک زندگی مخالف است و از جمله حجاب اجباری را غلط می‌داند. این حد و میزان تغییرات و آرمان‌هایی است که در نظریه اصلاحات ساختاری تاجزاده قابل شناسایی و طرح است.

سابقه فکر تغییر تدریجی ولی بنیادین

برای روشن‌تر شدن موضوع، می‌توان اندیشه اصلاحات ساختاری تاجزاده را در چارچوب تحول اندیشه سیاسی در سال‌های بعد از انقلاب ۵۷ سنجید. در این بررسی آنچه

چشمگیر به نظر می‌رسد رشد فوق‌العاده فکری است که نخست با عنوان لیبرال، به معنی طرفداری از تغییرات مسالمت آمیز و تدریجی ولی بنیادین، شناخته می‌شد. هنگام انقلاب، فکر لیبرال نزد اکثریت مطلق نیروهای سیاسی مذموم بود و کلمه لیبرال به عنوان دشنام سیاسی بکار می‌رفت. از جمله، مهدی بازرگان، اولین نخست وزیر بعد از انقلاب، را به مسخره و نکبت، با عنوان لیبرال خطاب می‌کردند. اما طی چهار دهه بعد از انقلاب، تغییرات عظیمی رخ داد بنحوی که اکثر نیروهای سیاسی بر آن شدند که خود را لیبرال میانه‌رو معرفی کنند حتی اگر به تمام مفاهیم آن تعلق خاطر نداشتند. از سازمان‌های مسلح، مانند مجاهدین خلق، دمکرات و کومله، گرفته تا اصلاح‌طلبان و سلطنت طلبان متحول شده و تاکید داشتند که نیروهایی آزادیخواه، به معنای لیبرال، هستند. چهار دهه بعد از انقلاب ۵۷، اندک نیرویی حضور داشت که بخواهد دیکتاتوری طبقاتی، یا استبداد منور، یا توسعه آمرانه، یا بنیادگرایی مذهبی و یا تفکیک نژادی و اتنیکی را مبنای تبلیغ سیاسی خود قرار دهد. عملا تمام جریان‌های سیاسی مفاهیم لیبرال را پذیرفته و یا ژست قبول آنرا بخود گرفته بودند.

اما نمی‌توان پیام و تبلیغ مشابه نیروهای سیاسی را تنها مبنا برای شناخت، اندازه‌گیری و مقایسه آنها قرار داد. آنچه نیروهای سیاسی را در صحنه عملی از یکدیگر جدا می‌کند و باید معیار تفکیک آنها محسوب شود، "روش و کارکرد" سیاستگذاری آنها است. یعنی در دستیابی به اهداف به اصطلاح مشترک لیبرال، اختلاف هنگامی مشهود است که به روش اجرائی و سیاست عملی ارجاع شود. در اینجا است که توجه به "روش"، موضوع اول قرار می‌گیرد و در اینجا است که روشِ کار پیشنهادی تاجزاده باید مورد بررسی و معیار قرار گیرد تا موقعیت آن نسبت به دیگر روش‌های عملی روشن شود.

دو خط موازی: اصلاح سیاست دولت و تغییر قانون اساسی

یکی از مهمترین ویژگی‌های برنامه اصلاحات ساختاری تاجزاده این است که برای دستیابی به آرمان‌هایی که ما لیبرال و جمهوریخواه نامگذاری می‌کنیم دو روش

اجرایی پیش رو می‌گذارد. این دو روش می‌توانند در تقابل با یکدیگر تفسیر شوند، و تفسیر هم شده‌اند. برخی فعالین سیاسی این دو روش را هم‌آهنگ نمی‌دانند بلکه آنها را در تضاد با یکدیگر تشخیص می‌دهند. اما تاجزاده، برعکس، بر ضرورت اجرای موازی و همزمان این دو تاکید دارد. یکی از این دو روش، تلاش برای تغییر قانون اساسی است و دیگری تغییر سیاست‌های جاری دولتی است. یکی می‌خواهد قانون اساسی کشور را به درجات متفاوت، از اندک تا تماما، تغییر دهد و دیگری می‌خواهد سیاست‌های جاری حکومت را متحول کند. خودِ تاجزاده می‌گوید برای حرکت به دمکراسی و توسعه اقتصادی می‌توان سه رویکرد را تصور کرد.

اول، اینکه اصلاح و یا تغییر قانون اساسی الویت داشته باشد و سپس سیاست‌های حکومتی تغییر کند.

دوم، اینکه اصلاح سیاست‌های استراتژیک حکومت مقدمه‌ای برای هرگونه تغییر بنیادین، و از جمله تغییر قانون اساسی، در مراحل بعدی فرض شود.

سوم، و این نظر تاجزاده است، اینکه باید در هر دو جهت همزمان تلاش کرد زیرا اصلاح قانون اساسی و تغییر سیاست‌های حکومتی تعارضی با یکدیگر ندارند بلکه می‌توانند اثری هم‌افزا بر یکدیگر داشته باشند. هم می‌توان برای تغییر دمکراتیک قانون اساسی کوشید و هم به اصلاح راهبردهای حکومت همت گمارد. برای مثال، در اصلاح راهبردها، برای لغو تحریم‌های بین‌المللی فوریت و ضرورت قائل شد و تلاش کرد.

در ملاحظات اجرایی این طرح، تاجزاده به چند محور اشاره دارد: "مذاکره، بسیج نیرو و تشکیل ائتلاف". این عناصر را برای پیش بردن سیاست‌های موازی ضروری می‌داند و خواهان استفاده از "همه ابزارها و روش‌های مدنی و خشونت پرهیز" برای یک "کار متشکل و موثر" است. پیشنهاد تاجزاده برای پیگیری دو سیاست موازی در جهت دمکراسی را باید در بستر استراتژی‌های ممکن سیاسی بررسی کرد. تاجزاده، از یک طرف، نمی‌خواهد همه چیز و هر نوع تحول را موکول به تغییر قانون اساسی کند و به انتظار آن روز موعود بنشیند. پس خواهان تغییرات محدودتر و ممکن‌تر می‌شود. در عین حال نمی‌خواهد از هدف عالی‌تر دستیابی به تغییرات ساختاری و حقوقی عقب

بماند. پس در حالیکه تغییر سیاست‌های جاری حکومتی را خواستار است اما تغییر قانون اساسی را هم از نظر دور ندارد. بر این اساس، همزمان، دو سیاست موازی را برای تغییر سیاست‌های جاری و تغییر بلندمدت‌تر قانون اساسی پیشنهاد می‌کند.

نظریه دو سیاست موازی از ویژگی‌های مهم برنامه تاجزاده محسوب می‌شود. او سعی دارد به این طریق یکی از سخت‌ترین پیچیدگی‌های سیاست عملی را مورد خطاب قرار دهد و راه حلی برای آن پیدا کند. چنین ابتکاراتی کمتر میان نیروهای دیگر سیاسی (بخصوص آنانی که به تفکر لیبرال نزدیک هستند) دیده می‌شود. بسیاری از نیروهای سیاسی، حتی نیروهای جمهوریخواه و میانه‌رو، در آرمان سازی و آرزو سازی زبردستند ولی وقتی به ارائه برنامه عملی می‌رسد ناتوانند. آرزوهای رنگارنگ و متعالی را ترسیم می‌کنند ولی در ارائه برنامه عملی و اجرائی برای رسیدن به آن ناموفق‌اند. طرح تاجزاده فرصت آفرین است از این نظر که دست فعال سیاسی را برای تعیین اهداف و برنامه بلند مدت و کوتاه مدت، استراتژیکی و تاکتیکی، حقیقی و حقوقی باز می‌گذارد. امکان و فرصت ایجاد می‌کند. اما در عین حال ضعف و تهدیدهای خاص خود را دارد. سابقه سیاست‌های موازی نشان می‌دهد که می‌تواند محبوبیت خود را میان عوام از دست بدهد چراکه انعطاف تاکتیکی و ابهام در معنا و عدم قاطعیت در ارائه برنامه می‌تواند ضعف تلقی شود و در نظر مردم عادی مشکل آفرین باشد و آنها را دلزده کند. در هر صورت، طرح دو سیاست همزمان و موازی (برای اصلاح قانون اساسی و تغییر سیاست‌های حکومتی) تلاشی است که از خطر انقلاب دور ماند ولی تحولات بنیادین را مد نظر داشت.

استراتژی اول – اصلاح بنیادین قانون اساسی

یک برنامه بلند مدت و استراتژیک تاجزاده "بازنگری بنیادین قانون اساسی" است. این برنامه خواهان تغییرات زیربنایی و ریشه‌ای در قانون اساسی کشور می‌باشد. این مسئله

را تاجزاده قبل از دور دوم زندان، و از جمله، در مکاتباتی با سعید حجاریان و نیز بعد از دور دوم زندان (در ۱۴۰۱) بدقت و به جزئیات مورد بررسی قرار داد. [i]

در توضیح تغییرات ضروری قانون اساسی، تاجزاده اصولی کلی برای راهنمایی ارائه می‌کند و نیز وارد جزئیات می‌شود. مهمتر از همه شاید طرح این پیشنهاد است که به نظر وی اصل ولایت فقیه باید از متن قانون اساسی برداشته شود تا راه برای تحولات دیگر باز کند. این تغییر بنیادین در متن قانون اساسی را می‌توان پیشنهادی برای پایان بخش مهمی از ماهیت جمهوری اسلامی و تحولی زیربنایی در سرشت نظام تفسیر کرد.

اما در عین حال باید مد نظر داشت که اولا مدیریت این تغییر و تحول را تا حدود قابل توجهی به مسئولیت نظام حاکم در یک معامله برد-برد محول می‌کند. ثانیا، تغییرات بنیادین را در کنار و موازات ضرورت تغییرات کوتاه مدت‌تر، عملی‌تر و حقیقی‌تر در سیاست‌های جاری حکومتی می‌خواهد و هر دو روش سیاسی را همزمان مد نظر دارد.

موارد پیشنهادی تاجزاده برای تغییر حقوقی و متن قانون را می‌توان به محورهای زیر تقلیل داد:

۱- قانونگذاری در انحصار مجلس و اجرای قانون در انحصار دولت منتخب باشد.

۲- منشور حقوق بشر سازمان ملل متحد، سند بالادستی و راهنما محسوب شود.

۳- حقوق اساسی شهروندان (سیاسی، مدنی، ازجمله حق آموزش، سلامت، اقوام، مذاهب و محیط زیست) تضمین شود.

۴- انحصار رسانه‌ای دولت به پایان برسد و آزادی شبکه‌های غیردولتی برسمیت شناخته شود.

---

[i] تاجزاده - نامه به سعید حجاریان درباره اصلاحات ساختاری - ۲۵ مهر ۱۴۰۰ - سایت صبح ما
تاجزاده - در ضرورت اصلاحات بنیادی در قانون اساسی - مقاله‌ای از زندان - ۸ بهمن ۱۴۰۱ - سایت زیتون

۵- آزادی احزاب، سندیکاها و حق تشکل و تجمع خشونت‌پرهیز اعتراضی شهروندان تضمین شود.

۶- استقلال قوه قضائیه و ارتقاء وکلاء و قضات مستقل مورد تایید قرار گیرد.

۷- آزادی و سلامت انتخابات و نقش تعیین کننده احزاب در انتخابات، قانونی شود.

۸- تبعیض مذهبی، صنفی و جنسیتی در سیاست و انتخابات ملغی شود.

۹- دخالت نظامیان در سیاست، اقتصاد و فرهنگ منع گردد.

۱۰- اصل ولایت فقیه حذف شود. چرا که اصلاحات بالا در قانون اساسی بدون حذف ولایت فقیه، به تغییر معنادار و پایدار در ساختار حقوقی نظام نمی‌انجامد و نمی‌تواند حکومت فردی، مطلقه و غیرپاسخ‌گو را منتفی کند.

برای روشن شدن زمینه و بستری که پیشنهاد تاجزاده احتمالا در آن قابل اجرا است می‌توان چند سناریوی متفاوت را تصور کرد.

سناریوی اول شرایطی است که حکومت، به هر دلیلی، سرنگون شده و سپس در خلاء قدرتی که پیش آمده، قانون اساسی جدیدی به رای گذاشته می‌شود. مانند آنچه در انقلاب ۱۳۵۷ اتفاق افتاد.

سناریوی دوم شرایطی است که حکومت، از بالا و داوطلبانه و به اختیار، پایان خود را اعلام کند و مرتکب خود-تعطیلی سیاسی شود و سرنوشت خود و کشور را از طریق انتخابات برای یک قانون اساسی جدید به رای عمومی بگذارد.

سناریوی سوم شرایطی است که حکومت به موضوع تغییر در قانون اساسی، از درجه کم تا بنیادین، به اجبار و به خاطر فشار اجتماعی، تن می‌دهد. اما در این روند که سرنگونی نهادهای کشوری و لشکری، و در نتیجه خلاء قدرت، را به همراه ندارد تحول سیاسی توسط حکومت و اپوزیسیون مشترکاً مدیریت می‌شود.

به نظر می‌رسد که پیشنهاد تاجزاده تنها در سناریوی سوم قابل اجرا باشد. به همین خاطر است که او از طرح خود با صفت بُرد-بُرد یاد می‌کند و آنرا بدون مخاطره می‌داند

چون حکومت در آن نقش دارد و شکل دادن به تحولات موکول به فعالیت در خلاء سیاسی نیست. به همین دلیل و برای جلوگیری از "چاه ویل بی دولتی" است که وی پیشنهاد خود را به این نحوه ارائه می‌دهد. وی خواهان تشویق شرایطی است که در آن حکومت نوعی تغییرات در قانون اساسی را بپذیرد. او می‌خواهد برای بوجود آوردن چنین شرایطی تلاش کند. مبارزه سیاسی را در این چارچوب و تعریف پیشنهاد می‌کند و پیش می‌برد.

در توضیح مواضع تاجزاده باید اشاره کرد که اعتراضات ۱۴۰۱ (جنبش مهسا، زن، زندگی، آزادی) تاثیر مشخص و قابل ذکری بر او گذاشت. شاید مهمتر از همه اینکه بر ضرورت بازنگری عمیق‌تر قانون اساسی مصرتر شد. قبل از این تحولات، وی خواهان "اجرای بدون تنازل" قانون اساسی بود و اعتقاد داشت که اصول جمهوریت این سند به اندازه‌ای است که می‌تواند "اصول اقتدارگر و مشکل ساز" آن را مهار کند. بنابراین اجرای کامل قانون اساسی را پاسخگو می‌یافت و بر اجرای آن اولویت می‌داد. اما یکدست شدن هسته مرکزی نظام، که مشخصا با انتخابات ۱۴۰۰ و به قدرت رسیدن ابراهیم رئیسی، عملی شد نظرش را تغییر داد. به این جمع بندی رسید که عناصر غیر دمکراتیک قانون اساسی مانع حاکمیت قانون و اجرای بدون تنازل آن می‌شود. در نتیجه، نیل به توسعه دمکراتیک بدون بازنگری این متن حقوقی ناممکن و یا حداقل ناپایدار است. به همین خاطر، خواهان "بازنگری بنیادین" متن می‌شود.

حائز اهمیت است که تقریبا همزمان با نامه تاجزاده، که از زندان منتشر شد، میرحسین موسوی نیز بیانیه‌ای از حصر منتشر کرد و خواستار همه پرسی در مورد قانون اساسی شد. [i] بیانیه موسوی در بسیاری از موارد بدون دقت کافی تفسیر شده و برخی آنرا به معنای تلاش برای گذار از جمهوری اسلامی از طریق سرنگونی حکومت تعبیر کرده‌اند. درحالیکه آنچه موسوی در آن بیانیه خواست برگزاری "همه پرسی" آزاد و سالم در مورد "ضرورت تغییر یا تدوین" قانون اساسی جدید بود. در همان بیانیه، خود

---

[i] میرحسین موسوی خواستار برگزاری همه پرسی و تدوین قانون اساسی جدید شد - سایت زیتون - ۱۵ بهمن ۱۴۰۱

موسوی اذعان دارد که "این پیشنهاد با ابهاماتی همراه است" که کمترینش آنکه "چه کسی قرار است آن را بپذیرد یا به اجرا بگذارد". به همین خاطر، موسوی خواهان "رفع این ابهامات" از طریق تأمل و همکاری می‌شود. به عبارت دیگر، موسوی خواهان گفتگو درباره احتمال، امکان و روش تغییر قانون اساسی شده بود. این بیانیه‌های موسوی و تاجزاده در محتوا به یکدیگر نزدیکند، در بیان و زبان هم شکل هستند و با فاصله یک هفته‌ای از یکدیگر منتشر شده‌اند. دانسته نیست که آیا هماهنگی مستقیمی میان آن دو نفر بود و یا اینکه یکی از آنها بیانیه خود را در الهام از دیگری نوشت. اما مهم اینکه هر دو از موضع "اجرای بدون تنازل قانون اساسی" حرکت می‌کنند و مسئله مهیا بودن و نیاز به تحول "بنیادین" قانون اساسی را مطرح می‌سازند و خواستار "تامل" و "فکر کردن" درباره آن می‌شوند.

استراتژی دوم – اصلاح سیاست‌های حکومت

همزمان با پیشنهاد "بازنگری بنیادین قانون اساسی"، تاجزاده خواهان اصلاح سیاست‌های حکومت است و این دو سیاست را موازی با هم دنبال می‌کند. تصحیح سیاست‌های حکومتی را به معنای ایجاد تغییر، در حوزه حقیقی و عملی، در جوار حوزه حقوقی، می‌شمارد. از جمله خواهان تغییر و تحول در پنج سیاست راهبردی حکومت می‌شود.

۱- آرامش در سیاست خارجی

۲- باز شدن فضای انتخابات

۳- توجه به توسعه اقتصادی

۴- آزادی چرخش اطلاعات

۵- آزادی تجمع اعتراضی

تاجزاده می‌خواهد در نظام موجود، مناسبات قدرت را تغییر دهد، می‌خواهد افراد و مدیران را عوض کند، و می‌خواهد ارزش‌ها و روابط جدیدی را حاکم سازد. برای اینکه به این اهداف برسد تغییر برنامه‌ها و سیاست‌های دولت را مبنا قرار می‌دهد.

مهمترین و فوری‌ترین موضوعی که تاجزاده به آن توجه دارد لغو تحریم‌های اقتصادی ناشی از درگیری‌های بین‌المللی ایران است. می‌گوید لغو این تحریم‌ها فوریت و ضرورت دارد و تعلل در این امر می‌تواند کشور را در "آینده نزدیک از شرایط عادی خارج کند و بشود آنچه نباید بشود". در واقع، خواهان تغییر استراتژی سیاست خارجی ایران در منطقه و جهان است تا به لغو "تحریم‌های ظالمانه" کمک کند. برای اینکار می‌گوید سیاست "میدان"، یا دخالت نظامیان در حوزه سیاست منطقه‌ای، بایستی به خدمت دیپلماسی دولت درآید و هر دو در خدمت امر توسعه کشور قرار بگیرند. اینجا، بزرگترین چالشی که تاجزاده خود را با آن روبرو می‌بیند برنامه شخص رهبر و سیاست‌های خارجی او است. یعنی سیاست تهاجمی و مقاومتی که عالیترین جلوه آن در دوران احمدی‌نژاد عینیت یافت. یا همانطور که محمد جواد ظریف، وزیر سابق خارجه (در یک مصاحبه خصوصی) عنوان کرد سیاست سپاه پاسداران که عملیات "میدان" خود را بر دیپلماسی خارجی دولت برتری داد. این سیاست که در زیربنای آن تفکر "محور مقاومت" نهفته است روابط منطقه‌ای ایران را گرفتار یک نوع جنگ پنهانی و نامتقارن و بی‌رحمانه با اسرائیل می‌کند.

با اینکه برتری این روش تهاجمی در سیاست خارجی مشهود است اما باید توجه داشت که چالش‌هایی بسیار جدی از مرکز خودِ نظام نسبت به این سیاست بروز کرده. شاید مهمترین آن تلاش حسن روحانی در امضای توافقنامه برجام در سال ۲۰۱۵ بود. همزمان، و از سوی دیگر، باید مد نظر داشت که اصلاح‌طلبان عموما از رسمی کردن این هدف که باید به نوعی با اسرائیل به سازش رسید طفره رفته و آنرا به عنوان یک خواسته مشخص روی میز نگذاشته‌اند. تاجزاده نیز وارد جزئیات پیشنهاد خود نمی‌شود و به طرح کلی مسئله بسنده می‌کند. بررسی طرح ضرورت بازنگری در سیاست خارجی در جهت رفع تحریم‌ها (که توسط تاجزاده به مثابه فوری‌ترین نیاز اصلاح سیاست‌های

استراتژیک حکومت مطرح می‌شود) باید با توجه به کارنامه و دینامیسم سیاست داخلی کشور مورد نظر قرار بگیرد. این از جمله شامل نگاه حکومت به مسئله اسرائیل است.

شاید مهمترین موضوع دیگری که تاج‌زاده خواستار بازبینی، تغییر و تصحیح آن می‌شود موضوع انتخابات است. قضایا را اینطور می‌بیند که پس از تحولاتی که از دی ۹۶ آغاز شد، یعنی اعتراضات گسترده خیابانی و سپس یکدست شدن هسته سخت قدرت (در انتخابات مجلس ۹۸ و ریاست جمهوری ۱۴۰۰) بسیاری از افراد به این نتیجه رسیدند که اصلاح‌طلبان و اصولگرایان دیگر به تنهایی "جامعه سیاسی ایران را نمایندگی نمی‌کنند". نیروهای دیگر هم هستند که در این دو قالب حضور ندارند و به همین خاطر انتخابات به اندازه مورد نیاز رقابتی، آزاد و مورد توجه نیست. می‌گوید کشور باید به سمت انتخابات آزاد برود تا همه بتوانند نماینده داشته باشند و از طریق آنها منویات خود را پیگیری کنند. "اگر حکومت جمهوری اسلامی عقل داشته باشد و انتخابات را آزاد بکند باز می‌تواند ۷۰ درصد مردم را پای صندوق رای بیاورد". تاج‌زاده به وضوح از کار و اجرای حاکمان در این زمینه ناراضی است اما امید خود را از دست نمی‌دهد. اعتقاد او به ضرورت استفاده از فرصت انتخابات و صندوق رای را در فصل‌های دیگر مورد بررسی قرار داده‌ایم. اما اینجا به تذکر این نکته بسنده می‌شود که به نظر تاج‌زاده "هیچ بعید نیست با شکستی که حکومت یکدست می‌خورد و با مشکلات و اختلافاتی که پیدا می‌کنند آقای خامنه‌ای قانع و یا مجبور شود که دست بسوی منتقدین خود دراز کند و بگوید کشور از دست می‌رود، بیایید برای آن فکری بکنید". بر این فرض تاکید دارد که اگر انتخابات آزاد و عادلانه برگزار شود قدرت با مشارکت آحاد ایرانیان عادلانه تقسیم می‌گردد. بدین ترتیب توازن قوا متناسب با پایگاه مردمی جناح‌ها و گرایش‌ها شکل می‌گیرد و چرخش مسالمت‌آمیز دولتمردان، با حفظ نظم و ثبات سیاسی کشور، ممکن می‌شود.

محور دیگری که باید مورد اصلاح قرار بگیرد توسعه اقتصادی و قرار گرفتن توسعه در صدر دستور کار دولت است. تاج‌زاده حل مشکلات معیشتی مردم را وظیفه مبرم حکومت می‌شمارد و نگران بحران‌های اقتصادی است که مردم با آن روبرو هستند و با آن دست و پنجه نرم می‌کنند. گرانی، تورم، بیکاری، نابرابری و فقر را تذکر می‌دهد

و از حکومت می‌خواهد با استفاده از همه ابزار برای مهار آنها اقدام کند. بخصوص از دخالت نهادهای انتصابی در امور اقتصادی نگران است و آنرا وحشتناک توصیف می‌کند. شناخت زمینه و علل نگرانی تاجزاده نیاز به کنکاش بسیار ندارد. واقعیت اقتصاد ایران در چهار دهه پس از انقلاب برای عموم روشن است. نمونه آن، افزایش قیمت دلار از ۷ تومان در سال ۱۳۵۷ به حدود ۱۰۰۰ تومان طی ۱۰ سال و سپس جهش هولناک به ۵۰۰۰۰ تومان در سه دهه بعدی است. یا اینکه، بر اساس آمار بانک جهانی، تولید سرانه که در سال ۱۳۵۷ حدود ۲۵۰۰ دلار بود بعد از چهل سال فقط به حدود ۴۰۰۰ دلار رسید.

محور بعدی مورد توجه تاجزاده، ضرورت گردش آزادی اطلاعات است. می‌گوید که همه فهمیده‌اند دولتی بودن صدا و سیما شکست خورده و باید تغییر کند. به حکومت حق می‌دهد که بلندگوی رسمی خود را داشته باشد اما می‌خواهد که دیگران نیز از این حق برخوردار باشند. رسانه‌هایی می‌خواهد که مردم خود را در آن ببینند و نه اینکه فقط ۱۵ درصد از مردم که از طرفداران سنتی جمهوری اسلامی هستند با آن رابطه پیدا کنند. تاثیر آزاد سازی رسانه را مهم می‌داند و می‌گوید "اگر آزادی رسانه‌ای و مطبوعاتی داشتیم فساد گسترده نداشتیم".

نظر تاجزاده در مورد حق اعتراض در بخش‌های دیگر این تحقیق مورد نظر قرار گرفته اما تکرار این نکته در اینجا ضروری است که به رسمیت شناختی اعتراض یکی از خواسته‌های او برای پیشرفت برنامه اصلاحی است. البته، آنرا تنها محور مورد نیاز برنامه سیاسی خود نمی‌داند اما در عین حال، از اهمیت آن نمی‌کاهد. بر به رسمیت شناختن حق اعتراض مردم توسط حکومت تاکید دارد. "من بارها از اجتماعات خیابانی دفاع کرده‌ام. بدون تردید، هر وقت ملت به هر دلیل بخواهند تظاهرات کنند من از حقوق آنها دفاع کرده‌ام، می‌کنم و خواهم کرد. هر وقت هم که حکومت بخواهد آنها را سرکوب کند، به هر دلیلی و در هر دولتی، من محکوم می‌کنم". در همین راستا است که از اعتراضات مهسا دفاع می‌کند و می‌گوید که تحمیل سبک زندگی و از جمله حجاب اجباری غلط و غیر ضروری است و باید در برابر آن مقاومت کرد.

با چنین استدلال‌هایی است که تاجزاده خواهان تحول در سیاست‌های جاری حکومت – به عنوان دومین استراتژی موازی اصلاحات ساختاری – می‌شود. تحولی که آرامش در سیاست خارجی؛ باز شدن فضای انتخابات؛ توجه به توسعه اقتصادی؛ آزادی چرخش اطلاعات؛ و آزادی تجمعات اعتراضی را در برمی‌گیرد.

آیا اصلاح سیاست‌هایِ حکومت عملی است؟

سوالی که باید بطور جدی مورد توجه قرار داد این است که امکان واقعی پیشبرد نظریه‌ای برای اصلاح سیاست‌های حکومت چقدر است؟ آیا این یک نظریه انتزاعی و آرمانی خارج از واقعیات است و یا اینکه می‌توان آنرا راهبردی عملی در شطرنج سیاسی ایران دانست؟ در ارزیابی پیشنهادات تاجزاده می‌توان استنباط کرد که اصلاحات سیاست‌های حکومتی به معنایی پروژه‌ای باز است که فرصت‌ها و محدودیت‌های مشخص خود را دارد. از یک سو، احتمال موفقیت اجرایی آن قابل تضمین نیست اما، از سوی دیگر، فرصت‌هایی را شناسایی می‌کند که باید مورد توجه قرار داد. به عنوان مثال، در مورد احتمال تغییر سیاست خارجی می‌دانیم که روش تهاجمی یکی از محورهای ایدئولوژیکی حکومت و شخص خامنه‌ای بوده و به عنوان راهنمای بالادستی برای بنیادگرایان مذهبی محسوب می‌شده. اما در عین حال، نمی‌توان نادیده گرفت که تلاش‌هایی برای تغییر سیاست خارجی در دوره خاتمی (با عنوان گفتگوی تمدن‌ها) و در دوره روحانی (در توافقنامه برجام) صورت گرفت که جدی بود. به همین شکل، در مورد انتخابات، نمی‌توان نظارت استصوابی شورای نگهبان، احتمال دخالت در انتخابات ۸۸ و یکدست کردن نمایندگان در انتخابات ۱۴۰۰ را نادیده گرفت. اما در عین حال، باید واقعیت تجربه باز شدن انتخابات ۷۶ (و پیروزی خاتمی) و قبول انتخابات رقابتی در سال ۹۲ (و پیروزی روحانی پس از هشت سال تسلط احمدی‌نژاد) را مد نظر داشت. در مورد "توسعه" به عنوان سیاست بالادستی حکومت نیز مسئله از دو جنبه قابل ملاحظه است. از یک سو، بی‌توجهی حکومت به امر کارشناسی، تخصص و نهادهای مدرن اجتماعی است که توسط ماهیت رانتی و نفتی اقتصاد قابل استمرار می‌شود. اما

از طرف دیگر فشارهای عظیم اجتماعی است که حکومت را وادار می‌کند به نظم و قاعده‌مندی مدرن اقتصادی روی بیاورد. در حوزه چرخش آزاد اطلاعات نیز مسئله صرفا سیاه و سفید نیست و امر تحول به نوعی قابل رویت و بهره‌برداری است. از یک سو، رسانه اصلی کشور با بودجه‌های عظیم در خدمت مطلق هسته مرکزی قدرت است و در چارچوب تنگ ایدئولوژیکی فعالیت می‌کند. اما از سوی دیگر، تحولات ژرفی رخ داده که قدرت را وادار به بازی در پلاتفرم‌های دیگر رسانه‌ای کرده است. توسعه ابزار خبررسانی از طریق ماهواره و اینترنت انحصار دولتی را بشدت متزلزل کرده، نیروهای جدیدی را وارد صحنه رقابت تبلیغات سیاسی نموده و جمهوری اسلامی را وادار ساخته که در این فضای رقابتی فعالیت کند. حوزه دیگری که مورد توجه تاجزاده است، مربوط به تجمع اعتراضی است. می‌دانیم که حکومت با خشونت کامل و بی‌رحمانه با تظاهرات و تجمعات اعتراضی برخورد کرده بخصوص هنگامیکه آنرا تهدید حیاتی برای خود دانسته. نمونه آن جنبش مهسا، "زن، زندگی، آزادی" است. اما در عین حال، نمی‌توان نادیده گرفت که حرکت‌های نمادین، بخصوص، حضور زنان بی‌حجاب و تعداد تجمعات خیابانی، اعتصابات کارگری و امثالهم در دهه ۹۰ به شکل چشمگیری رشد داشته و به جهاتی تبدیل به یک پدیده نسبتا عادی اجتماعی شده. بر این اساس، در جمع‌بندی می‌توان متذکر شد که نظریه اصلاحات سیاست‌های حکومتی، با اینکه تضمین صددرصدی برای پیشرفت و موفقیت ندارد اما از سابقه و زمینه برای تحرک و مانور واقعی برخوردار است و تاجزاده می‌خواهد از این فرصت‌ها بهره‌برداری کند.

شروط پیشبرد برنامه اصلاحات ساختاری

یکی از نکاتی که تاجزاده در مورد برنامه‌اش برای اصلاحات ساختاری مطرح می‌کند شروط و اسباب پیشبرد آن است. این مطلب را بخصوص در بیانیه‌ای که از زندان (در سال ۱۴۰۱) منتشر کرد مورد بررسی قرار داد. می‌گوید که می‌داند گذار پایدار به دمکراسی و نیل به توسعه همه جانبه دفعتا حاصل نمی‌شود. و مسیری سخت و طولانی

در پیش دارد. این مسیر نیازمند عوامل گوناگون است، از جمله: برنامه‌ریزی، تلاش، سازماندهی، زمینه سازی، ائتلاف، مقاومت و گاه نافرمانی مدنی.

به برخی از این نکات می‌پردازیم و توجه داریم که در اینجا تاجزاده اشاره به شرایط عملی برنامه دارد. این شرایط را در کنار اصول فکری و منشور سیاسی خود، که قبلا مطرح شد، می‌آورد. ارائه این شروط یکباره و مدون نیست و آن‌ها را در مناسبت‌ها و زمان‌های گوناگون، و به درجات مختلف، مطرح و بررسی می‌کند. یعنی در اینجا، تاجزاده به عنوان یک نظریه پرداز سیاسی نیست که بخواهد ارائه یک ساختار فکری منسجم، گسترده و بدون تناقض را هدف اصلی خود قرار دهد. بلکه در درجه اول سیاستمداری است که نظریه پردازی را بر حسب نیاز و امکانات روز مطرح می‌کند. اما علی‌رغم پراکندگی در گفتار، مسئله را به اندازه‌ای مورد بررسی قرار داده که بتوان از آن تصویر قابل روئیتی ارائه داد.

توجه به "شروط پیشبرد برنامه"، در واقع به معنای قبول تسلط واقعیات اجتماعی بر آرمان‌های صرفا ذهنی است. واقعیاتی که از آنها گریزی نیست و در نهایت بر آرزوهای سیاسی تحمیل می‌شود و برای تحولات اجتماعی تعیین تکلیف می‌کند. واقعیاتی که سیاستمدار را از انتظارهای عالی و نیک آسمانی دور می‌کند و به شرایط سخت و گاه تلخ زمینی می‌آورد. در اینجا سیاستمدار راهی ندارد جز اینکه جامه آرمانی خود را کنار بگذارد و حرکتش را بر اساس نیازها و امکانات پیش رو بسنجد و در معادلات خود لحاظ کند. کندن از فضای آرمانی و کار در فضای واقعی، سنتی رایج در تاریخ معاصر سیاسی ایران نیست. دیده شده که نیروهای سیاسی عموما غرق در آرمان تراشی و آرمان خواهی هستند و کمتر به چاره‌های عملی و ممکن می‌پردازند. در انتشار منشورهای شورانگیز و ایده‌ال تبحر دارند ولی در طرح و اجرا نقشه عملی راه ناتوانند. به عبارت دیگر، طرح و تنظیم یک برنامه ممکن و موثر در کمتر نیروی سیاسی ایرانی دیده شده است. در این فضا است که شروط تاجزاده باید ارزیابی شود.

در بخش‌های قبلی اشاره شد که گفتگو از مهمترین اصول و ابزار زیربنایی تاجزاده است. در اینجا، یعنی در بحث بررسی "شروط پیشبرد برنامه"، نیز همین مسئله صدق

می‌کند و تکرار می‌شود. تاجزاده گفتگو را به عنوان یکی از ابتدایی‌ترین شروط و راه‌کارها عملی خود معرفی می‌کند. یادآوری این نکته ضروری است که وی پس از سالها فعالیت به این نتیجه می‌رسد که جز گفتگو، جز برسمیت شناختن یکدیگر و جز آشتی ملی راهی وجود ندارد و "باید یک جوری دست به دست هم دهیم تا کشور اداره شود". از گفتگو به عنوان معجزه یاد می‌کند و تاکید دارد که بدون آن فاجعه بزرگی برای کشور رقم خواهد خورد. پس گفتگو را شرط پیشرفت می‌داند.

نکته مهم دیگر این است که تاجزاده به "دراز مدت" بودن راه برای رسیدن به آرمان‌های خود باور دارد. می‌گوید مسیری سخت و طولانی داریم. از این تصور که راه‌حلی فوری و کوتاه مدت در اختیار است اجتناب دارد. تاکیدش بر برنامه‌ریزی دراز مدت است. تفکیک هدفِ "بازبینی بنیادین قانون اساسی" با "ضرورت اصلاحات برنامه‌های راهبردی حکومتی" را شاید بتوان در این چارچوب فهمید و تفسیر کرد. می‌داند که راه طولانی است و نباید وعده داد که راه کوتاه و زمان دستیابی به شرایط مطلوب مختصر است. می‌داند که مراحل گوناگون و سناریوهای احتمالی مختلف باید مطرح و طی شود.

نکته مهم بعدی اینکه، تاجزاده از موقعیت خود و همفکرانش در صفحه شطرنج سیاسی آگاه است. اذعان دارد هنگامی که ابراهیم رئیسی به قدرت رسید اصلاح‌طلبان و میانه‌روها در ساختار قدرت نقش اندکی داشتند و امکانات سابق خود را از دست داده بودند. با این حال، می‌گوید ضرورتا نیازی نیست که اصلاح‌طلبان در حکومت باشند که پیشرفت حاصل شود. چنین پیش‌فرضی را به قول خودش یک نگاه لنینی توصیف می‌کند. "نباید نگاه لنینی داشته باشیم که یا اصلاح‌طلبان در قدرتند و یا فایده ندارد. نه! اصلاح‌طلبان می‌توانند در قدرت نباشند ولی تاثیرشان بر قدرت بیشتر از موقعی باشد که در قدرت هستند." معتقد است شرایط تاثیرگذاری بر حکومت وجود دارد چون مردم آگاه‌تر و آماده‌تر شده‌اند و مطالباتشان را بیشتر شناخته‌اند و اصلاح‌طلبان می‌توانند خارج از حوزه حکومت باشند ولی بر تحولات اجتماعی تاثیر بگذارند.

اینجا است که تاجزاده مسئله بسیج افکار عمومی را مطرح می‌کند و آنرا "شرط عقب راندن" حکومت می‌داند. بسیج افکار عمومی را نوعی فشار مدنی، و شاید عالیترین نوع فشار مدنی، در برابر اقتدارگرایان معرفی می‌کند. در تعریف بسیج دقت دارد که آنرا از بسیج خیابانی تفکیک کند و آنرا از بسیج خیابانی موثرتر بداند. معتقد است که حکومت می‌تواند حرکت‌ها و اعتراضات خیابانی را سرکوب و مهار کند ولی در برابر افکار عمومی بسیج شده مجبور به عقب نشینی خواهد شد.

تاکید بر بسیج افکار عمومی به این معنا نیست که به "خیابان" و اعتراضات عینی اجتماعی توجه ندارد. اعتراض خیابانی به سیاست‌های حکومت، یا نافرمانی عمومی، را موجه معرفی می‌کند، اما آنرا تنها راه و روش ممکن نمی‌داند. هم خیابان و هم غیر خیابان را ضروری می‌شمارد. خطاب به حکومت می‌گوید که باید حق اعتراض و برگزاری تجمع سیاسی را قانونی بداند و از خشونت علیه آن دست بکشد. به افکار عمومی هم تذکر می‌دهد که بایستی از خشونت پرهیز کند. به هر دو طرف هشدار می‌دهد که باید از خشونت و مخاطرات و پیامدهای شومی که به همراه دارد پرهیز داشته باشند. طرح مسئله نافرمانی خیابانی و پرهیز از خشونت، توسط تاجزاده، از این نظر می‌تواند مورد توجه قرار بگیرد که برخی از نیروهای سیاسی ایران این مسئله را بطور مشخص مورد نظر و بررسی قرار نداده‌اند و در برابر خشونت خط قرمز نکشیده‌اند. برخی از این نیروهای سیاسی، بخصوص اصولگرایان اسلامی در هسته سخت قدرت، اعمال خشونت علیه مخالفین را با گفتمانی مذهبی توجیه می‌کنند. در میان اپوزیسیون نیز، بسیاری از نیروهای سازمانی، قیام و شورش خشونت‌بار علیه رژیم را تشویق کرده‌اند و برخی، مانند حزب دمکرات و کومله، با داشتن شاخه نظامی، احتمال و امکان مداخله نظامی، در شرایط مورد نظرشان را همواره در دستور کار داشته‌اند. برخی نیروهای سیاسی دیگر، از جمله جمهوریخواهان، خشونت را به عنوان دفاع از خود، مشروع معرفی کرده‌اند.

یکی دیگر از شرط‌هایی که تاجزاده برای پیشبرد اصلاحات ضروری معرفی می‌کند ائتلاف سیاسی است. خواهان آن است که ائتلاف میان جریان‌های سیاسی، از جمله نیروهای طرفدار اصلاحات سُنتی و اصلاحات بنیادین، صورت بگیرد. او همچنین، از

ائتلاف به مفهوم درون جناحی فراتر می‌رود و دیگر نحله‌های سیاسی را دعوت به همکاری می‌کند. آمادگیش برای گفتگوی عمومی با نمایندگان جریان‌های دیگر سیاسی، از جمله رضا پهلوی، از این نظر حائز اهمیت است. در عین حال باید توجه کرد که احتمال کار ائتلافی با نیروهای طرفدار هسته سخت قدرت را سخت می‌داند. می‌گوید "مادام که حاکمیت با توسعه می‌جنگد، بیشتر به شوخی شبیه است" که بگوییم می‌توان با آنها ائتلاف خوبی پیدا کرد.

نکته نهایی که می‌توان در شروط تاجزاده مورد ملاحظه قرار داد مسئله سازماندهی نیروهای سیاسی است. بر ضرورت سازماندهی و نیرو گذاری تاکید دارد و تلاش و برنامه ریزی را حیاتی می‌داند. می‌گوید نتیجه کار به مهارت نیروهای اصلاحات باز خواهد گشت. می‌دانیم که سازماندهی و فعالیت حزبی در ایران کار سختی است و در دوره ۴۰ سال بعد از انقلاب اسلامی تلاش کمی برای کار حزبی به موفقیت رسیده است. حتی در داخل نظام اسلامی، جریان‌های بنیادگرا و رادیکال، مثل جبهه پایداری و موئتلفه، که از امکانات وسیع حکومت برخوردار بوده‌اند نتوانستند خود را تبدیل به احزاب فراگیر کنند. میان اپوزیسیون خارج ایران نیز همین عقب ماندگی چشمگیر است. علی‌رغم آزادی سیاسی و دسترسی به امکانات گسترده مالی و تبلیغاتی و همچنین پشتیبانی قدرت‌های خارجی، گروه‌های اپوزیسیون در ایجاد حزب‌های دمکراتیک، قدرتمند و شفاف، در ۴۰ سال بعد از انقلاب، ناتوان بوده‌اند. با توجه به نکات فوق است که تاجزاده شروطی برای پیشبرد برنامه اصلاحات ساختاری خود قائل می‌شود که می‌توان از آنها به عنوان بستری واقعی برای محقق کردن آرمان‌ها و آرزوهای سیاسی تعبیر کرد.

تاثیر محسن کدیور در شکل دادن به اندیشه اصلاحات ساختاری

بررسی نوشته‌ها و گفتارهای تاجزاده و محسن کدیور در مورد مفهوم اصلاحات ساختاری آموزنده است. با مقایسه این گفتارها شاید بتوان گفت یکی از منابع مهم الهام

تاجزاده در پیشبرد نظریه اصلاحات ساختاری گفتارهای کدیور بوده است.[i] این دو نفر در برخی از مسائل هم‌نظرند و با تحلیل، استدلال و روش مشابه پیش رفته‌اند و در برخی زمینه‌ها اختلاف دارند. کدیور نظریاتش را زودتر بیان کرده و منبع الهام تاجزاده محسوب می‌شود. در بررسی افکار تاجزاده این تاثیر را نمی‌توان نادیده گرفت. اما، در عین حال، تفاوت‌هایی را که میانشان قابل روئیت است باید مد نظر داشت.[ii]

طی سال‌های متمادی، ارتباطات شخصی، مکاتبات و جدل‌های سیاسی مفصل، مودبانه و دوستانه میان تاجزاده و کدیور جریان داشته. از جمله اینکه کدیور، در فروردین ۸۱ تحلیلی انتقادی از ارای بنیانگذار جمهوری اسلامی (با عنوان "ریشه‌یابی حکومت انتصابی در جمهوری اسلامی"[iii]) ارائه می‌دهد و ماه بعد تاجزاده در جوابش مقاله‌ای را (با عنوان "امام، پرچمدار جمهوریت در ایران") به رشته تحریر درمی‌آورد.[iv] مطلب بعدی کدیور، "اصلاحات، نقد مرحله اول، دورنمای مرحله دوم" در ماه شهریور منتشر می‌شود و ظاهرا اینجاست که کدیور برای اول بار از اصطلاح "اصلاحات ساختاری" استفاده می‌کند. در این مقاله می‌نویسد که مراد از اصلاحات، تغییرات تدریجی مسالمت آمیز اجتماعی است، که با تغییرات دفعی قهر آمیز، یعنی انقلاب، تفاوت دارد. همچنین

---

[i] اصطلاح "اصلاحات ساختاری" در گفتمان دهه ۱۹۷۰ بانک جهانی و صندوق بین‌المللی پول قابل روئیت است و می‌تواند از آنجا به حوزه سیاسی منتقل شده باشد. در این گفتمان، که با عنوان "برنامه تعدیل ساختاری" شناخته می‌شود مسئله وام ارائه شده به کشورهایی که دچار بحران اقتصادی شده‌اند مورد توجه است. این کشورها را ملزم می‌کند سیاست‌های خاصی را پیاده کنند که از جمله شامل "اصلاحات ساختاری" در حوزه سیاسی است. رجوع کنید به
Bruno Macaes - What are structural reforms? European View - journals.sagepub.com
[ii] مجتهد و اندیشمند دینی، محسن کدیور، استاد فلسفه در دانشگاه تربیت مدرس و موسسه پژوهشی حکمت و فلسفه ایران، و از سال ۲۰۰۹ استاد مطالعات اسلامی در دانشگاه دوک آمریکا.
[iii] محسن کدیور – ریشه‌یابی حکومت انتصابی در جمهوری اسلامی (تحلیل انتقادی مراحل سه گانهٔ اندیشهٔ سیاسی بنیانگذار جمهوری اسلامی ایران، قبل از زمامداری) – نشریه آفتاب – شمارهٔ ۱۴ – فروردین ۱۳۸۱
[iv] مصطفی تاجزاده – امام، پرچمدار جمهوریت در ایران – نشریه آفتاب – شمارهٔ ۱۵ – اردیبهشت ۱۳۸۱

می‌نویسد که اصلاحات می‌تواند سطحی، موردی و روبنایی باشد، و ممکن است ساختاری، بنیادی و اساسی باشد. اصلاحات نوع اول از چارچوب قوانین کم عمق فراتر نمی‌رود، اما در دومی حتی قانون اساسی نیز ممکن است مورد اصلاح واقع شود. آنجا که وی اصلاحات را از انقلاب متمایز می‌کند در شیوه سیاستمداری و سرعت کار سیاسی است. جمله‌ای مهم در تعریف اصلاح می‌گوید که مفهوم اصلاح در "میزان تغییرات اجتماعی نیست، بلکه در آهنگ و روش تغییر است".

کدیور آهنگ تدریجی و روش مسالمت آمیز خشونت پرهیز را دو خصیصه ذاتی اصلاحات معرفی می‌کند و تاکید دارد که "اصلاحات ساختاری مطمئن‌ترین شیوه تغییرات اجتماعی سالم و ماندگار است". به اضافه، وی برای کسب هدف، خواستار آن است که اصلاحات در چهارچوب قانون اساسی نماند و خود قانون اساسی را در برگیرد تا "جمهوری اسلامی منهای ولایت فقیه" را محقق کند. روش کار را هم مشخص می‌کند که مهمترین راهکار استفاده از "تمامی ظرفیتهای قانونی و اقدامات متراکم فرهنگی در نقد استبداد دینی" است.[i] حدود هشت سال بعد، پس از تحولات عمیق اجتماعی سال ۸۸ و جنبش سبز، کدیور همچنان در نوشته‌های خود شیوه اصلاحات ساختاری را بهترین روش رفع مشکلات جامعه می‌داند و بر آن تاکید دارد.[ii] در سال ۹۵ و در مطلبی که به بهانه آزادی تاجزاده از حبس می‌نویسد بار دیگر بر این مسئله تاکید می‌کند که "باید به اصلاحات ساختاری اندیشید". روش سنتی اصلاح طلبان میانه‌رو و اعتدالیون را اصلاحاتی روبنایی توصیف می‌کند که قادر به مهار استبداد دینی و قدرت نظامی نیست.[iii]

شاید مفصل‌ترین تفسیر و بیشترین توضیح "اصلاحات ساختاری" را کدیور در سال ۹۶ در بیانیه مشترکی با ابوالفضل قدیانی[iv] با عنوان "گذار مسالمت‌آمیز از نظام

---

[i] محسن کدیور - اصلاحات، نقد مرحله اول، دورنمای مرحله دوم — ۸ شهریور ۱۳۸۱

[ii] محسن کدیور - نقد گذشته، اصلاحات ساختاری و زندگی در تبعید — ۲۹ مرداد ۱۳۹۱

[iii] محسن کدیور - به بهانه آزادی تاج زاده از حبس هفت ساله - ۱۵ خرداد ۱۳۹۵

[iv] قدیانی از هم حزبی‌های سابق تاجزاده در سازمان مجاهدین انقلاب اسلامی ایران و از منتقدیان تاجزاده محسوب می‌شود. تاجزاده گفته که نتوانسته با وی در مورد مسائل سیاسی به تفاهم برسد.

اصلاح ناپذیر" ارائه می‌دهد. [i] در این بیانیه، کدیور هفت هدف برای اصلاحات ساختاری قائل می‌شود: حذف نهاد ولایت فقیه؛ جدایی نهاد دین از حکومت؛ پذیرش تساوی حقوقی همه شهروندان؛ استقلال قوه قضائیه؛ آزادی مطبوعات، احزاب و نهادهای مدنی؛ پایان صدور انقلاب؛ و سپردن مدیریت اقتصادی کشور به دست کارشناسان. اما شاید مهمتر از اهدافی که مطرح می‌کند قاعده، روش کار و برنامه اجرائی برای رسیدن به آن اهداف است، یعنی آنچه اصلاح را از انقلاب متمایز می‌کند.

کدیور می‌گوید باید مقاومت و نافرمانی مدنی و مسالمت آمیز را دنبال کرد و باید آماده استقامت حداکثری و پرداخت هزینه بود. در تعریف روش مطلوب سیاسی می‌گوید که در گذار مسالمت آمیز از نظامی که تمامی طُرُق قانونی نظارت، تحول و تغییر را مسدود کرده مقاومت، نافرمانی مدنی، تظاهرات، تجمعات مسالمت آمیز خیابانی، اعتصاب و هرگونه اعتراض اخلاقی دیگری مجاز است. تاکید دارد که نباید مردم را به انفعال و مماشات با ظلم تشویق کرد. بلکه باید بر مقاومت، نافرمانی مدنی و پیش گرفتن روش‌های حتی الامکان مسالمت آمیز پافشاری کرد. راهی که کدیور در پیشبرد مقاومت مسالمت‌آمیز پیش‌بینی می‌کند حائز اهمیت است، هر چند موضوعی است که در بسیاری از مباحث مشابه سیاسی وجود ندارد. کدیور می‌گوید تنها گزینه مسالمت آمیز "همه پرسی" است و اینکه رژیم به دلیل فشار فزاینده نارضایتی عمومی و قبل از فروپاشی، و در شرایطی که مستقر است، به این نتیجه برسد که برای بقا چاره‌ای جز تن دادن به افکار عمومی نخواهد داشت. می‌افزاید "اگر مخالفان قوی، و از پشتوانه بالای مردمی برخوردار باشند رژیم چاره‌ای جز اجابت افکار عمومی و برگزاری همه پرسی" نخواهد داشت.

به عبارت دیگر، کدیور گذر از جمهوری اسلامی را با نوعی پذیرش عقب نشینی و تسلیم شدن رژیم تعریف و تفسیر می‌کند و معتقد است که در اثر فشار افکار عمومی و نارضایتی، حکومت وادار به تسلیم مسالمت‌آمیز خواهد شد. کدیور حتی جزئیات نحو مدیریت همه پرسی را مد نظر دارد. خواستار آن است کمیته برگزارکننده انتخابات به

---

[i] گذار مسالمت‌آمیز از نظام اصلاح ناپذیر – ۸ اسفند ۱۳۹۶

یکی از دو راه زیر گزیده شود: حالت اول، کلیه اعضای کمیته برگزارکننده همه پرسی، از افراد معتمد و شاخص مخالف نظام انتخاب شوند. حالت دوم، کمیته برگزارکننده شامل دو گونه عضو باشد: افراد معتمد و شاخص مخالف در کنار نمایندگانی از بخش انتخابی حاکمیت (اعم از فعلی و قبلی) به گزینش مخالفان. پیش‌بینی می‌کند که انتخاب هر یک از این دو حالت به میزان قوت مخالفان و ضعف رژیم بستگی خواهد داشت.

زمینه‌های مشترک و متفاوت کدیور و تاجزاده

بررسی و مقایسه افکار کدیور و تاجزاده نشان می‌دهد که تاجزاده در تاثیر از کدیور برنامه‌های خود را تغییر داده و پیش برده است. این نزدیکی و تاثیر، در زبان و در مفاهیم مشهود است. این مسئله می‌تواند آگاهانه یا ناآگاهانه و یا رسمی یا غیر رسمی تلقی شود اما نزدیکی دو اندیشه و تاثیر یکی بر دیگری را نمی‌توان نادیده گرفت. در این هم‌پوشانی، چند محور قابل توجه است. یکی تاکید بر روش مسالمت آمیز است. هر دو نفر مخالف سرنگونی خشونت‌بار و تغییر به هر قیمت هستند. روشن است که نگرانی از ایجاد خلاء سیاسی و خلاء قدرت مورد نظر آنها است. به زبان تاجزاده خطر "چاه ویل بی‌دولتی" است که آنها را به یک جمع‌بندی مشابه می‌رساند. محور دیگر، ضرورت تغییر بنیادین و تغییر ساختاری، به معنای تغییر قانون اساسی به مثابه سند بالادستی حکومتی است. هر دو نفر یکی از اهداف استراتژیک خود را تغییر و تحول در این سند قانونی قرار می‌دهند. محور سوم، حذف اصل ولایت فقیه از قانون اساسی می‌باشد. هر دو معتقدند که ولایت فقیه و درهم آمیختن نهاد مذهب و حکومت علت‌العلل مشکلات است که باید برای رفع آن اقدام کرد.

درعین هم‌پوشانی و شباهت‌هایی که در دو طرف دیده می‌شود باید تفاوت‌ها و اختلاف‌ها را هم مد نظر داشت. یک زمینه تفاوت اینکه در نوشته‌های کدیور در مورد اصلاحات ساختاری به مسئله‌ای تحت عنوان ضرورت اصلاحات سیاست‌های راهبردی حکومت اشاره‌ای نمی‌شود. تاجزاده این دو استراتژی را همراه هم مطرح می‌کند

درحالیکه کدیور نه تنها به اصلاح راهبردهای حکومتی اشاره‌ای ندارد که شاید بتوان گفت آنها را احتمالا مانع و سدی در برابر استراتژی اصلاحات ساختاری خود، به معنای تغییر قانون اساسی، می‌داند. زمینه دیگر تفاوت، در نزدیک بودن تاجزاده به جریان و فکر اصلاح‌طلبان سنتی، زیر بیرق محمد خاتمی، است. این نزدیکی تاجزاده را می‌توان هم در قرابت فکری و هم بر اثر ضرورت همکاری جبهه‌ای با اصلاح‌طلبان سنتی دانست. برخلاف انتقادهای تند کدیور نسبت به اصلاح‌طلبان سنتی، تاجزاده همکاری و نزدیکی با آنها را رد نمی‌کند و آنها را به عنوان یک فراکسیون جبهه اصلاحات برسمیت می‌شناسد. چنین موضعی در اندیشه کدیور قابل روئیت نیست. زمینه دیگر تفاوت در تاکید بر گفتگو به مثابه زیربنایی‌ترین روش سیاسی هنگام برخورد با حکومت است. تاجزاده بر گفتگو، و مشخصا گفتگوی فراگیر، همه جانبه و ملی تاکید دارد و آنرا اساس روش خود می‌داند و دنبال می‌کند – و تا اینجا ضرورتا با کدیور اختلافی اساسی ندارد – ولی در زبان، بیان و کار سیاسی ملاحظه‌کارتر است. کدیور بی‌مهابا به رژیم می‌تازد و تاجزاده در بیان و محتوای انتقاد آرام‌تر است. علل این اختلاف می‌توانند چند گانه باشند. هم اینکه تاجزاده در داخل کشور باید ملاحظه خطر سرکوب امنیتی را بکند. شاهد اینکه سرکوب گرفتارش کرد و چند بار به زندانش انداخت. دیگر، و شاید مهم‌تر، اینکه تاجزاده گفتگوی انتقادی با نظام سیاسی، طبقه حاکمه و گروه رهبری را ضروری می‌داند و یکی از مبانی کار خود قرار می‌دهد. این روش گفتگوی انتقادی با حکومت و شخص رهبر از مشخصه‌های کار تاجزاده است. به معنایی، وقتی تاجزاده وارد مسائل عملی در صفحه شطرنج سیاسی می‌شود نیازها و امکانات مرحله‌ای را لحاظ می‌کند. در جمع‌بندی می‌توان گفت که این سیاستمدار و نظریه‌پرداز در اهداف استراتژیک به هم نزدیکند ولی در برخی امور مربوط به نقشه راه تفاوت‌هایی دارند. تاجزاده تحت تاثیر کدیور بوده و از او الهام گرفته ولی آن اراء را برای شرایط عملی روز تغییر و آرایش داده است. تاجزاده به تدریج تحت تاثیر کدیور قرار گرفته ولی تفاوت‌ها و فاصله‌هایی را هم حفظ کرده که آنها را نمی‌توان نادیده گرفت.

فصل ششم

اصلاح و یا حذف اصل ولایت فقیه

" خونی که در رگ ماست هدیه به رهبر ماست"
از شعارهای انقلاب ۱۳۵۷

" سپاه جنایت می‌کنه، رهبر حمایت می‌کنه!"
از شعارهای اعتراضات ۱۴۰۱

خلاصه

با توجه به اینکه در جمهوری اسلامی، ولی فقیه بخش عمده‌ای از قدرت سیاسی را به لحاظ حقوقی و حقیقی منحصر به خود کرد، تاجزاده مسئله ولایت فقیه را به عنوان یکی از بحث‌های اساسی خود مطرح می‌کند. این فصل از مبحث چند ویژگی دارد:

– انتقاد تاجزاده از ولایت فقیه به تدریج و با گذشت زمان تندتر و جدی‌تر می‌شود و نهایتا بر ضرورت حذف مقام ولایت، و یا حداقل تغییر بنیادین آن، تاکید دارد.

– تاجزاده چنین تغییر حقوقی و حقیقی را به صلاح دین اسلام و نهاد روحانیت می‌داند.

– خطاب قرار دادن و زیر سوال بردن شخص رهبر را یک محور اصلی برنامه سیاسی خود و نیروهای سیاسی تشخیص می‌دهد.

– میان عقب راندن ولی فقیه و تغییر نظام تفکیک قائل می‌شود، که این یک ویژگی مهم نظریه تاجزاده است.

مسئله ولایت فقیه

بسیاری از کارشناسان معتقدند که بحث ولایت فقیه بحثی نیست که از سوی فقهای اسلام در طول تاریخ بصورت مفصل و مبسوط مورد توجه قرار گرفته باشد. برعکس، اکثرا این بحث را متروک و محجور تشخیص داده‌اند. در واقع، نظریه ولایت فقیه به طور عمده بر آرای ایت‌الله خمینی متکی بود که بطور جدی با انقلاب اسلامی در ایران مطرح شد. آرای سیاسی خمینی نخست در درس‌های فقه، در شهر نجف عراق، ارائه گردید و سپس در کتاب "ولایت فقیه: حکومت اسلامی" در سال ۱۳۴۸ در اختیار عموم قرار گرفت. این نظریات با تأسیس جمهوری اسلامی، و مبنا قرار گرفتن فقه شیعه، به مرحله عملی رسید. استدلال خمینی این است که فقهای شعیه چون "علم به قانون و عدالت" دارند و چون عادل هستند برای حکومت بر دیگران مقدم‌تر، سزاوارتر و برترند و باید در مسائل حکومتی نظارت و دخالت کنند. میگوید احکام شرع که در قرآن و سنت گرد آمده حاوی قوانین و مقررات متنوعی است که می‌تواند یک نظام کلی اجتماعی را بسازد؛ و اجرای این شرع مقدس در جامعه به عهده فقها است. [i]

موضوع ولایت فقیه، بر اساس نظریات خمینی، در سال ۵۸ در قانون اساسی جمهوری اسلامی مندرج شد. در اصل پنجم این قانون اساسی آمده که ولایت امر بر عهده فقیه عادل و با تقوی، آگاه به زمان، شجاع، مدیر و مدبر است که اکثریت مردم او را به رهبری شناخته و پذیرفته باشند. و اگر چنین امری محقق نشد، خبرگان منتخب مردم یک مرجع (و یا یک شورای رهبری) را به عنوان رهبر به مردم معرفی می‌نمایند. قانون اساسی وظائف رهبر را از جمله تعیین اعضای شورای نگهبان، رئیس قوه قضائیه و فرماندهان نیروهای مسلح می‌داند. ده سال بعد، قانون اساسی مورد تجدید نظر قرار گرفت. یکی از موارد مهمی که به آن افزوده شد در مورد وظائف رهبر بود. "تعیین سیاست‌های کلی نظام" و "نظارت بر حسن اجرای" این سیاست‌ها به عهده وی قرار

---

[i] روح‌الله خمینی – ولایت فقیه - ۱۳۴۸

گرفت. ولی شاید مهمتر اینکه قانون اساسی جدید قوای سه گانه را زیر نظر "مطلقه" ولی فقیه، یا امام امت، شناخت.

انتقاد به نظریه ولایت فقیه، قبل و بعد از انقلاب ۵۷، به اشکال مختلف ابراز شده است. شاید یکی از جالب‌ترین این انتقادها استدلال‌هایی است که ایت‌الله حسنعلی منتظری ارائه می‌کند. جالب از این نظر که منتظری از مدافعان سرسخت حکومت دینی و از مهم‌ترین شارحان نظریه ولایت فقیه در انقلاب بود و در شکل دادن به نسخه اول قانون اساسی جمهوری اسلامی نقشی اساسی ایفا کرد. ولی طی شش سال بعد و پس از درگیر سخت با ایت الله خمینی از جدی‌ترین منتقدان حکومت اسلامی و نظریه ولایت فقیه شد.

منتظری هنگامیکه از مدافعان ولایت فقیه بود مشروعیت فقیه را الهی می‌دانست و مردم را موظف به اطاعت از حکومت وی می‌شناخت. اما منتظری در افکار خود چنان تجدیدنظر کرد که چند ماه قبل از مرگ نوشت که به خاطر ستم‌هایی که تحت عنوان ولایت فقیه بر مردم رفته شرمنده است. منتظری بخاطر ابراز این نظریات و مخالفت با خمینی ۱۲ سال در حصر خانگی بود. شاگرد برجسته منتظری، محسن کدیور معتقد است که دیدگاه منتظری، پس از تجدید نظر و در اواخر عمر، در مورد موضوع ولایت فقیه چهار پایه داشت. او وکالت فقیه به جای ولایت فقیه را پذیرفت؛ ولایت را مشروط به قانون اساسی و احکام اولیه شرع دانست؛ معتقد شد مردم حق انتخاب فقیه را دارند؛ و نقش فقیه را در نظارت حقوقی و قانونی شناخت.

از حمایت تا انتقاد به ولایت فقیه

مانند منتظری، تاجزاده نیز تغییرات و تجدید نظرهای ژرفی در مورد مسئله ولایت فقیه داشت. در اوائل انقلاب، وی از حامیان سرسخت ولایت فقیه بود. نه تنها موافق آن بود که تلاش کرد تا در قانون اساسی نخست جمهوری اسلامی منظور شود. بعدها گفت "ما آن زمان نمی‌فهمیدیم... من این مسئله را سالها بعد فهمیدم و منتقد شدم...

آن زمان من [با ولایت فقیه] خیلی موافق بودم و تلاش کردم که در قانون اساسی آورده شود". با گذشت دو دهه، و با تجربه دولت اصلاح‌طلب در دهه ۸۰، حمایت تاجزاده از نظریه ولایت فقیه همچنان ادامه داشت ولی اینجا برداشتی جمهوری‌خواه از مقام ولایت ارائه می‌دهد و آنرا انتخابی و مشروع می‌داند. می‌گوید که مشکل جامعه ایران، "اندیشه و مشی امام [خمینی] نیست، بلکه انحراف از راه خمینی است". یعنی در این دوره، تاجزاده معتقد است تمکین به رأی ملت باید میزان باشد و حقوق و آزادی‌های قانون شهروندان باید مورد احترام قرار گیرد اما، برخلاف اینها، تفسیرهای استبدادی که از نظام اسلامی ارائه شده و این خلاف نظر و مشی ایت‌الله خمینی است. در دهه ۹۰، و مشخصا پس از ریاست جمهوری احمدی‌نژاد و جنبش سبز نظر تاجزاده در مورد ولایت فقیه دستخوش تغییر اساسی دیگر می‌شود. از آن پس، و مشخصا با انتخاب ابراهیم رئیسی به ریاست جمهوری در سال ۱۴۰۰، تاجزاده علنا، رسما و سرسختانه از ولایت فقیه انتقاد می‌کند. استدلال‌های تاجزاده در این مرحله و در این مورد را می‌توان بر چند محور دسته بندی کرد.

محور اصلی بحث انتقادی تاجزاده موضوع استبداد است. معتقد است ولایت فقیه نظامی را به وجود آورده که به استبداد گرایش پیدا کرده. به همین خاطر امکان تحول و پیشرفت کشور بدون تغییر حقیقی و حقوقی در اصل ولایت فقیه وجود ندارد. می‌گوید وقتی ولایت وارد قانون اساسی شد و مسئولیت حکومت به مراجع و روحانیون واگذار گردید، "حکومت آخوندی" کثیری از انحرافات اصلی انقلاب را بدنبال خود داشت. از جمله اینکه "مثل زمان شاه شد، همه چیز به یک نفر برگشت و هر کاری که می‌خواهند بکنند به یک نفر مربوط شد." با اینکه تاجزاده از استفاده اصطلاح استبداد مطلقه برای ولی فقیه عموما اجتناب می‌کند ولی مسئولیت "تک نفره شدن حکومت" را به عهده شخص ولی فقیه می‌داند. می‌گوید "وضعیت اسفناک مشکلات کشور، اگر یک بانی داشته باشد، بی‌تردید شخص رهبر است که با اختیارات نامحدود و در حد مطلق، و سیاست‌های اشتباه، جامعه را به اینجا رسانده است و در عین حال به احدی پاسخگو نیست. آیت‌الله خامنه‌ای نه فقط حقوق و کرامت و آزادی ایرانیان را نقض کرده، بلکه با بستن راه‌های اصلاحی، نظم و امنیت عمومی و ملی را به مخاطره انداخته است."

به اعتقاد تاجزاده حکومت تک نفره ولی فقیه پیامدهای ناگوار و سنگینی برای جامعه ایران در بر داشته و خواهد داشت. یکی از مهمترین آنها اینکه زیر نظر ولی فقیه و با حربه نظارت استصوابی، انتخابات ریاست جمهوری و مجلس شورا معنای خود را از دست داده‌اند و در نتیجه مقاماتی که انتخاب می‌شوند دیگر نماینده افکار عمومی نیستند. به اضافه ملت ایران به دو قطب تجزیه شده. یک اقلیت "خودی" از تمام حقوق و مزایا برخوردار و از پیگرد قضایی مصون است و دیگری یک اکثریت "غیرخودی" است که از حقوق اساسی اجتماعی بهرمند نیست. از دیگر پیامدهای ناگوار تمرکز قوا و عدم نظارت بر شخص ولی فقیه این است که رسانه‌های مملکت تک صدا و در جهت حمایت از حاکمیت شده‌اند و در همین راستا است که نیروهای مسلح کشور نیز وارد حوزه سیاست داخلی و انتخابات شده و اعمال قدرت می‌کنند. در نظر تاجزاده علت این اوضاع آن است که ولی فقیه به یک پایگاه اجتماعی اقلیتی اتکا دارد و مجبور است برای پیشبرد برنامه‌های خود محدودیت و بند و بست ایجاد کند. به این شکل، تاجزاده معتقد است که پیامد تک نفره شدن حکومت این است که حکومت در طول سال‌ها و به تدریج از نقش مردم کاسته و ماهیت جمهوریت را تضعیف کرده است. در راس این روند تمرکز قدرت، شخص ولی فقیه و شخص ایت‌الله خامنه‌ای قرار داشته است.

استدلال دیگر تاجزاده این است که نظام ولایت فقیه به ضرر مذهب و دستگاه روحانیت کار می‌کند و به موقعیت اجتماعی آنها ضربه می‌زند. یعنی، وجود نظام ولایت موجب تزلزل موقعیت تاریخی و اجتماعی مذهب و روحانیت شده و خواهد شد. استدلال می‌کند که هر فعالیتی که رنگ و بوی ضد حکومتی داشته باشد، مثلا مخالفت با حجاب اجباری، فورا تبدیل به حرکتی علیه بنیادهای دینی و اعتقادات مذهبی می‌شود و اصل دین و مذهب را مورد هدف قرار می‌دهد. چنین اوضاعی، به اعتقاد تاجزاده، در نهایت برای دین و برای نهاد روحانیت مفید نیست چرا که هر اشتباه و سیاست غلط دستگاه حکومت که مبنای نارضایتی شود در مرحله بعدی به معنای مخالفت با دین تفسیر می‌شود و امواج ضد دینی را به حرکت درمی‌آورد. به اعتقاد تاجزاده، اگر روحانیت به نقش سنتی خود، به معنای حفظ استقلال نهاد روحانیت از نهاد حکومت، بازگردد به

نفع خود و به نفع دین اقدام خواهد کرد. وی مکرر به نقش ایت‌الله سیستانی در عراق پس از دوران صدام حسین اشاره دارد که با حفظ فاصله از حکومت و نداشتن هیچ نقش حکومتی توانست پایگاه اجتماعی خود را در چارچوب خواسته‌ها و ارزش‌های مذهبی بسیج و رهبری کند. تاجزاده چنین موقعیتی را برای روحانیون ایران و مذهب شیعه سالم‌تر و پویاتر ارزیابی می‌کند.

ثالثا، تاجزاده در این بحث اشاره به دخالت عنصر شیعه‌گری در سیاست‌های حکومتی دارد. به اعتقاد، وی دخالت دادن مسائل مذهبی شیعه، به شکلی اجتناب ناپذیر، خلاف هویت و مصالح اهل سنت تفسیر می‌شود و در نهایت بخش سنی جامعه ایران را نسبت به شیعیان تحریک می‌کند. می‌گوید در شرایطی که حکومت ایران عملا مشغول ترویج و تشکیل یک هلال شیعه در خاورمیانه است و چنین امری را یک وظیفه دینی برای خود تلقی می‌کند طبیعتا می‌توان انتظار داشت که در برابر آن هلال‌های بزرگ اهل سنت شکل بگیرد و تقابل‌های خونین بین آنها پدید آید، که نمونه‌های آن در سوریه و عراق دیده شد. این وضع به دلیل آرمان‌گرایی حاکمیت روحانیت شیعه در ایران است که برایشان، بطور مثال، موقعیت و سرنوشت شیعیان لبنان، که شاید دو یا سه میلیون نفرند، مهمتر از موقعیت ده‌ها میلیون نفر اهل سنت است که در شرق ایران زندگی می‌کنند.

استدلال و موضوع دیگری که مورد توجه تاجزاده قرار می‌گیرد بحران جانشینی است. تاجزاده می‌گوید بحران جانشینی ایت‌الله خامنه‌ای خطرات مهمی را در پیش رو آورده که باید به آن پرداخت. پیش‌بینی می‌کند که فوت خامنه‌ای (متولد ۱۳۱۸) می‌تواند یک فرد جوانتر، مثلا ۵۵ ساله، را به قدرت برساند و این یعنی اینکه کشور می‌تواند برای ۳۰ یا ۴۰ سال آینده دست تک نفر دیگری باشد که سلیقه خودش را بر جامعه تحمیل می‌کند. تاجزاده می‌گوید در دهه ۹۰ شخصیت کاریزماتیک، پرجذبه و با نفوذی دیگری که بتواند در مقام رهبری قرار بگیرد و بر اوضاع مسلط شود وجود نداشته و این مسئله را بیش از پیش سخت کرده. "هر کسی را هم که بگذاریم چنان بی‌ظرفیتی نشان خواهد داد که ممکن است ظرف یک سال یا دو سال کل سیستم را به طرف تلاشی ببرد".

بر پایه چنین استدلال‌هایی تاجزاده معتقد است که نباید در مورد مسئله ولایت فقیه سکوت کرد و به انتظار تحولات نشست چرا که اوضاع می‌تواند سخت‌تر و پیچیده‌تر شود. به همین خاطر، انتقاد از اصل ولایت فقیه و تجدیدنظر حقوقی در قبال ولایت را بیش از پیش ضروری می‌شمارد. در فضای ۱۴۰۰ (که درگیری درون حکومتی برای تعیین رهبر بعدی ابعاد جدی بخود گرفت) تاجزاده نگران است که اگر وارد این بحث نشود و رهبر تازه‌ای قدرت را بدست بگیرد دیگر فرصت و امکان ایجاد تغییر در موقعیت ولایت وجود نخواهد داشت.

دو راه برای ولایت: اختیارات محدود یا حذف

تاجزاده می‌گوید که برای حل مشکلات و خروج از بحران‌های کشور، که با مسئله و مشکل جانشینی تشدید می‌شود، راهی جز تغییر قانون اساسی در باب موقعیت و وظائف ولایت فقیه وجود ندارد و طرحش این است که یا باید ماهیت حقوقی و حقیقی آنرا تغییر داد و یا آن را کلا از میان برداشت. می‌گوید فرقی نمی‌کند که مردم به این نتیجه برسند که یا باید اصل ولایت فقیه از قانون اساسی کنار گذاشته شود و یا اختیاراتش محدود شود. هر دو الترناتیو را باید مورد نظر داشت. در تعریف محدودیت به احتمال انتخابی کردن، موقتی کردن، دوره‌ای کردن، یا مختصر کردن اختیارات ولی فقیه اشاره دارد. مثلا اینکه دوره رهبری به دو دوره پنج ساله با اختیارات محدود تبدیل شود. یا موارد و مسائل مشخص مورد نظر قرار بگیرد، از جمله اینکه انتخابات از نظارت ولی فقیه خارج و آزاد شود؛ یا اینکه صدا و سیما در اختیار رهبر نباشد و چند صدایی شود؛ یا اینکه چگونگی استقلال دستگاه قضایی مورد بررسی قرار بگیرد تا ابزار سرکوب حکومت نباشد و رهبر نتواند هر کسی را می‌خواهد حصر کند. به نظر تاجزاده، ایده‌ال این است که خود رهبری اصلاح را با کمترین تنش و بیشترین تاثیر انجام دهد و بهترین راهش ادغام ریاست جمهوری با رهبری، مثلا برای دو تا پنج سال، و با رای مستقیم مردم است، تا اختیارات رهبر روشن و شخص وی پاسخگو باشد. حتی تا آنجا پیش می‌رود که پیشنهاد کند یکی از شرایط رهبری، یعنی مسئله اجتهاد (که بر اساس

آن فقط روحانیون می‌توانند نامزد رهبری باشند) را بردارند تا هر کسی که صلاحیت رهبری سیاسی دارد بتواند نامزد شود و رقابت کند.

پیشنهاد دیگری که تاجزاده مطرح می‌کند و به معنایی تازه‌تر و آخری‌تر محسوب می‌شود پذیرفتن این مسئله است که پروژه ولایت فقیه شکست خورده و قابل ادامه و اجرا نیست و ایده رهبری باید کاملا حذف شود. این نظریه بخصوص پس از جنبش مهسا در سال ۱۴۰۱ مطرح می‌شود. در پیش‌بینی آینده، تاجزاده بیشتر می‌بیند که نیروهای سیاسی کشور به این نتیجه خواهند رسید که رهبری را بردارند و رهبری را حذف کنند. "این پروژه شکست خورده. نمی‌دانم کی اتفاق خواهد افتاد. این بسته به عوامل مختلف دارد: احتمال شرایط حاد در منطقه، تظاهرات در ایران، بن بست اصولگرایان و بروز اختلاف میان آنها. برای آقای خامنه‌ای آخر کار است." با در نظر گرفتن پیچیدگی‌هایی که چنین پروژه‌ای قاعدتا ایجاد خواهد کرد تذکر می‌دهد که نمی‌داند حذف ولایت از قانون اساسی کی اتفاق خواهد افتاد و به مرحله اجرا در خواهد آمد، ولی مطمئن است که گریزی از آن نیست و این اتفاق خواهد افتاد. می‌گوید: "معتقدم جمهوری اسلامی به آن خواهد رسید. زمانش را نمی‌دانم، یکسال یا سه سال دیگر."

پیشنهاد تاجزاده برای تغییر موقعیت و وظائف رهبری و یا حذف کامل ولایت فقیه به این معنا نیست که تاجزاده مخالف شرکت روحانیون در امر سیاست باشد. برعکس. او چنین احتمال و توانایی را مورد تایید قرار می‌دهد. معتقد است اگر روحانیت بخواهد با درایت با این مسئله مواجه شود و موقعیت نهاد خود را حفظ کند باید هر چه سریع‌تر ولایت فقیه را از قانون اساسی حذف کند. نمونه کشورهای شیعه را مطرح می‌کند. از جمله عراق که در آن روش ایت‌الله سیستانی "خیلی بهتر از روشی است که ما در جمهوری اسلامی در پیش گرفته‌ایم چرا که جواب می‌دهد. در عراق، هیچ کاری بدون نظر مرجعیت شکل نمی‌گیرد اما مرجعیت هیچ نقشی در قانون اساسی ندارد". تاجزاده منکر نقش اجتماعی و سیاسی روحانیت و مرجعیت نیست اما تاکید دارد که آنها نباید در قانون اساسی نقشی داشته باشند. "خواستار این نیستم که مثلا آیت‌الله [سید علی] سیستانی مثل ملکه انگلیس بگوید چون من مرجع هستم در هیچ کاری دخالت

نمی‌کنم. آقای سیستانی باید دخالت کند ولی همزمان حزب کمونیست هم اعلامیه‌اش را بدهد و مردم هر که را که خواستند انتخاب می‌کنند. من اختیارات ولی فقیه را کم نمی‌کنم، به معنایی که در سیاست دخالت نکند. من می‌گویم که اگر روحانیت می‌خواهد ولایت فقیه به عنوان یک اندیشه بماند و کلا جامعه بیش از این ضد روحانیت نشود باید زودتر بگوید که، مثل کشورهای دیگر، مسئولیت" حکومتی نداشته باشد.

نکته مهم در مورد این مسئله اینکه تاجزاده پیشنهاد تغییر موقعیت ولایت فقیه را خلاف قانون اساسی نمی‌داند و تاکید دارد حتی حذف ولایت فقیه از قانون اساسی مطلقا بحث براندازی و یا انقلاب نیست. می‌گوید "انتخابی کردن، موقتی کردن، دوره‌ای کردن، یا محدود کردن اختیارات ولی فقیه مطلقا مشکلی ندارد و این عین قانون اساسی ما است." برخلاف افرادی که می‌گویند که اگر ولایت فقیه حذف شود انقلاب، براندازی و تغییر سیستم رخ داده "من اسم آن را اصلاحات ساختاری میگذارم". این را در باب کلیات مسئله عنوان می‌کند که می‌توان نسبت به آن به توافق رسید هر چند ممکن است در مورد نحوه و ماهیت تغییر اختلاف نظر باشد. مثلا برخی افراد بگویند تغییر در موقعیت ولایت در دو یا سه مرحله صورت بگیرد، یا با ریاست جمهوری ادغام شود و یا فورا از قانون اساسی حذف شود. تاجزاده وجود اختلاف در این مورد را مفید ارزیابی می‌کند و معتقد است که می‌توان در مورد آن به توافق رسید.

امکان و فرصت تغییر موقعیت ولایت فقیه

در برخورد با مسئله ولایت فقیه، تاجزاده با همان مشکل، پیچیدگی و چالشی روبرو است که در قبال تغییر دیگر مفاد قانون اساسی وجود دارد. یعنی اینکه روند، نحوه و عاملان تغییر کدامند و اهداف چگونه قابل دسترسی است. حتی شاید این بار مسئله سخت‌تر و پیچیده‌تر می‌شود. سخت‌تر به این خاطر که ولایت فقیه زیربنایی‌ترین اصل نظام جمهوری اسلامی است و پیدا کردن راه و روش برای برخورد با آن بیش از هر چیز مشکل است. حل این مسئله پیچیده یکی از دغدغه‌های اصلی تاجزاده به شمار می‌رود. چگونه میتوان تسلط مطلقه فرد حاکم، ولی فقیه، را محدود و مهار کرد، چه در

بعد حقیقی و چه حقوقی؟ و چگونه می‌توان راه حلی برای این مسئله سیاسی بغرنج تاریخی، که زمانی در ولایت و زمانی در سلطنت تجلی دارد، یافت؟ پیدا کردن پاسخ به این سوال یکی از مسائل اصلی است که تاجزاده را مشغول می‌کند.

در پیدا کردن پاسخ به این مسئله، اولین مشکلی که تاجزاده با آن مواجه است مقاومت نظام در برابر هر نوع تلاش برای تغییر و تحول در مورد ولایت فقیه است. واضح است که طرفداران حکومت حاضر به تجدیدنظر داوطلبانه در مورد مقام و موقعیت ولی فقیه نیستند و در برابر هر نوع تلاش مقاومت می‌کنند. در چنین شرایطی، اگر سناریوی انقلاب و فروپاشی کنار گذاشته شود (که تاجزاده کنار می‌گذارد چون اصولا به آن اعتقاد ندارد) سوالی که مطرح می‌شود این است که در شرایطی که نظام، در برابر هر نوع تغییر در مقام ولایت فقیه مقاومت می‌کند چگونه باید برای تحول آن تلاش کرد؟ آیا راهی وجود دارد؟ اگر آری، چیست؟ مثلا آیا واقع بینانه است که فکر کنیم حکومت تسلیم خواهد شد و یک رفراندم را در مورد زیربنایی‌ترین اصل حکومت مذهبی برگزار خواهد کرد؟ آیا چنین برداشتی ساده‌انگارانه و غیرواقعی نیست؟

در این تحقیق، استدلال‌های گوناگون تاجزاده برای دفاع از رفرم در برابر انقلاب مورد بررسی قرار گرفته است و تکرار آنها ضرورتی ندارد. اما آنچه در قبال مسئله ولایت فقیه اهمیت دارد تفکیکی است که تاجزاده میان عقب راندن ولی فقیه و تغییر حکومت قائل می‌شود. توجه به این نکته ضروری است و شاید بتوان گفت که این تفکیک مهمترین ویژگی است که تاجزاده در قبال مسئله ولایت فقیه و نحوه برخورد با آن دارد. نکته حائز اهمیت این است که او عقب راندن ولی فقیه و تغییر (و یا فروپاشی) حکومت را دو مقوله متفاوت می‌داند.

برای توضیح موقعیت تاجزاده یک مقایسه می‌تواند راهنما باشد. اگر شرایط جمهوری اسلامی و حکومت مطلقه ولایت فقیه در مقایسه با شرایط نظام پهلوی و حکومت مطلقه مقام سلطنت مورد نظر قرار بگیرد مسئله می‌تواند روشن‌تر شود. چنین مقایسه‌ای نشان می‌دهد که از نظر تاجزاده راه و روش برخورد با مسئله ولایت فقیه چگونه است و نیروهایی که خواهان تغییر هستند چه روشی را باید دنبال کنند. در

دوران پهلوی، که سلطنت شاه به استبداد تک نفره و خودکامه تبدیل شده بود، اپوزیسیون خواهان سرنگونیِ همزمان شاه و نظام حاکم (به معنای تمام نهادهای لشکری و کشوری) بود. اپوزیسیون تفکیکی میان آن دو قائل نمی‌شد. برخورد با هر دو را وظیفه و هدف خود می‌دانست. اما در همان شرایط، این امکان وجود داشت که میان آن دو تفکیک قائل شد. یعنی گفت نظم حکومتی باقی بماند و نهادهای حکومتی سرنگون نشوند ولی قدرت و اختیارات شاه محدود شود. مثلا اینکه شاه مسئولیت سیاسی نداشته باشد و صرفا نقشی رسمی در مقام سلطنت ایفا کند. شاه در تعیین سیاست دولت ربطی نداشته باشد و صرفا نقشی نمادین برای کشور محسوب شود. اما در دوره پهلوی، چنین تلاشی برای محدود کردن شخص شاه صورت نگرفت. در دهه ۴۰ و ۵۰، براندازی انقلابی تمامی نهادهای حکومتی مورد نظر بود و خط مشی اپوزیسیون این بود که فروپاشی یکباره تمام نهادهای کشوری و لشکری را هدف خود قرار دهد. حتی زمانیکه امکان محدود کردن قدرت شاه در سال‌های ۵۶ و ۵۷ و با به قدرت رسیدن شاپور بختیار (از اعضای جبهه ملی) پیش آمد نیروهای سیاسی به چیزی کمتر از فروپاشی تمام دستگاه حکومتی راضی نشدند. اگر در آن دوره، الیت سیاسی استراتژی دیگری داشت می‌توانست شاه را تحت فشار قرار دهد، خواهان محدودیت او شود و وی را، به عنوان مثال، وادار کند دخالت در سیاست نداشته باشد و صرفا نقشی نمادین ایفا کند. در همان حال نیز، نهادهای دیگر حکومتی را حفظ کند و مانع از فروپاشی آنها شود تا خلاء سیاسی در کشور بوجود نیاید. به نظر می‌رسد این سناریویی است که، پس از ۴۰ سال، تاجزاده به اهمیت آن پی برده و برای تحقق آن فعالیت می‌کند. هدف او محدود کردن شخص حاکم است اما دقت دارد که این محدود سازی بار دیگر چرخه انقلاب دیگری را به حرکت در نیاورد.

در این چارچوب و برای اینکه بتوان با رهبر برخورد کرد تاجزاده به چند تاکتیک متوسل می‌شود. در درجه اول، زیر سوال بردن رهبر را ضروری می‌شمارد و آنرا یکی از روش‌های اساسی پلمیک خود قرار می‌دهد. به همین خاطر، بخش عمده‌ای از جدل‌های سیاسی او در انتقاد از سیاست‌های رهبر می‌شود. شخص رهبر را هدف قرار می‌دهد، سیاست‌هایش را به نقد می‌کشد و از او خرده می‌گیرد. دیگر اینکه، خواهان

تغییر موقعیت حقوقی رهبر می‌شود. یعنی تلاش می‌کند که موضوع بازبینی در موقعیت
قانونی شخص اول مملکت را تبدیل به موضوع روز و بحث سیاسی کند. امیدوار است
که این تلاش به نوعی فشار مدنی بی‌انجامد و موجب تغییر در موقعیت سیاسی ولی
فقیه شود. دیگر اینکه مسئله "برگزاری رفراندوم تغییر قانون اساسی" را مطرح می‌کند
و گفتگو درباره تغییر و یا حذف ولایت فقیه از قانون اساسی را پیش می‌راند. چنین
تلاشی را به مصلحت ایران و ایرانیان معرفی می‌کند و از تلاش برای برگزاری رفراندوم
تغییر قانون اساسی و مشخصا رفراندم در مورد موقعیت ولایت فقیه دفاع می‌کند. [i] نکته
قابل توجه دیگری که همواره باید مد نظر داشت این است که در تلاش برای نقد
موقعیت ولی فقیه و ایجاد تغییر، تاجزاده استراتژی خود را محدود به این هدف نمی‌کند.
یعنی، تلاش سیاسی خود را منوط و محدود به از میان برداشتن ولایت فقیه نمی‌سازد
و حذف ولایت فقیه را تنها هدف خود نمی‌داند. تمام نیروی خود را بابت آن خرج
نمی‌کند و دیگر مسائل را موکول به آن نمی‌کند. در بخش‌های دیگر این تحقیق گفتیم
که تاجزاده معتقد به پیشبرد دو خط موازی در صحنه سیاسی است. برخورد با ولایت
فقیه نیز را نیز باید در این بستر، یعنی "دو سیاست موازی"، قرار داد و باید در این
چارچوب ارزیابی کرد.

مفید است که این سیاست تاجزاده را در مقایسه با سیاست برخی از نیروهای
اپوزیسیون ارزیابی کرد. این نیروها گذر از نظام جمهوری اسلامی و از میان برداشته
شدن ولی فقیه را در یک چارچوب واحد می‌بینند و آنرا تشویق و تعقیب می‌کنند.
تفکیکی میان آن دو قائل نمی‌شوند و هر دو را با هم و در کنار هم ضروری می‌دانند،
چه از طریق گذار مسالمت آمیز، انقلاب مخملی و یا انقلاب خونین. آنها خواهان
سرنگونی و یا گذار از تمام نهادهای حکومتی و از جمله نهاد ولی فقیه هستند. تاجزاده،
برعکس، میان تغییر موقعیت نهاد ولایت فقیه و تغییر دیگر نهادهای حکومتی تفکیک
قائل می‌شود و آنها را هم کاسه و هم زمان نمی‌داند.

---

[i] گفت‌وگوهای زندان، مصاحبه حسین رزاق با مصطفی تاجزاده در زندان اوین، تاریخ انتشار: ۲۱ شهریور
۱۴۰۲

نمونه از این شکل تغییر و از این نوع تحول اجتماعی را می‌توان در حوزه‌های دیگر تحول سیاسی و اجتماعی مشاهده کرد. بهترین این نمونه‌ها شاید در مورد مسئله حجاب اجباری حکومت باشد. در اینجا مقاومت عمومی بخشی از جامعه ایرانی در برابر تحکم رژیم برای حجاب اجباری به پیروزی مخالفین انجامید. حکومت نتوانست خواسته خود را بر جامعه تحمیل کند و در نهایت مجبور به عقب نشینی شد. بدین ترتیب یکی از زیربنایی‌ترین احکام حکومتی و جلوه‌های رژیم مذهبی، که تجلی روزمره در فضای عمومی خیابانی داشت، فروریخت. با این حال، و این نکته مهمی است، نظام سرنگون نشد و رژیم فرو نریخت. حجاب بیش از پیش برچیده شد و جامعه مدنی بیش از پیش استقلال رای خود را اعلام کرد ولی نهادهای حکومتی و نظام جمهوری اسلامی نیز سر جای خود ماندند و از هم نپاشیدند. اگر این تجربه را الگو قرار دهیم می‌توان گفت احتمال تغییر اساسی بدون رضایت ذاتی حکومت ولی بدون فروپاشی نظام وجود دارد. این همان الگویی است که تاجزاده برای تغییر موقعیت ولایت فقیه ارائه می‌دهد.

فصل هفتم

تبدیل حکومت انتخابی به حکومت یکدست

"رأی مارو دزدیده، داره باهاش پُز می‌ده"

این شعار جنبش سبز پس از انتخابات ریاست جمهوری ۱۳۸۸ بود. معترضین معتقد بودند حکومت در شمارش ارا تقلب کرده. حکومت و طرفدارانش نظر مخالفی داشتند.

خلاصه

این مسئله که حکومت در ایران چه ماهیت و ذاتی دارد یکی از جدی‌ترین و مناقشه برانگیزترین موضوع‌های است که در دوران جمهوری اسلامی، و نیز دیگر ادوار معاصر، مورد جدل بوده. درباره این بحث، و تا آنجا که به تاجزاده مربوط می‌شود، می‌توان گفت که:

یک — تاجزاده معتقد است جمهوری اسلامی نظامی است که به تدریج از یک حکومت نیمه‌–انتخابی تبدیل به یک حکومت یکدست شده.

دو — شناخت ماهیت حکومت مسئله‌ای نظری است اما مبنای سیاست عملی را در صحنه پراتیک اجتماعی فراهم می‌کند. اشتباه در این ارزیابی پیامدهای عملی دارد.

سه — الیت سیاسی، فعالین حزبی و اساتید دانشگاهی در مورد ماهیت و سرشت نظام حاکم بر کشور نظرات متفاوت و متضادی ارائه کرده‌اند که مقایسه آنها آموزنده است.

ماهیت نیمه–باز و یا تک–نفرهِ حکومت

تاجزاده معتقد است که انقلاب ۱۳۵۷ زیر بیرق جمهوریخواهی، با پرچمداری مراجع دینی و با رای اکثریت قاطع مردم، نظام پهلوی را تغییر داد و حاصل آن یک قانون اساسی جدید بود که عناصر متناقض را در خود داشت. اینکه این قانون اساسی هم جنبه دمکراتیک داشت و هم غیر دمکراتیک بود، هم جمهوری طلب بود و هم عناصر ضد–جمهوری داشت. این سند، به نظر تاجزاده، به رغم ضعف‌ها و تناقض‌هایش از عناصر و ظرفیت‌های کافی دمکراتیک برخوردار بود که اگر کاملا و بدون تنازل اجرا می‌شد می‌توانست عناصر دیگر همین متن را که مشوق اقتدارگرایی بودند مهار کند. حاصل آن انقلاب و این قانون اساسی، یک نظام نیمه–باز و نیمه–بسته، نیمه–انتخابی و نیمه–انتصابی بود که اجازه گفتگوی محدود سیاسی را فراهم می‌کرد و زمینه سیاست ورزی نسبی را بوجود می‌آورد. بر همین اساس، انتخابات کاملا آزاد و عادلانه نبودند ولی ماهیتی رقابتی داشتند و به برنده امکان می‌دادند، اگر نه تمام، که برخی از برنامه‌های خود را به پیش ببرد و به همین خاطر اکثر شهروندان در اکثر انتخابات شرکت می‌کردند و علی‌رغم همه انتقادها رضایت نسبی داشتند و تجربیات مهمی را در حوزه مبارزه انتخاباتی بدست آورند. این حضور مردم در صحنه، مشکل کمبود مشروعیت ناشی از ناکارآمدی نظام را می‌پوشاند و به مردم تا این حد امیدواری می‌داد که در انتخابات به یکی از جناح‌های نظام رای بدهند.

اما تاجزاده می‌گوید این ماهیت نیمه–باز دچار شکست می‌شود و تغییر ماهوی می‌کند و به تدریج به یک نظام یک نفره و یکدست تبدیل می‌گردد. تاجزاده شخص ایت‌الله خامنه‌ای را مسئول اول این پروژه تغییر می‌داند که کارش را مشخصا از سال ۹۶ آغاز می‌کند و در سال ۱۴۰۰ با انتخاب ابراهیم رئیسی به اوج می‌رساند و کشور را وارد دوره جدیدی از حیات خود می‌کند. تاجزاده معتقد است که خامنه‌ای با نفی حاکمیت قانون و تجمع قدرت در دست‌های خود می‌خواسته حکومت را یکدست کند. از جمله، قوه مجریه، مقننه و قضایی را همراه شوراهای عالی دیگر حکومتی در جهت دستورات خود بیاورد، سپاه پاسداران را وارد سیاست کند و امکان شرکت در نظام سیاسی را برای

دیگران محدودتر سازد. این تحول، هسته سخت نظام را که وابسته به رهبر است بیش از پیش توانمند می‌کند و پیامدش را می‌توان در سیاست‌های روزمره آن دید. از منع خرید واکسن کرونا از آمریکا گرفته تا مخالفت با برجام و قوانین بین‌المللی بانکی، همه جا، رد پای رهبر دیده می‌شود. به اعتقاد تاجزاده یکی از مهمترین ریشه‌ها و علل این تلاش برای یکدست سازی، اعتقاد به ضرورت اجباری کردن احکام فقهی است. یعنی تلاش برای برقراری سلطه مطلقه روحانیت و فقیه شیعه در ایران. اما تاجزاده همچنین معتقد است که مسئله جانشینی و مشکل تعیین یک رهبر جدید از دیگر علل تلاش آیت‌الله خامنه‌ای بوده. تلاشی که می‌خواهد حکومت را مادام‌العمر، فردی، غیر پاسخگو، و حتی اگر بتواند موروثی، سازد.

پیامد تغییر از نظام شبهه-انتخابی به یک نظام یکدست این است که مجاری سیاست‌ورزی برای دیگر نیروهای سیاسی بسته می‌شود و انتخابات ماهیت اقلیتی بخود می‌گیرد. اما تاجزاده می‌گوید احتمال موفقیت این پروژه اندک است چون مشروعیت نظام بخاطر انتخابات ناقص (از جمله در سال ۹۸ و ۱۴۰۰) تضعیف می‌شود، میزان ناامیدی، نارضایتی و خشم شهروندان افزایش پیدا می‌کند و سرانجام حکومت با دو بحران ناکارآمدی و بحران مشروعیت مواجه می‌گردد.

تاجزاده معتقد است که حتی اگر رهبری بتواند حکومت را صددرصد یکدست کند و افراد مورد نظر خود را به قدرت برساند امکان اینکه یک نفر بتواند برای مثال ۱۰ تا ۱۵ سال حکومت را مطلقا در دست داشته باشد اندک است و اگر او نتواند — که نمی‌تواند — به تنهایی مشکلات را حل کند نهایتا راهی جز قبول شکست و بازگشت به نظر مردم، از طریق صندوق رای، نخواهد داشت. به این نکته مهم، یعنی بازگشت صندوق رای و تصمیم مردم، در فصل‌های دیگر پرداخته‌ایم.

تاجزاده در یکی از گفتگوهایش، ایام رهبری خامنه‌ای را مانند دوره پادشاهی محمدرضا شاه به سه دوره تقسیم می‌کند. اول، تا پایان دولت خاتمی، که رهبر بازیگری در کنار بازیگران دیگر بود. دوم، در دوره احمدی‌نژاد که به مهم‌ترین بازیگر تبدیل

می‌شود. سوم، در دوره رئیسی که تنها بازیگر عرصه سیاست می‌شود.[i] اشاره به سلطنت محمد رضا شاه دارد از رسیدن سلطنت تا کودتا ۳۲، سپس تا انقلاب سفید ۴۲ و مرحله آخر تا انقلاب ۵۷.

شناخت رژیم در چارچوب نظری و پراتیک سیاسی

اینکه ذات یک رژیم سیاسی چیست و نظام چه ماهیتی دارد و چه باید داشته باشد از مسائل ابتدایی و ضروری حوزه سیاست است. اینجا، شناخت ماهیت رژیم، آنچه که هست و آنچه باید در شرایط مطلوب باشد، چه در سطح نظری و چه در سطح عملی، مورد نظر و نیاز است. چند هزار سال پیش، فیلسوف کهن یونان، ارسطو در کتاب "سیاست" ، بحث خود را با تعریفی از شهر و اجتماع سیاسی آغاز می‌کند و سپس مسئله جناح‌ها و خطرات ناشی از درگیری‌های جناحی و فرقه‌ای را مورد بررسی قرار می‌دهد. به عبارت دیگر، شناخت ماهیت و ارائه تعریف از رژیم سیاسی در حوزه نظری و فلسفی آغاز کار محسوب می‌شود. باید وضع موجود را تعریف کرد، آنرا در مقایسه با وضع مطلوب سنجید و سپس روش تحول از این به آن را مورد بررسی قرار داد. بر پایه همین تحلیل و تعریف از رژیم است که آنچه که باید صورت بگیرد و عمل شود اهمیت پیدا می‌کند، و بدین سان رابطه حوزه نظری با حوزه عملی ربط می‌یابد.

تعیین روش تحول از وضع موجود به وضع مطلوب، که به معنایی جوهر سیاست عملی است، از مسائل مورد مناقشه و بحث جدی بوده و هست. در قبال جمهوری اسلامی، این بحث میان علمای دانشگاهی و اساتید علوم اجتماعی جریان داشته و دارد. در بحث‌های دانشگاهی می‌توان چند موضوع مورد مناقشه را شناسایی کرد. از جمله اینکه:

- میزان تمرکز قدرت در نظام به چه اندازه است؟

---

[i] گفتگوهای زندان – بخش دوازده - ۱۰ سپتامبر ۲۰۲۳

- آیا رفتار سیاسی حکومت بر پایه قانون و عُرف صورت می‌گیرد و یا اینکه غیرعُرفی، غیر حقوقی و غیر قابل پیش‌بینی است؟

- آیا اعمال قدرت حکومت با مشارکت طبقات گوناگون جامعه، به همراه کارآمدی بوروکراتیک و نوعی عدالت طبقاتی همراه است؟

- آیا گفتمان‌های متعدد و متفاوت در ساختار نظام قابل روئیت است؟

- آیا، در یک فرایند تاریخی، روند تغییر و تحول در ساختار سیاسی قابل ملاحظه و قابل شناسایی است؟

- اگر روند تغییر و تحول قابل شناسایی است ویژگی‌هایی این روند تغییر چیست؟

بحث‌های آکادمیک پیرامون ماهیت رژیم

در دهه‌های بعد از انقلاب ۵۷، بحث‌های گسترده‌ای میان دانشگاهیان و محققین داخل و خارج کشور در مورد ماهیت حکومت ایران جریان داشت. در این تحقیقات، تعاریف گوناگونی از نظام حاکم ارائه شد، از جمله گفته شد نظام حاکم در ایران نظامی جمهوری؛ جمهوریِ مذهبی؛ شبه دمکراتیک؛ شبه جمهوری؛ حاکمیت دوگانه؛ چند قُطبی؛ دیکتاتوری؛ استبدادی خودکامه؛ دین‌سالار؛ توتالیتر و یا فاشیست است. ارای محققین در بسیاری موارد متفاوت و متناقض بود اما در عین حال باید توجه کرد برخی از این نظریات هم‌پوشانی‌هایی هم داشته‌اند. بخصوص اینکه توجه به مسئله تغییر و تلاش برای اصلاحات در برخی دوران پس از انقلاب قابل توجه بوده است. در واقع چه حکومت را استبدادی و چه شبه استبدادی بدانیم حاکمیت دو گانه، چند قُطبی و تلاش برای تغییر از داخل نظام را نمی‌توان مد نظر و مورد بحث قرار نداد، حال چه به تایید و چه به نقد آن باشد. اشاره به برخی از این نظریه‌ها و مقایسه آنها با نظر تاجزاده آموزنده است.

دکتر محسن کدیور (استاد فلسفه و مطالعات اسلامی در دانشگاه‌های ایران و آمریکا) از نظریه‌پردازانی است که بر ماهیت "مطلقه" نظام تاکید و تمرکز می‌کند. وی تذکر می‌دهد که ولی فقیه در اداره جامعه برای پیاده کردن اهداف شرعی، اختیارات مطلقه دارد. اختیار به حدی است که می‌تواند برای استیفای مصلحت، در صورت لزوم، احکام شرعی چون روزه و نماز را هم نادیده بگیرد. [i]

در این دیدگاه، تمرکز حکم ولی امر به حدی است که بر احکام شرعی، موازین اخلاقی، قانون اساسی و قوانین موضوعه تقدم دارد، یعنی می‌تواند آنها را وتو کند. کدیور می‌گوید ولایت فقیه دیدگاه اختصاصی ایت‌الله خمینی و برخی شاگردان وی است که توسط خود او در ایران پیاده شد و توسط ایت‌الله خامنه‌ای ادامه یافت و ماهیتی مطلقه و مصلحتی دارد. با این حال، کدیور به ظهور و تلاش جریان رفرمیست و تغییر طلب در تجربه جمهوری اسلامی اذعان دارد. می‌گوید دوران ریاست جمهوری محمد خاتمی "به شکل نسبی درخشان ترین دوران تحقق جمهوریت" در جمهوری اسلامی بود. اما، به اعتقاد وی، اصلاحاتی که در دوران تسلط اصلاح طلبان بر دو قوه مجریه و مقننه حاصل شد کاری از پیش نبرد.

در مقایسه، یرواند ابراهامیان (تاریخ شناس و استاد دانشگاه نیویورک) وجود عنصر جمهوری را در نظام پررنگ‌تر ارزیابی می‌کند و از جمله، اذعان دارد که در جمهوری اسلامی حداقل تا زمانی و تا اندازه‌ای آزادی عمل سیاسی وجود داشت. از جمله اینکه مردم می‌توانستند در انتخابات بین محمد خاتمی و اصلاح‌طلبان یا محافظه‌کاران و بعدها بین حسن روحانی یا محافظه‌کاران گزینه خود را انتخاب کنند. به همین خاطر مشارکت در انتخابات حتی تا حدود ۸۰ درصد بالا می‌رفت که عدد قابل توجه و یک دستاورد برای نظام سیاسی به شمار می‌رود. حکومت هم به همین مسئله استناد می‌کرد و آنرا منبع مشروعیت خود می‌دانست. اما، ابراهامیان (مشابه تاجزاده) اشاره می‌کند در انتخابات ۱۴۰۰ میزان مشارکت کمتر از ۴۰ درصد، و در تهران حتی کمتر، شد. نظر

---

[i] محسن کدیور- گذار مسالمت‌آمیز از نظام اصلاح ناپذیر- سایت محسن کدیور – ۱۳۹۶

کلی ابراهامیان به ماهیت مشروع‌سازی حکومت از طریق ارائه انتخابات رقابتی و محدود است.[i]

تحقیقات سیاوش رنجبر دائمی (استاد دانشگاه سنت اندروز در اسکاتلند) گفتمان اصلاحات و در برابر آن، مشکلات صعب‌العبور نهادینه، را با اهمیت نشان می‌دهد. وی شکل‌گیری ریاست جمهوری خاتمی را در مقایسه با دیگر دوره‌های ریاست جمهوری مطالعه کرده و تحول جناح‌ها و مبارزه اصلاح‌طلبان، محافظه‌کاران و پراگماتیست‌ها با یکدیگر را مورد نظر قرار داده است. رنجبر دائمی معتقد است که هر سه جناح اساسا بر حق تعریف مصلحت نظام، بر اساس اهداف و منافع متفاوت خودشان، تلاش داشته‌اند.[ii]

به شکل مشابهی، اسکندر صادقی بروجردی (استاد دانشگاه لندن) در تحقیق خود روند دگرگونی تاریخی جناح‌های سیاسی و عناصر روشنفکر وفادار به جمهوری اسلامی و حمایت آنها از اصلاحات را با اهمیت تلقی کرده و موضوع اول پژوهش خود قرار داده. وی اشاره دارد که در دهه ۷۰ روشنفکران دینی و جریان اصلاح‌طلب تلاش کردند مطلق‌گرایی سیاسی و کلامی ولی فقیه را به چالش بکشند. می‌خواستند مقام ولی فقیه را در چارچوب تفسیر خود از قانون اساسی محدود کنند، و به معنایی حق استثنایی حاکمیت را قابل تفسیر و نهایتا منحل سازند.[iii]

همچنین، انوشیروان احتشامی و محجوب زویری (استاد و محقق دانشگاه دارهام در انگلیس) معتقدند که سیاست در جمهوری اسلامی، از زمان پیدایش، تحت سلطه رقابت جناحی در میان نخبگان حاکم بوده و جناح گرایی به عنوان جایگزینی برای رقابت سیاسی مبتنی بر حزب عمل کرده است. در این زمینه، در حالی که ایران به

---

[i] یرواند آبراهامیان – تصور تبدیل اعتراضات در ایران به انقلاب، اغراق آمیز بود – اخبار روز – ۲۶ اسفند ۱۴۰۱ – سایت اخبار روز

[ii] Siavush Randjbar-Daemi - The Quest for the State in the Islamic Republic of Iran - Journal of Critical Globalisation Studies, ۲۰۰۹
Siavush Randjbar-Daemi - The Quest for Authority in Iran - ۲۰۱۹

[iii] Eskandar Sadeghi-Boroujerdi - Revolution and its Discontents: Political Thought and Reform in Iran - ۲۰۱۹

عنوان یک حکومت دینی همیشه از مفاهیم پذیرفته شده دموکراسی دور بوده، اما دینامیسم درونی، آن را از مفاهیم پذیرفته شده دیکتاتوری نیز دور نگه داشته است.[i]

صاحب این قلم (سعید برزین) حوزه سیاسی در ایران را "چند قُطبی" می‌داند. معتقد است که در جمهوری اسلامی تلاشی جدی صورت گرفت تا تحت عنوان ولایت فقیه، حکومت را مطلقه کنند که در نتیجه ولی فقیه از امکانات فوق‌العاده‌ای برخوردار شد و قدرت سیاسی برحسب معیارهای حقوقی و عرفی جوامع دمکراتیک میان حوزه‌ها و نهادهای مختلف اجتماعی پخش نشد. اما در عین حال تلاش برای برقراری حکومت متمرکز و مطلقه ناکام مانده و نظام سیاسی ماهیت فرقه‌ای، چند قُطبی و چند جناحی گرفت. یعنی نهادهای مختلف در روند تصمیم‌گیری سیاسی حضور یافتند، و با اینکه نظام دمکراتیک نبود ولی استبداد مطلقه هم محسوب نمی‌شد.[ii]

در این نظریه، در تحولات پایانی دهه ۹۰، روش سخت‌گیرانه‌تری در حوزه مرکزی نظام دیده شد که هدف آن محدود سازی سیاسی و انتخاباتی، بیرون راندن جناح‌های رقیب و یکدست سازی رأس نهادهای کشور بود. در نتیجه جناح میانه‌رو کنار گذاشته شد و جناح اصولگرای نزدیک به رهبر بخش مهمی از نظام را در دست گرفت. اما آنچه حائز اهمیت است اینکه طی چند دهه اخیر، جامعه ایران در رقابت سیاسی با حکومت به تدریج قوی‌تر شده و موقعیت مستقل‌تری پیدا کرده بود. در این روند، اندیشه و رفتار بخش‌های مختلف جامعه، در رابطه و تعامل با نظام حاکم، خودمختاری و خودسالاری بیشتری از خود نشان داده‌اند. به همین خاطر هسته مرکزی نظام مجبور شد روابط جدیدی با جامعه برقرار کند (که علی رغم اعمال خشونت و بسته شدن فضای جناحی) یک فضای جدید سیاسی میان حکومت با جامعه بوجود آورد. در این فضا بود که سیر تکاملی سیاست ایرانی، به معنای مبارزه فکری و عملی گروه‌ها برای تاثیر گذاری اجتماعی، پیش رفت و توسط جناح‌های داخل و خارج حکومت تقویت شد.[iii]

---

[i] Anoushiravan Ehteshami, Mahjoob Zweiri - Iran and the Rise of Its Neoconservatives - ۲۰۰۷

[ii] سعید برزین — جناح‌بندی سیاسی در ایران — نشر مرکز — ۱۳۷۷

[iii] سعید برزین - هسته سخت، پوسته نرم؛ شرایط سیاسی ایران در ۱۴۰۰ - سایت زیتون – آبان ۱۴۰۰

در اینجا، مطالعات و نظریات همایون کاتوزیان (استاد دانشگاه اکسفورد در انگلیس) که ماهیت حکومت‌های ایران را در نوسان میان نظم و یا بی‌نظمی استبدادی و خودکامگی تعریف می‌کند می‌تواند راهنما باشد. وی در بررسی ماهیت حکومت در ایران قائل به تفکیک "دیکتاتوری" و "استبداد" می‌شود. از یک طرف، دیکتاتوری را حکومت اقلیتی تعریف می‌کند که در راس آن یک فرد مقتدر قرار دارد که رفتار و حکمرانی‌اش تا اندازه ای به قانون منوط و مشروط است. اینجا حکومت یا هیات حاکمه نماینده طبقات بالا دست اجتماعی محسوب می‌شود. از طرف دیگر، نظام استبدادی متفاوت است چرا که منوط بودن و مشروط بودن به عرف یا قانون را از دست می‌دهد و نمایندگی طبقات اجتماعی را به عهده ندارد. اینجا هیچ مانع و حدود قانونی برای میل و اراده دولت وجود ندارد و حکومت خودکامه، خودسرانه یا دلبخواهی است. کاتوزیان مواردی را استثنا از این حکم کلی معرفی می‌کند. برای نمونه دوره محمد مصدق را از موارد نادری می‌داند که ترکیب کلی فوق صادق نیست. می‌گوید که نهضت ملی ایران در دوران ملی شدن صنعت نفت شاهد یک حاکمیت دوگانه بود که ارکان آن را نیروهای ملی تحت رهبری مصدق و قدرت‌های محافظه کار و استبدادی تحت رهبری شاه تشکیل می‌دادند. اینجا می‌توان الگوی نوسان میان دو قطب استبدادی و دیکتاتوری، و شرایط حاکمیت دوگانه، را در دهه‌های بعد از انقلاب اسلامی نیز بکار گرفت. یعنی، نحوه حکومتداری، اولا بر مبنای میزان نمایندگی هیات حاکمه، ثانیا با توجه به نظم دوگانه و ثالثا رعایت نوعی عرف و قانونمندی در حکومت، مبنای تحلیل دوره‌های مختلف رژیم جمهوری اسلامی قرار داد. [i]

ارزیابی احزاب از ماهیت رژیم

همانطور که بحث میان دانشگاهیان و اهل نظر درباره ماهیت حکومت جمهوری اسلامی جریان داشته، بحث و جدال میان جریان‌های سیاسی جریان داشته و دارد.

---

[i] همایون کاتوزیان - تضاد دولت و ملت — نشر نی — ۱۴۰۱

همایون کاتوزیان - ایران جامعه کوتاه مدت — نشر نی - ۱۴۰۱

رهبران گروه‌ها و احزاب مختلف مسائل مشابهی را مورد نظر قرار می‌دهند و از جمله درباره ماهیت استبدادی/غیر استبدادی؛ میزان تمرکز قدرت سیاسی در رژیم؛ رعایت قوانین اساسی؛ مسئله جناح‌بندی‌های داخل حکومت و روابط حکومت با جامعه جدل می‌کنند. مباحث دانشگاهیان و فعالین سیاسی را می‌توان مقایسه کرد و به این نتیجه رسید که مباحث دانشگاهی اصولا تاریخی‌تر، منسجم‌تر، با استدلال‌های گسترده‌تر، و با تفکیک بیشتر میان کلیات و جزئیات همراه است. در مقایسه، بحث‌های حزبی، جدلی‌تر، دوقُطبی‌تر و تبلیغاتی‌تر است ولی در جهت پشتیبانی از اهداف عملی گروهی و حزبی تاثیر فوری بیشتری در بستر جامعه دارد. به اضافه، تلاش برای کسب قدرت می‌تواند نظریه یک حزب را درباره ماهیت رژیم حاکم تحت تاثیر قرار دهد، و باید نسبت به این مسئله حساس بود. اینجا، به برخی مواضع حزبی اشاره می‌شود.

با آغاز قرن ۱۵ هجری شمسی، در قطب تندرو و انقلابی که خواهان سرنگونی و فروپاشی جمهوری اسلامی است سازمان مجاهدین خلق، که سازمان یافته‌ترین و ثروتمندترین گروه سیاسی محسوب می‌شود، حکومت را یک دیکتاتوری تمام عیار و جنگ افروز معرفی می‌کند که همواره آزادی‌ها را سلب کرده و برای حفظ قدرت تمام موازین، حتی احکام اسلامی، را زیر پا می‌گذارد. یک فاشیسم-دینی که کارش شکنجه، کشتار، غارت و وطن‌فروشی است، نه استحاله‌پذیر، نه مذاکره‌پذیر و نه صلح‌طلب است و نه "معتدل" و "میانه‌رو" بوده و یا خواهد بود.[i]

نزدیک به مجاهدین، "مرکز همکاری احزاب کردستان ایران" متشکل از حزب کومله کردستان ایران، حزب دموکرات کردستان ایران و سازمان خبات کردستان ایران قرار دارد. این جریان نیز جمهوری اسلامی را از اساس رژیمی دیکتاتور می‌داند که ماهیتی تئوکراتیک دارد، قصد دارد حکومت خدا یا روحانیت را برقرار کند و در تضاد اساسی با دمکراسی و حکومت مردم است.[ii]

---

[i] mojahedin.org
maryam-rajavi.com

[ii] برنامه و اساسنامه حزب دمکرات کردستان ایران – کنگره شانزدهم
اهداف و اصول کلی مرکز همکاری احزاب کردستان ایران – ۱۳۹۷

با مقداری فاصله، شورای مدیریت گذار، به زبان یکی از رهبرانش، حسن شریعتمداری، معتقد است که جمهوری اسلامی یک نظام توتالیتر یا اقتدارگرای نوین است که جامعه را به خودی و غیر خودی تقسیم می‌کند. این نظامِ اقتدارگرای رقابتی می‌خواهد میان خودی‌ها نوعی حکومت قانون و از جمله انتخاباتی برگزار کند که خودی‌ها بتوانند بی‌تبعیض در آن رقابت کنند و ادای دمکراسی را در بیاورند و یک شبهه دمکراسی ایجاد کنند.[i]

برداشت نیروهای میانه‌رو و از جمله نهضت آزادی ایران (که به عنوان جریان میانه‌رو و لیبرال) شناخته می‌شود، با برداشت اردوی براندازی متفاوت است. نهضت آزادی باور دارد که بعضی از اصول قانون اساسی (از جمله اصول ۴، ۵ و ۱۱۰) اختیارات گسترده به ولی فقیه و شورای نگهبان می‌دهد و پیامد چنین آرایشی نقض حقوق و حاکمیت ملت است. به همین خاطر نیز در ساختار حقیقی قدرت، و طی چهار دهه اخیر، میان نهادهای حاکمیتی با جامعه مدنی توازن وجود نداشته است. نهضت آزادی به وجود جریانی که خواهان حاکمیت ملت و تلاش برای اصلاحات باشد اذعان دارد. اما می‌افزاید که از اواخر دهه ۹۰ تمامیت‌خواهان و دموکراسی ستیزان بر کشور مسلط شدند، حاکمیت را یکدست و مشارکت را حداقلی و بی‌امید کردند. بدین سان جریانی تسلط یافت که باور به حکومت از بالا داشت و برای مردم نقشی در تعیین سرنوشت جامعه قائل نبود.[ii]

ارزیابی حزب اتحاد ملت ایران اسلامی که از نیروهای اصلاح‌طلب داخل کشور محسوب می‌شود در برخی موارد به ارزیابی تاجزاده نزدیک است. به اعتقاد این حزب بعد از انتخابات ۹۸ و ۱۴۰۰، الزامات مشارکت حداکثری عملاً از دستور کار حکومت کنار گذاشته شد و به یکدستی حاکمیت انجامید. در نتیجه، انتخابات فاقد حداقل‌های

---

[i] حسن شریعتمداری — سایت شورای مدیریت گذار - ۱۳۴۲

[ii] محمد توسلی - تقویت فرآیند گذار به دموکراسی - دو ماهنامه چشم انداز - آبان ۱۳۹۶
نهضت آزادی ایران - ارزیابی انقلاب اسلامی پس از ۴۴ سال - ۲۲ بهمن ۱۴۰۱
نهضت آزادی ایران - ضرورت رفراندوم اصلاح قانون اساسی - ۱۲ آذر ۱۴۰۱

ضروری و از دستور کار خارج شـده، عامل خیر را از مصالح ملک و ملت برداشته و با تلخ‌ترین اتفاقات را در سیاست خارجی و سیاست داخلی بوجود آورده است. [i]

جبهه پایداری، احتمالا دست‌راست‌ترین حزب اصولگرا و بنیادگرای اسلامی است که بخش مهمی از قدرت سیاسی را در دست دارد. این جبهه معتقد است پیامبر اسلام و جانشینان معصومش رهبران جامعه بشری بودند و در زمان غیبتِ امام معصوم، ولیّ فقیه جانشین وی، رهبر، حاکم اسلامی و واجب الاطاعت است. این جبهه در مرامنامه خود می‌گوید پیروزی انقلاب اسلامی زمینه را برای تشکیل دولت اسلامی، جامعه اسلامی و سرانجام تمدن اسلامی فراهم کرده. رهبر جمهوری اسلامی در کنار قوای سه گانه، نهاد های رسمی، و تشکل‌های سیاسی اسلامی تعیین کننده سرنوشت جامعه هستند و مدیران صالح و کارآمد با فعالیت جمعی سیاسی صلاح و سداد جامعه اسلامی را تعیین می‌کنند. [ii]

در چارچوب و طیف بندی فکری فوق است که نظریه تاجزاده را درباره ماهیت جمهوری اسلامی ایران باید مورد مقایسه و ارزیابی قرار داد.

تاثیر متقابل اندیشه و عمل سیاسی

بررسی اندیشه تاجزاده در مورد "ماهیت نظام" نشان می‌دهد که شناخت نظر او درباره جوهر و هویت رژیم به تنهایی برای فهم موقعیت سیاسی او کافی نیست. ما نیازمند آن هستیم که نظریات او را درباره دیگر مسائل زیربنایی صحنه سیاسی مورد نظر قرار دهیم و روش عملی او را بررسی کنیم تا بتوانیم تصویری واقعی از موقعیت فکری او بدست آوریم. مسائل مهم دیگری که ایدئولوژی تاجزاده را تکمیل می‌کنند اولا آرمان‌ها، اهداف و آرزوهای سیاسی او است. ثانیا پراتیک، برنامه و عمل سیاست میدانی او است. باید این عناصر، یعنی شناخت از ماهیت حکومت، آرمان‌های بلندمرتبه و نیز

[i] آذر منصوری (دبیرکل حزب اتحاد) – الزام تغییر جدی رویه و رویکرد شورای نگهبان – ۱۳۴۲

[ii] مرامنامه جبهه پایداری انقلاب اسلامی

روش میدانی را در کنار یکدیگر و همراه هم دید و بررسی کرد. طبیعتا این عناصر بر یکدیگر تاثیر گذارند و در شرایط مشخص، یکی بر دیگری ارجحیت پیدا می‌کند. یعنی می‌توان گفت برای یک سیاستمدار که نظریه پردازی می‌کند تشریح ماهیت حکومت می‌تواند از ملاحظات وی درباره امکانات و محدودیت‌های حوزه سیاست عملی متاثر شود. به عبارتی، شرایط سیاست عملی و سیاست‌گذاری ممکن به نوعی بر نظریه و تعریف او از ماهیت حکومت تاثیر بگذارد تا بتواند اعمالش را توجیه کند. طبیعتا تاجزاده از این قاعده مستثنی نیست و قاعدتا ملاحظات ضروری سیاستمداری عملی را در تعیین ماهیت رژیم لحاظ می‌کند. جزئیات این مسئله در فصل‌های دیگر مورد مطالعه قرار گرفته‌اند. آنچه اینجا باید مورد توجه قرار داد اعتقاد تاجزاده به تجربه و وجود دو عنصر جمهوریت و استبداد در تاریخچه جمهوری اسلامی است. او نوسان میان این دو عنصر را مورد نظر قرار می‌دهد و سرآغاز رژیم را نه جمهوری مطلق و نه استبداد مطلق معرفی می‌کند و علائم جمهوری و استبداد را در تجربه پس از انقلاب مورد توجه دارد. این موضع هم به لحاظ نظری مهم است و هم، برای تاجزاده، از نظر سیاست عملی و سیاستمداری باید لحاظ شود. در حوزه سیاست عملی، اگر موقعیت او را در طیف نیروهای سیاسی وقت ارزیابی کنیم او جایی در میان صحنه قرار می‌گیرد. در یک قطب، نیروی ارتجاعی حاکمیت و در قطب دیگر، نیروی تندروی برانداز قرار گرفته‌اند. تاجزاده جایی میان این دو قطب ایستاده و با فعالیت در میان میدان مجبور است که با پیامدهای مشخص آن دست و پنجه نرم کند. از یک طرف باید فاصله خود را با آن دو قطب تعریف و حفظ کند و از طرف دیگر برخی هم‌پوشانی با آنها را بپذیرد. به تعبیری، در جایی ایستاده که می‌تواند از دو طرف سقوط کند. طبعا، آن دو قطب رقیب تلاش خواهند کرد که از موقعیت او استفاده کنند. یا او را به طرف خود بکشند و یا او را در یک کاسه با قطب مخالف بگذارند. به این خاطر، ضرورت مدیریت فشار این قطب‌ها می‌تواند بر ارزیابی‌های تئوریک او تاثیرگذار باشد.

فصل هشتم
خطر خشونت در سیاست

"خمینی عزیزم، بگو تا خون بریزم"
"می‌کشم، می‌کشم، آنکه برادرم کشت"
از شعارهای عوام پسند جنبش انقلابی

خلاصه

خطر بروز خشونت در صحنه سیاسی ایران جدی است. به همین خاطر باید مورد بررسی دقیق قرار بگیرد. از جمله توجه شود که:

یک – نظریه‌پردازان سیاسی عقاید متفاوتی درباره اعمال خشونت، و توجیه آن، توسط حکومت و مخالفین حکومت، بیان کرده‌اند.

دو – تاجزاده بشدت نگران بروز خشونت میان حکومت و مخالفین است. در این قبال، حکومت را مسئول اول می‌داند ولی سازمان‌های سیاسی و معترضین را هم متهم ردیف دوم می‌شناسد.

سه – مخالفت تاجزاده با خشونت صرفا حقوقی، اخلاقی یا عاطفی نیست بلکه خشونت را بی‌فایده، غیر موثر و خطرناک می‌داند.

چهار – با اینکه تاجزاده تلاش دارد از خشونت بپرهیزد و آنرا خط قرمز خود می‌داند اما به نظر می‌رسد خشونت به معنایی چنان گسترده است که خود را به او تحمیل می‌کند.

پنج – اوضاع ایران نشان می‌دهد که امکان توسعه سیاسی خشونت پرهیز، محدود ولی محتمل است. در عین حال خطر بروز خشونت زیاد است و نباید دست کم گرفته شود.

معنای خشونت سیاسی

برای مطالعه خشونت در صحنه سیاسی ایران می‌توان از چند زاویه وارد بحث شد. اینکه خشونت سیاسی چیست؟ چه چیزی باعث خشونت می‌شود؟ رابطه میان شهروند ایرانی با خشونت کدام است؟ آیا تفاوتی میان خشونت حکومت و خشونت علیه حکومت وجود دارد؟ آیا خشونت از نظر اخلاقی قابل توجیه است؟ اگر قابل توجیه است، آیا شرط و شروط و حدودی دارد؟

بطور کلی، خشونت به معنای صدمه زدن و آسیب رساندن تعریف شده و آسیب ناشی از آن را جسمی یا روانی دانسته‌اند. بر همین اساس خشونت سیاسی به خشونتی اطلاق می‌شود که توسط حکومت، سازمان و یا افراد بکار می‌رود تا بتوانند به اهداف سیاسی خود نزدیک شوند. در اینجا خشونت می‌تواند برای حفظ نظم اجتماعی و یا، خلاف آن، یعنی از بین بردن نظم حاکم باشد.

خشونت سیاسی را می‌توان در قالب اعمال قدرت حکومت برای برقراری نوعی نظم، و سرکوب تهدیدهای حیاتی داخلی و خارجی دانست. و یا اینکه آنرا در شورش مردم علیه حکومت تفسیر کرد. بر پایه این تعاریف، خشونت سیاسی به شکل سرکوب، شورش، دفاع، تروریسم و یا جنگ تبلور پیدا می‌کند.

پاسخ به این سوال که "چه چیزی باعث خشونت می‌شود؟" تا حد زیادی به دیدگاه ناظر دارد که مسئله جبر و اراده آزاد را در رفتار اجتماعی چگونه ارزیابی می‌کند. اگر عمل انسان خارج از کنترل او فرض شود، علت خشونت اجتناب ناپذیر و به معنایی نامربوط است. اما اگر خشونت محصول انتخاب انسان حساب شود باید بدنبال عناصر اجتماعی، فرهنگی و عقلی محرک بود که زمینه انتخاب را فراهم می‌کند. یک سوال همیشه مطرح بوده و همچنان در اکثر صحنه‌های اجتماعی باقی است که آیا خشونت سیاسی از نظر اخلاقی موجه است، و اگر هست بر اساس چه منطقی می‌توان آنرا توجیه

کرد؟ در اینجا است که باید ماهیت خشونت، اهداف خشونت، راهبردهای خشونت و نحوه استفاده از خشونتِ قابل توجیه را مورد نظر قرار داد و بر اساس آن قضاوت کرد. [i]

نظر فیلسوفانِ سیاسی

در طول تاریخ، حکومت‌ها برای برقراری نظم اجتماعیِ مورد نظر خود اعمال خشونت کرده‌اند و مخالفین حکومت‌ها نیز برای تغییر رژیم حاکم دست به خشونت‌های متقابل زده‌اند. با توجه به این امر، بسیاری از فیلسوفان غربی (از افلاطون یونانی گرفته تا نیکولو ماکیاولی ایتالیایی) و فیلسوفان شرقی (از محمد فارابی گرفته تا خواجه نصرالدین طوسی) مسئله خشونت سیاسی را مورد نظر قرار داده و ارای خود را درباره آن صادر کرده‌اند. رای این نظریه‌پردازان یکسان نیست. آنها با تعاریف متفاوت و گاه متضاد، و با توجه به شرایط مشخص تاریخی، خشونت را روا و یا ناروا تشخیص داده و در تایید و یا مخالفت با آن، رای خود را صادر کرده‌اند.

از یک سو، برخی بر ضرورت اعمال قدرت و خشونت توسط حکومت تاکید داشته‌اند. از جمله، توماس هابس (فیلسوف قرن ۱۷ انگلیس) که معتقد بود ایجاد یک حاکمیت قدرتمند مطلقه، به عنوان مرجع نهاییِ همه مسائل سیاسی، تنها راه گریز از جنگ و برقراری صلح در جامعه است.

از آن سو، فلاسفه دیگری به حق طغیان مردم علیه حکومت نظر داشتند. از جمله، جان لاک (فیلسوف قرن ۱۷ انگلیس) که معتقد بود که در تمام حالات و شرایط تنها چاره‌ای که در برابر حکومت زور وجود دارد مخالفت با زور است. و یا کارل مارکس (فیلسوف آلمانی قرن ۱۹، که بر فعالین انقلاب ۱۳۵۷ ایران تاثیر فراوان داشت) در

Alexander Moseley - The Philosophy of War - Internet [i]
Encyclopaedia of Philosophy
C.A.J. Coady - Morality and Political Violence - Cambridge University
- ۲۰۰۷

آخرین جملات "مانیفست کمونیست" می‌نویسد: کمونیست‌ها اشکارا اعلام می‌کنند که فقط با سرنگونی قهرآمیز تمام نظام‌های موجود اجتماعی به اهدافشان دست خواهند یافت. باشد که طبقات حاکم از انقلاب کمونیستی بر خود بلرزند.

فرانس فانون، فیلسوف ماتینیکی–فرانسوی (که بر افکار علی شریعتی، ایدئولوگ برجسته انقلاب ۱۳۵۷، تاثیر ژرف داشت) معتقد بود که خشونت فرد بومی را از عقده حقارت، یأس و بی عملی رها می‌سازد، شخص را نترس می‌کند و عزت نفس را به او باز می‌گرداند.[i]

در بررسی مسئله خشونت موجه سیاسی، نظریه‌پردازان کهن و معاصر اسلامی نیز در مورد ضرورت اعمال فشار، و یا تهدید به اعمال فشار، به عنوان ابزار تحقق بخشیدن به شهر آرمانی، افکاری متفاوت، و گاه مبهم و متناقض مطرح کرده‌اند. در آثار شخصیت‌های معاصر اسلامی (از جمله جمال‌الدین اسدآبادی، محمد اقبال، روح‌الله خمینی، علی شریعتی و مصباح یزدی) استفاده از خشونت برای تشکیل و حفظ یک دولت آرمانی اسلامی امری پذیرفته شده است.[ii]

نظر مکتب لیبرال

از آنجا که تاجزاده در تحولات فکری خود بیش از پیش به دستگاه فکری لیبرال نزدیک می‌شود، بررسی نظریات این دستگاه فکری درباره خشونت مفید است. لیبرال‌ها عموما

---

[i] فرانس فانون – دوزخیان روی زمین – ص ۹۳ – متن انگلیسی – ۱۹۶۱

[ii] محمد آزادپور – از خشونت تا فضیلت (تاویل خشونت سیاسی در فلسفه اسلامی) – خردنامه همشهری – خرداد ۱۳۸۶

رضا داوری اردکانی - فلسفه، سیاست و خشونت - انتشارات هرمس — ۱۴۰۰

Elizabeth Frazer - Violence and Political Theory - Cambridge: Polity - ۲۰۲۰

Mary O'Shaughnessy - Justifications of Political Violence, McMaster University Philosophical Society - ۲۰۲۰

و اساسا مخالف با خشونت هستند و از بروز آن، چه توسط حکومت در برابر جامعه، و چه توسط جامعه در برابر حکومت، نگرانند. عموما معتقدند رفتار سیاسی، از جمله، اعتراض باید مسالمت آمیز و مسئولانه باشد تا بتوان پروژه لیبرال را به پیش راند. یعنی بجای استفاده از روش خشونت، باید بحث و گفتگو کرد، نظر مردم را شکل داد، بهترین ایده‌ها را شناخت و منتشر کرد و در نهایت به یک انتخاب دستجمعی رسید.

به عبارت دیگر، لیبرال‌ها آرزومندند که رفتار مدنی و محترمانه را بر روند رقابت سیاسی تحمیل کنند و از قهر و خشونت فاصله بگیرند. به اعتقاد آنها، خشونت سیاسی مانع دست‌یابی به آرمان‌های والای آزادیخواهانه است زیرا شرایط را به واکنشی‌هایی سوق می‌دهد که به حرکت سیاسی آسیب می‌رساند.

برخی لیبرال‌ها معتقد به پاسیفیسم یا صلح‌طلبی تمام عیار به معنای عدم خشونت سیاسی و مخالفت با جنگ هستند چرا که خشونت و جنگ را، اساسا و اصولا، بی‌فایده و بی‌اثر می‌دانند. برتراند راسل (فیلسوف انگیسی) و مهاتما گاندی (رهبر هند) از حامیان این نظریه بودند. اینجا مخالفت با خشونت سیاسی به معنای تعهد زیربنایی برای شکل دادن به روابط سیاسی بر مبنای همکاری و هماهنگی میان بازیگران سیاسی است تا روابط صلح آمیز میان آنها برقرار باشد. در این نظریه، صلح طلبی صرفاً به معنی فقدان خشونت، و یا تسلیم بی قید و شرط به قدرت حاکم نیست بلکه به منظور برقراری صلحی است که با عدالت پیوند خورده و ارزش پیگیری داشته باشد.

در همین حال باید توجه داشت که اکثر لیبرال‌ها، بطور کلی و مطلق، در تئوری و یا عمل، مخالف خشونت نیستند. برعکس، آنها معتقدند که مردم حق دارند که در صورت لزوم برای سرنگونی خشونت آمیز حاکم مستبد که آزادی مردم خود را محدود می‌کند، شورش و یا از خود دفاع کنند هر چند که با خشونت همراه باشد. این نظریهِ حق قیام یکی از اصول اساسی و پایه‌ای تفکر لیبرال است. به اضافه، کشورهای لیبرال از قدرت دولت برای دفاع خشونت آمیز از خود استفاده می کنند. آنها در استفاده از خشونت در برابر تهدید خارجی (در سطح رقابت‌های جهانی) و یا داخلی ابا ندارند. به عبارت دیگر، در کشورهای لیبرال اعمال خشونت و قدرت توسط نیروهای امنیتی وجود

دارد و دولت‌های لیبرال نسبت به سایر کشورها صرفا صلح طلب نیستند و بر مبنای ضرورت بقا خود تصمیم می‌گیرند.

بدینسان می‌توان گفت که لیبرالیسم نوعی خشونت سیاسی را می‌پذیرد ولی همواره نگران بروز آن است. از یک طرف، خشونت سیاسی را در شرایطی قابل توجیه معرفی می‌کند، و از طرف دیگر، شرط و شروط برای آن قائل می‌شود. این شرایط چند گانه هستند. از جمله اینکه اولا، خشونت صرفا "وسیله‌ای" ضروری برای رسیدن به هدفی والاتر مورد استفاده قرار گیرد و روش معمول سیاست محسوب نشود. ثانیا، خشونت در شرایطی مورد استفاده قرار بگیرد که ابزار و امکانات دیگری موجود نباشد. ثالثا، هدف و غایت نهایی که دنبال می‌شود از چنان ارزش والایی برخوردار باشد (مثلا ساختمان و یا احیای دمکراسی) که استفاده از خشونت را توجیه کند. رابعا، اعمال خشونت بتواند در صحنه عمل سیاسی موثر واقع شود و شرایط را سخت‌تر نکند. یعنی، خشونت سیاسی از نظر اجرا و نتیجه قابل مدیریت باشد. خامساً، خشونت بتواند موضوع سیاسی را به نحوی برجسته کند که باعث تغییر اساسی شود و پروژه لیبرال را تسریع بخشد. به عبارت دیگر، از نظر لیبرالی، استفاده از خشونتِ محدود، خاص و مشخص می‌تواند قابل توجیه باشد. [i]

بحث تاجزاده درباره خشونت

مانند دیگر بازیگران سیاسی ایرانی، تاجزاده با سوال‌هایی اساسی در مورد خشونت روبرو است. آیا خشونت حکومت بر مردم مجاز است؟ آیا خشونت مردم علیه حکومت مجاز است؟ اگر آری، چه شرایطی دارد و استدلال برای توجیه این شرایط چیست؟

تاجزاده در تعریف خشونت به ماهیت و سبب آن اشاره دارد. هم حکومت و هم مخالفین را زمینه ساز و زمینه پرداز خشونت می‌شناسد. می‌گوید حکومت "اهل خشونت" است، سابقه "سرکوب خشن و اعدام مخالفین" را دارد، و "آدم کشی و

---

[i] Tony Buckle, Liberalism, Republicanism and Violence, Podcast, ۲۰۲۰

خشونت عریان" می‌کند. به نمونه‌های سرکوب‌های خیابانی، اعدام‌های جوانان و خشونت‌های سال دهه ۶۰ اشاره دارد.

درعین حال به "خشونت مردم" و مخالفین هم می‌پردازد. آنجا که "تظاهرات خیابانی به خشونت کشیده می‌شود" و آنجا که اعتراضات خیابانی منجر به هرج و مرج می‌شود. چنین رفتاری را غلط می‌داند و می‌گوید "مشکل من آن نوع تظاهرات است که می‌تواند منجر به خشونت شود."

به نمونه‌های عینی مختلف رجوع می‌کند. در داخل کشور توجه به چهار دهه تجربه بعد از انقلاب دارد. به اوضاع منطقه هم اشاره می‌کند. می‌گوید "بحث این جناح و آن جناح و یا این رژیم و آن رژیم نیست کما اینکه وقتی این [خشونت و هرج و مرج] در منطقه [خاورمیانه] اتفاق افتاد برای همه بود". بخصوص نگران شرایطی مشابه بهار عربی و مشخصا جنگ داخلی سوریه (در دهه ۲۰۱۰) است. تاکید دارد که در آن سناریوها، هم دولت‌ها، هم الیت سیاسی و هم مردم عاملیت داشتند. نتیجه‌گیری‌اش از این بحث‌ها و نمونه‌ها یکسان است. معتقد است که حکومت خشونت را شروع می‌کند، مخالفین هم که می‌بینند جواب تظاهرات گلوله است به سمت تشویق و ترویج خشونت می‌روند.

حکومت مسئول اول خشونت است

تاج‌زاده متهمان و مسببین خشونت را درجه‌بندی می‌کند. حکومت را متهم اول می‌شناسد و می‌گوید تردید نیست که متهم اصلی حکومت است. "در کشورهایی که کشتار شده، حکومت شروع کرده. مسبب حوادث سوریه، متهم ردیف اول، آقای بشار اسد و رژیم مستبد و فاسد او است." در این مورد هشدار می‌دهد. به شرایط ایران اشاره دارد. نگران رفتار حکومت است. می‌گوید من معتقدم که جمهوری اسلامی و سپاه پاسداران می‌ایستند و کشتار خواهد شد. و یا اینکه "حکومت خشونت خواهد کرد و

ایران را به خشونت خواهد کشید". به سیاست زیربنایی "نصر بالرعب"[i] و "مشت آهنین" حکومت اشاره دارد. تاکید دارد که حکومت می‌خواهد خود را "به هر قیمت" حفظ کند. پس، در اعمال خشونت سیاسی در شرایط مبارزه قدرت میان حکومت و مخالفین، حکومت را عامل و مسبب اول معرفی می‌کند.

اما نکته مهم اینکه، تاجزاده معترضین خشونت طلب را هم مسئول و به معنایی متهم ردیف دوم می‌داند. تاکید دارد که در کشورهایی که کشتار شد فقط حکومت این کار را نکرد. در این استدلال، برای چرخه خشونت تعریف خاصی قائل می‌شود. می‌گوید: مخالفین که قبلا مسلح نبودند رفتند و حرکت خشونت بار را تایید کردند. برای نمونه می‌پرسد "آیا مخالفین بشار اسد رفتار خوبی داشتند که سوریه به این کشید" و بهای این سیاستِ "تغییر به هر قیمت" را پرداخت؟ در سوریه، البته حکومت مسئول اول است و عاملیت اول را دارد و باید مجازات شود. اما متهمین ردیف دوم مخالفین بودند و این عاملیت را نمی‌توان نادیده گرفت.

در این چارچوب اشاره می‌کند که سازمان‌ها و احزابی هستند که مشخصا مشی مسلحانه دارند و خشونت را تشویق می‌کنند. به ویژه به سازمان مجاهدین خلق اشاره داد که مشی مسلحانه را به عنوان استراتژی خود انتخاب کرد و آنرا در سال ۱۳۶۰ علیه رژیم جمهوری اسلامی به مرحله اجرا درآورد. به این نوع روش مبارزه در جمهوری اسلامی و در نظام شاهنشاهی اشاره دارد و می‌گوید که برخی از گروه‌های مخالف حکومت حتی از خود حکومت خشن‌ترند.

درباره ایده "خشونت مشروع" معترضین هم صحبت می‌کند و با آن مخالف است. ایده‌ای که برخی فعالین سیاسی در جهان، و برخی از نیروهای سیاسی در ایران، از نیروهای انقلابی تا جمهوریخواه، بر آن تاکید دارند و مقابله خشونت‌آمیز با نظام استبدادی را مشروع تلقی می‌کنند و بخصوص بر حق دفاع مشروع خشونت‌آمیز تاکید دارند. تاجزاده اینجا تاکید دارد که حتی با "سرنگونی حتی‌الامکان خشونت‌پرهیز نظام" یا "کاربرد خشونت در حد دفاع مشروع شخصی" نیز مخالف است.

---

[i] پیروزی با ترس میسر می‌شود.

اینجا، بار دیگر، استدلالش صرفا اخلاقی و انسانی نیست بلکه بر پایه سود و هزینه عنوان می‌شود. یعنی معتقد است که چنین رویکردها و توجیه‌هایی، در مشروعیت دادن به دفاع خشونت‌آمیز، چه بخواهیم و چه نخواهیم، به آغاز چرخه جنگ خونین می‌انجامد و در فرجام هم چاه ویلِ بی‌دولتی را به همراه خواهد داشت. چنین روندی را، به مراتب، نفسگیرتر و ویرانگرتر از استبداد معرفی می‌کند. می‌گوید مهم نیست که چه کسی آن را روشن می‌کند، ولی بسیار مهم‌تر آن است که وقتی شعله‌های خشونت زبانه بکشد، همه، خشک و تر، را با هم می‌سوزاند و ویرانی بر جای می‌گذارد.

خشونت بی‌فایده است

اینکه مخالفت تاجزاده با خشونت صرفا حقوقی، اخلاقی و یا عاطفی نیست حائز اهمیت است. تاکیدش بر این نیست که خشونت ماهیتا و ذاتاً مکروه و مردود است و پس باید کنار گذاشته شود. آنچه که تاجزاده بر آن تاکید دارد بی‌فایده بودن، بی‌تاثیر بودن و ویرانگر بودن روش خشونت برای ساختمان جامعه‌ای آزاد و قانونمند است. به معنایی روش خشم سیاسی را اصولا عقیم و بیهوده می‌شناسد. یکی از نگرانی‌هایش این است که خشونت موجب خلاء قدرت و خلاء سیاسی شود و به قول خودش "وارد چاه ویلی شویم که ۲۰ تا ۳۰ سال در آن خواهیم بود. من نمی‌خواهم در این چاه بیفتم." چاه ویل در اشاره به شرایطی است که نهادهای لشکری و کشوری قادر به تاثیرگذاری و حفظ نظم اجتماعی نباشند. شرایطی که هرج و مرج شود و یک بازی باخت–باخت بر جامعه و حکومت فائق گردد. او نگران جنگ ۲۰-۳۰ ساله‌ای است که در آن "کل ملت ایران آسیب می‌بینند" و مکرر اشاره دارد که انفجاری رخ خواهد داد که اوضاع را بدتر خواهد کرد.

تاجزاده همچنین معتقد است که خشونت گسترده سیاسی شرایطی را فراهم می‌کند که نهایت آن "حکومت کامل سپاهی" می‌شود و رژیمی را مانند رژیم کره شمالی در ایران حاکم می‌کند. بخصوص تاکید دارد که جمهوری اسلامی و سپاه "می‌ایستند و به این معنا کشتار خواهد شد" و نتیجه آن هم یک "استبداد نظامی" خواهد بود.

در استدلال‌هایش مکرر به تجربه انقلاب سال ۵۷ و حوادث دهه‌های پس از آن اشاره دارد. همچنین درس‌آموزی از حوادث منطقه خاورمیانه و جنبش اعتراضی بهار عربی را سرمشق قرار می‌دهد. بر اساس اصل فایده و عملی بودن است که نتیجه می‌گیرد: "فکر می‌کنم اگر شهروند سوری بودیم و این حوادث سوریه را می‌دیدیم حتی اگر مخالف بشار اسد بودیم ممکن بود چهار سال دیگر سکوت کنیم. آیا حاضر بودیم، علی‌رغم آن دیکتاتوری‌ها، همان کارهایی را که کردیم انجام دهیم؟ یا اینکه روش‌های دیگری را برای مخالفت پیش‌بینی و عملی می‌کردیم؟" مرتب به این بحث برمی‌گردد که در صحنه واقعی سیاسی، مخالفت با خشونت صرفا از نظر حقوقی، اخلاقی و یا عاطفی نیست بلکه بخاطر بی‌فایده و ویرانگر بودن آن است.

پذیرش تلویحی خشونت؟

گفتیم که تاجزاده مخالفت خود را با خشونت رسما و علنا اعلام می‌کند و با هر نوع خشونت، چه حکومتی، مردمی و حزبی ناسازکار است. اما در برابرش منتقدین ادعا دارند که استدلال و آرایش سیاسی او نهایتا نوعی از خشونت را می‌پذیرد و مورد قبول قرار می‌دهد، و در واقع خشونت را تلویحا، و از دو نظر، تقبل می‌کند.

مورد اول آنجا است که تاجزاده نگران هرج و مرج و جنگ داخلی است و پس خواهان حفظ شرایط موجود می‌شود. آنجا که می‌گوید: بقای کشور و امنیت مردم خیلی مهمتر از این [تغییر] است. به عبارت دیگر، نگران از هرج و مرج، وی تن به تسلط حاکمیت می‌دهد و در این موضع‌گیری، اعمال خشونت حکومت را عملا می‌پذیرد. معیارهایش، همانطور که گفتیم، عملی بودن و ممکن بودن و نیز سود فایده و پیامد خشونت است. یعنی، در تحلیل نهایی، استدلالش استبداد را بر هرج و مرج ارجحیت می‌دهد و خشونت استبداد را بهتر از خشونت جنگ داخلی می‌داند. اینجا خشونت حکومت عملا، هر چند تلویحی، پذیرفته می‌شود. این انتقاد از طرف مخالفین رژیم که خواهان براندازی هستند و نوعی دفاع خشونت‌آمیز را مشروع می‌شناسند مکرر به تاجزاده گفته شده است.

مورد دوم، انتقاد از قطب دیگر قضیه، یعنی از طرف طرفداران حکومت است. اینجا گفته می‌شود وقتی تاجزاده از اعتراضات خیابانی دفاع می‌کند، که می‌کند، عملا از خشونت اعمال شده توسط معترضین دفاع کرده. از جمله آنجا که میگوید: "تظاهرات خیابانی اقشار [مردم] را خیلی تایید می‌کنم". نمونه آن جنبش مهسا (۱۴۰۱) است که طی آن حدود ۵۰۰ معترض و حدود ۶۰ نفر از طرفداران حکومت جان خود را از دست دادند.[i] تاجزاده از جنبش مهسا دفاع کرد و منتقدین حکومتی او ادعا می‌کنند که تاجزاده اعتراضاتی را که خشونت بهمراه داشته رسما و علنا و صراحتا محکوم نمی‌کند. به معنایی، او اعتراضاتی را که خشونت بهمراه داشته به شکلی هر چند مشروط و محدود می‌پذیرد. می‌توان ادعا کرد وقتی از جنبش‌های خیابانی دفاع می‌کند، هرچند که به عنصر خشونت احتمالی آن معترض باشد، اما عملا نوعی خشونت حاصل آنرا پذیرفته است.

دو انتقاد فوق از دو پایگاه مختلف اجتماعی بیان می‌شود. یکی مشروعیت خشونت حکومتی و دیگری مشروعیت خشونت اعتراضی را تایید می‌کند. می‌توان هر یک را تایید یا تکذیب کرد. اما چند نکته قابل تامل است. یکی اینکه نمی‌توان تاجزاده را به یک لیبرال پاسیفیست، که با هر نوع خشونتی مطلقا مخالف است، تقلیل داد. یک چنین موضعگیری، از طرف سیاستمداری که باید از یک سو با استبداد حکومت مبارزه کند و در عین حال باید پایگاه اجتماعی خود را گسترش دهد و از بسیج مردم استفاده کند، شاید قابل فهم و قابل توجیه باشد. البته تاجزاده مشخصا سعی فراوان دارد که گرفتار خشونت نشود و آنرا تبلیغ نکند. خشونت را بزرگترین فتنه جهان معاصر و خط قرمز خود می‌داند. اما، در عمل، ، خشونت خودش را به تاجزاده تحمیل می‌کند و او را وادار می‌سازد که خشونت را به معنایی بپذیرد و آنرا اجتناب ناپذیر بداند. او خشونت پرهیزی می‌کند ولی نمی‌تواند واقعیتِ روی زمین را منکر شود و وجود خشونت در سیاست را نفی کند و نادیده بگیرد. به معنایی، نمی‌توان واقعیت ضرورت خشونت در حفظ نظم و یا در مبارزه علیه استبداد را نفی کرد. شاید بهترین کاری که می‌توان انجام داد محدود

---

[i] گزارش تفصیلی از ۸۲ روز اعتراضات سراسری ۱۴۰۱ - خبرگزاری هرانا - سپتامبر ۲۰۲۲

کردن آن – به معنی تعیین میزان و شرایط اعمال خشونت و همچنین تعیین ماهیت و محدودیت آن – باشد. در چنین تعریفی، تلاش تاجزاده قابل توجه می‌شود.

آیا نظریه خشونت پرهیزی تاجزاده عملی است؟

اینکه آیا سیاست خشونت پرهیزی تاجزاده واقع‌بینانه و عملی است یا نیست می‌تواند مورد مناقشه باشد. صحنه اجتماعی ایران در صد سال گذشته مکرر شاهد بروز خشونت سیاسی بوده و احتمال بروز مجدد آن نیز قابل انکار نیست. باید شرایط و عواملی را که می‌تواند به بروز خشونت کمک کند و یا باز دارنده باشد مورد نظر قرار داد و بر اساس آن احتمال موفقیت نظریه تاجزاده را محک زد.

عواملی در صحنه سیاست وجود دارد که ناظران را به احتمال تحول خشونت پرهیز امیدوار می‌کند. یکی از این عوامل، شکل گیری و رشد جریان‌های سیاسی در داخل و در خارج حکومت، و نوعی همزیستی تحمیلی میان آنها است. طی دهه‌های بعد از انقلاب، چند گرایش سیاسی متفاوت از دل حکومت بیرون آمدند که با یکدیگر تفاوت‌های زیربنایی در مورد مسائل اجتماعی داشتند. در این تردیدی نیست که این رقابت‌های سیاسی حکومتی ویژگی‌های منفی از فرقه‌گرایی و قبیله‌گرایی به همراه داشته‌اند؛ تمام طبقات و اقشار مردم را نمایندگی نکرده‌اند و میانشان خشونت سیاسی، تا حد درگیری موجودیتی، وجود داشته. اما در همان حال باید دید که نوعی تحمل و بردباری و پذیرش تفاوت‌ها نیز میان این جریان‌ها بتدریج شکل گرفته و رشد کرده. این رقابت جناحی، عمدتا بخاطر ناتوانی در ایجاد قدرت مطلقه و متمرکز حکومتی، و در نتیجه رقابت نهادهای کشوری و لشکری با هم بوده است. چنین وضعی فضایی را بوجود آورد که در آن نوعی مفهوم از سیاست، به معنای رقابت قابل پیش‌بینی برای تاثیرگذاری در سرنوشت جامعه، میان جریان‌های حکومتی شکل بگیرد و به تدریج تکامل یابد.

برخی ناظران معتقدند که این فضای رقابتی جناحی در اواخر دهه ۱۳۹۰ محدود شد و جناح بنیادگرای اسلامی، جریان‌های دیگر را بشدت محدود کرد و خود بر هسته مرکزی رژیم مسلط شد. اگر این نظریه را بپذیریم و مبنا قرار دهیم در همان حال باید تحول مهم دیگری را که هم مد نظر داشته باشیم. این تحول قوی‌تر شدن جامعه مدنی در برابر حکومت بود که موجب شد فضای تحول سیاسی از حوزه رقابت‌های صرفا جناحی به نوعی برخورد، رقابت و تعامل میان حکومت و جامعه منتقل شود. یعنی آن فضای رقابتی میان جناح‌های درون حکومت که امری را به اسم سیاست ممکن می‌کرد به رقابت میان حکومت و جامعه انتقال پیدا کرد و امر سیاست‌ورزی در این فضا چشمگیر شد. این شرایط استمرار تحول و تکامل سیاسی را، هر چند محدود و ناقص، فراهم آورد.

عامل دیگری که باید مورد نظر داشت تولد فضای مجازی و انقلاب رسانه‌ای بود. گردش آزاد اطلاعات، تبادل اطلاعات و گفتگو از ارکان اساسی و اصولی پروژه لیبرال و جامعه دمکرات است. جمهوری اسلامی هرگز برای نهادینه کردن این ویژگی تلاش جدی نداشت، بلکه با آن مبارزه کرد. اما خلق اینترنت و شکل گرفتن فضای مجازی امکان ارتباط آزاد میان ایرانیان را فراهم کرد. حاصل این شد که گردش اطلاعات و گفتگوی آزاد میان ایرانیان در سطح جهانی شکل گرفت و یکی از ارکان مهم جامعه لیبرال عملا، و علی‌رغم خواست حکومت، واقعیت پیدا کرد. این امر نیز زمینه سیاست ورزی بدون خشونت میان نخبگان سیاسی را بیش از پیش فراهم آورد و تحکیم کرد. در چنین شرایطی که ارتباط میان الیت فکری آسانتر شد؛ رقابت سنگینی میان حکومت و جامعه مدنی جریان گرفت که نیروهای سیاسی خارج از حکومت، را که در تضاد قهرآمیز با آن نبودند بیش از پیش قوی کرد. این نیروها (از جمله شامل جریان‌های لیبرال، ملی-مذهبی، ملی و جمهوریخواه) به تدریج تبدیل به یک پدیده سیاسی شدند که در داخل حکومت نبودند ولی برخورد قهرآمیز و خشونت‌آمیز را هم تبلیغ نمی‌کردند.

نکته مهم دیگر که به تقویت فضای خشونت پرهیز کمک کرد رشد این فکر و فرهنگ میان بسیاری از جریان‌های سیاسی و توده‌های مردم بود که اساسا و اصولا

خشونت پرهیزی روش موفق‌تر و عملی‌تری است. این استدلال بر آن است که در روند ایجاد تغییر، مقاومت مدنی خشونت‌پرهیز مؤثرتر از مبارزه خشونت محور است. یک تحقیق گسترده که درباره تغییر حکومت‌ها و یا آزادی سرزمینی انجام شده نشان می‌دهد که مبارزه خشونت‌پرهیز اصولا موفق‌تر بوده‌اند. در این تحقیق که ۳۲۳ مورد تحول تاریخی (از سال ۱۹۰۰ تا ۲۰۰۶) را مورد بررسی قرار داده به این نتیجه می‌رسد که خشونت پرهیزی به خاطر چهار عامل موفق‌تر است: ۱) مشارکت گسترده و متکثر مردم را ممکن می‌سازد. ۲) بخشی از نیروهای حکومتی (بخصوص نیروهای مسلح) را ترغیب به همکاری برای تغییر می‌کند. ۳) مبارزه را فراتر از اعتراض و کنترل طراحی می‌کند و روش‌ها و عوامل دیگر مورد نیاز را مد نظر قرار می‌دهد. ۴) هنگامیکه فشار حکومت بر جنبش اعتراضی سنگین می‌شود جنبش اجتماعی (با تاکید بر خشونت پرهیزی) توان آنرا پیدا می‌کند که از یک طرف، دچار هرج و مرج و یا ویرانی نشود و از طرف دیگر، به حکومت بهانه و امکان سرکوب ندهد. [i]

عوامل تشدید کننده خشونت در ایران

در همین حال عوامل و شرایطی در ایران وجود دارد که احتمال تحول خشونت‌پرهیز را کم و چه بسا بی‌مقدار نشان می‌دهد. در صدر این عوامل، خشونت حکومت و اراده آن برای بقاء، به هر قیمت، است. این اراده را هسته مرکزی جمهوری اسلامی در موارد متعدد به اجرا گذاشته و در دست‌یابی به هدف خود موفق بوده. تجلی عالی چنین جریانی، برنامه "نصر بالرعب" یا ایجاد وحشت برای دست‌یابی به پیروزی است که در بسیاری از موارد با خشونت بی‌رحمانه همراه بوده است. سابقه خشونت حکومت را می‌توان با ارجاع به ارقام کشته شدگان سیاسی مشاهده کرد. (بخاطر عدم وجود اسناد رسمی نمی‌توان مطمئن بود که این ارقام دقیق باشند. حکومت آنها را کمتر و احزاب مخالف آنها را بیشتر اعلام کرده‌اند.)

---

[i] Erica Chenoweth and Maria Stephan - Why Civil Resistance Works - Columbia Studies - ۲۰۱۲

- اعدام‌های اول انقلاب، حدود ۵۰۰ نفر
- اوائل دهه ۶۰: مخالفین کشته شده، حدود ۴ هزار نفر، (منبع: عفو بین‌الملل) [i]
- اوائل دهه ۶۰: طرفداران حکومت که کشته شدند، حدود ۳۳۸ نفر (وزارت اطلاعات)
- اعدام‌های دستجمعی ۱۳۶۷: حدود ۴ هزار نفر – فایل صوتی ایت‌الله منتظری [ii]
- ناآرامی‌های ۱۳۸۸: حدود ۱۰۰ نفر
- ناآرامی‌های ۱۳۹۶: حدود ۳۳۰ نفر
- ناآرامی‌های ۱۳۹۸: حدود ۳۲۰ نفر [iii]
- ناآرامی‌های ۱۴۰۱: حدود ۵۰۰ نفر [iv]
- بهائیان اعدام شده: حدود ۲۰۰ نفر
- جمعا حدود ۱۰۳۰۰ نفر

عامل دیگر اینکه برخی از نیروهای مخالف حکومت اعتقاد به مبارزه مسلحانه دارند و در مبارزه برای قدرت و در خلاء پیش آمده پس از سرنگونی احتمالی رژیم از درگیری خشونت‌بار و مبارزه مسلحانه اجتناب نخواهند کرد. در میان آنها چند سازمان شبه مسلح وجود دارد که سال‌هاست رسما و عملا درگیر مبارزه مسلحانه با رژیم بوده‌اند. از جمله سازمان مجاهدین خلق که سابقه ۶۰ ساله فعالیت مسلحانه دارد، همچنان مرام و سازماندهی نظامی را دنبال می‌کند و علنا مجری روش قهرآمیز است. دیگر مجریان روش مسلحانه، این دو حزب، دمکرات و کومله هستند که از اعضای رهبری و تاثیرگذار "شورای مدیریت گذار" محسوب می‌شوند. حزب دمکرات رسما اعلام جنگ مسلحانه کرده و حتی از دولت واشنگتن خواسته که برای حملات نظامی حزب در خاک ایران، نیروی هوایی آمریکا را وارد صحنه کند. به احتمال زیاد در شرایطی که نوعی خلاء سیاسی در کشور پیدا شود این سازمان‌های شبه مسلح از ورود مسلحانه به صحنه سیاسی دریغ نخواهند کرد.

---

[i] اعدام‌های سال ۱۳۶۰؛ غبار روبی از یک پرونده فراموش شده – رادیو فردا – ۲۱ بهمن ۱۴۰۱

[ii] انتشار فایل صوتی آیت‌الله منتظری در مورد اعدام‌های سال ۱۳۶۷ — بی.بی.سی – ۱۹ مرداد ۱۳۹۵

[iii] عفو بین‌الملل اطلاعات «۳۲۴ نفر» از کشته‌شدگان اعتراضات آبان ۹۸ را منتشر کرد – ۹ اسفند ۱۴۰۲

[iv] شمار جان باختگان اعتراضات سراسری در ایران به ۵۱۲ تن رسید – صدای آمریکا – ۱۲ دی ۱۴۰۱

عامل دیگری که احتمالا خشونت را گسترش خواهد داد ضعف فرهنگ خشونت پرهیزی، سازگاری و سازشکاری در میان توده مردم است. گرایش مردم، و یا حداقل بخش تعیین کننده‌ای از مردم، به خشونت سیاسی مشهود بوده و هست. این را از جمله می‌توان در انقلاب ۵۷ دید که بخش مهمی از خلق، با شعارهایی مانند "رهبران، رهبران، ما را مسلح کنید" و یا "خمینی عزیزم، بگو که خون بریزم"، به فضای خشونت‌بار سیاسی دامن می‌زدند. گرایش به خشونت در شورش‌های خیابانی ۹۶ و ۹۸ نیز نمایان بود و با اینکه جنبه غالب آنها محسوب نمی‌شد اما عنصر تعیین کننده‌ای در شکل گیری تحولات و واکنش به خشونت حکومتی به حساب می‌رفت.

البته باید اذعان کرد که یک عنصر ملاحظه‌کاری و حتی محافظه‌کاری در اندیشه توده مردم رشد کرده که می‌تواند موجب پرهیز از خشونت در سیاست شود. ناکامی‌های تجربه انقلاب ۵۷، جنبش سبز ۸۸، بهار عربی و شورش‌های خیابانی به بخش مهمی از مردم، بخصوص طبقه متوسط، آموخته که تزریق خشونت به سیاست می‌تواند انتحاری باشد. اما در شرایط اعتراضات ۱۴۰۱ عصبانیت مردم از اوضاع کشور و اشتباهات حکومت بسیار جدی بود و می‌توان تصور کرد در شرایطی که حکومت تضعیف شود و خلاء سیاسی بوجود بیاید این اضطراب و تشویش می‌تواند بسادگی زمینه درگیری‌های خشونت‌بار را در صحنه اجتماعی فراهم آورد.

عنصر دیگری که می‌تواند در گسترش خشونت در ایران موثر باشد عامل خارجی است. کشورهایی هستند که به علل مختلف با جمهوری اسلامی مخالفت ماهوی دارند و خواهان تضعیف و در صورت امکان براندازی آن هستند. علل این امر گوناگون است و از جمله می‌توان به دشمنی اسلام انقلابی با قدرت‌های جهانی و فرصت طلبی ژئوپولتیک استعماری اشاره کرد. اگر فرصت مناسب پیدا شود، این کشورهای خارجی با قدرت تمام در ایران دخالت خواهند کرد. آنها ابزار موثری را در دست دارند که از طریق آنها می‌توانند بر امور ایران تاثیر بگذارند. اهداف بلند مدت این کشورها تضعیف ایران و در صورت امکان تجزیه آن به قطعات کوچک و قابل مدیریت است. ماهیت سیاست‌ورزی کشورهای خارجی (تا هنگامیکه رژیم ایران دست از تضاد قهرآمیز با آنها بر نداشته) مبارزه حذفی با آن است. اگر در ایران فرصت ایجاد شود این کشورهای

خارجی به احتمال زیاد با تمام قدرت از روش دخالت قهرآمیز در امور ایران حمایت خواهند کرد.

با توجه به شواهد و استدلال‌هایی که می‌توان در تایید و یا رد احتمال خشونت در ایران مطرح کرد می‌توان این نتیجه کلی را گرفت که نمی‌توان قضاوتی قاطعانه و تغییرناپذیر در این مورد صادر کرد. نمی‌توان گفت که خشونت صددرصد رخ خواهد داد و یا رخ نمی‌دهد. شرایط ایران آنگونه نیست که بتوان به حکم نهایی گفت که سیاست فارغ از قهر و خشونت پیش خواهد رفت و امکان اجتناب از آنها وجود خواهد داشت. اما واقع‌بینی حکم می‌کند که احتمال بروز خشونت و یا عنصری از آن را باید همواره مد نظر قرار داد. نظریه خشونت پرهیزی تاجزاده هم در عمل در حدود چنین شکلی از جمع‌بندی اوضاع قابل ارزیابی و فهمیدن است. آرمان، خواسته و پراتیک سیاسی تاجزاده خشونت پرهیزی است اما در نهایت و به نوعی مجبور به پذیرش خشونت در صحنه سیاسی می‌شود. در چنین فضایی که خود را به تاجزاده تحمیل می‌کند، تلاش او برای تقویت و پیشبرد نظریه خشونت پرهیزی جدی است.

فصل نهم

باز شدن جو انتخاباتی و فرصت سیاسی

"ما از مشهد نرفتیم، مشهد رو پس گرفتیم"
شعار جشن جوانان مشهدی پس از پیروزی انتخاباتی روحانی در سال ۱۳۹۶

خلاصه

بحث تاجزاده در مورد انتخابات را می‌توان به این شکل خلاصه کرد:

- باید در انتخابات شرکت کرد اما فقط اگر شرایط مشخصی فراهم شود.

- برای باز کردن فضای انتخابات باید مبارزه کرد.

- حکومت جمهوری اسلامی مجبور به برگزاری انتخابات باز، و یا بازتر، خواهد شد.

- آمادگی نیروهای سیاسی برای استفاده از فرصت انتخاباتی ضروری است.

- در قبال این موضوع، نوعی سازش میان اپوزیسیون و حکومت ضروری است. در این مورد باید گفتگو کرد با همه نیروهای سیاسی، از جمله اصلاح‌طلبان محافظه‌کار و اپوزیسیون رادیکال.

ضرورت و شرایط انتخابات

تاجزاده تاکید دارد که بایستی از انتخابات و رای دادن در انتخابات استفاده کرد. انتخابات را فرصت مهمی برای پیشبرد پروژه دمکراسی در ایران می‌داند. انتخاباتی که به معنای تعیین نماینده برای یک مجلس سراسری، ملی و قانونگذار، و یا رای دادن در نوعی رفراندم برای تعیین و تکلیف یک مسئله خاص باشد. انتخابات را بستر و فرصتی جدی می‌شمارد و می‌خواهد از احتمال و امکان آن استفاده کند. قائل به شرکت در انتخابات است چرا که معتقد است مبارزه از طریق انتخابات موجب می‌شود اوضاع سیاسی پیش برود و کمتر آسیب ببیند. اما برای شرکت در انتخابات شرایطی را مشخص می‌کند که به سه اصل قابل تقلیل است. تذکر می‌دهد که اگر انتخاباتی صددرصد آزاد باشد این شروط به خودی خود منتفی است و شرکت در انتخابات وظیفه می‌شود. ولی چون آزاد نیست شروطی را قائل می‌شود. [i]

شرط اول تاجزاده این است که در انتخابات امکان پیروزی وجود داشته باشد و "احتمال عُقلایی پیروزی" را بتوان روئیت کرد. به تفسیری، حتی در انتخاباتی که کاملا آزاد نیست اگر احتمال پیروزی وجود داشته باشد شرکت در آن را باید جدی گرفت. شرط دوم اینکه "احتمال عُقلایی پیشبرد برنامه" جدی باشد. یعنی اگر وقتی به قدرت رسید، بتوان برای مردم کاری کرد. می‌گوید در شرایطی که رهبری تمام مسائل را اداره می‌کند اگر وی بخواهد تمام راه‌ها را برای منتخب مردم ببندد، مردم در عرض شش ماه به آن منتخب خود ناسزا خواهند گفت. در چنین وضعی فرق نمی‌کند "حسن بیاید یا حسین بیاید... در وضعیت کلی جامعه فرقی نمی‌کند". پس احتمال و امکان پیشبرد عملی و واقعی برنامه سیاسی باید بدقت بررسی و لحاظ شود. شرط سوم اینکه روند کلی سیاست به سمت انتخابات آزاد برود. از جمله اینکه شرکت اصلاح‌طلبان دیگر کافی نیست و نیروهای خارج از نظام هم باید وارد رقابت شوند. "اگر فردا رضا

---

[i] از جمله رجوع کنید به: مصطفی تاجزاده – مفهوم اصلاحات ساختاری – گفتگو با حامد سیاسی‌راد – سایت دیدارنیوز – ۲۳ آبان ۱۴۰۰ شمسی

پهلوی حزبی تشکیل بدهد و بخواهد... در انتخابات شرکت کند من دفاع می‌کنم." در این چارچوب، تحول تدریجی بسوی دمکراسی را می‌پذیرد و ممکن می‌داند. می‌گوید این همان داستانی است که در آمریکا اتفاق افتاد. زمانی بود که بردگان و زنان هیچ محلی از اعراب نداشتند اما با گذشت زمان یکی از آنها توانست رئیس جمهور شود و دیگری توانسته معاون رئیس جمهور شود. می‌افزاید که انتخابات در نهایت باید مشخص کند که "کی کجاست. مهندس موسوی، آقای خاتمی، آقای رضا پهلوی، آقای احمدی‌نژاد و یا آقای رئیسی". انتخابات باید مشخص کند هر سیاستمداری چه پایگاه اجتماعی دارد.

تاج‌زاده تاکید می‌کند اگر شرایطی را که مطرح کرده بدست نیامد، باید از انتخابات پرهیز کرد. نباید به دام حکومت و انتخابات محدود آن افتاد. اگر حکومت "اجازه [اجرای آن شرایط را] نداد نباید نامزدی معرفی و در انتخابات شرکت کرد." می‌گوید باید حکومت را به حال خودش رها کرد تا خودش کسانی را سر کار بیاورد و خودش پاسخگو شود. اگر انتخابات معنا و اهمیت سیاسی پیدا نکند شرکت در آن هیچ وجهی ندارد و باید از آن بیرون کشید و اعتراض کرد.

با همین استدلال است که شرکت در انتخابات ۱۳۹۶ (و پیروزی دوم حسن روحانی) را تایید می‌کند و عدم شرکت در انتخابات ۱۴۰۰ را درست می‌داند. در آن انتخابات دومی بود که تاج‌زاده نام نوشت ولی شورای نگهبان صلاحیت او را رد کرد. در چارچوب چنین استدلالی است که تاج‌زاده می‌خواهد برای انتخابات آزاد تلاش کند. نقشه‌های انتخاباتی‌اش به این صورت است که "تمام تلاش خود را بکنیم تا انتخابات آزاد شود و بتوانیم حرف خود را بزنیم... باید کاری کنیم که انتخابات آزاد شود." معتقد است در آن شرایط می‌توان برنامه اعلام کرد، شعار داد و از فرصت سیاسی استفاده کرد.

حائز اهمیت است که در تعیین روند شرایط و ویژگی‌های شرکت نیروهای میانه‌رو در انتخابات، تاج‌زاده می‌پذیرد که باید نوعی سازش و سازگاری میان اپوزیسیون و حکومت شکل بگیرد. به عبارت دیگر، امکان پیشبرد این پروژه بر مبنای تضاد قهرآمیز

و رقابت حذفی، میان حکومت و مخالفین، شدنی نیست. نرمش حکومت را ضروری می‌داند و سازش نیروهای سیاسی را خواستار می‌شود. در اشاره به این نکته می‌گوید: "اصلاحات، برخلاف انقلاب، هنگامی ممکن می‌شود که حکومت حداقلی از درایت را داشته باشد و راه را باز کند... اصلاحات به حدی از مدارا و مدیریت حکومت نیاز دارد". وی حتی مصالحه و معامله در جزئیات تشکیل دولت را ممکن می‌شمارد. آماده بده و بستان است. شرایطی را فرض می‌کند که اگر یک نیروی تازه نفس به سر کار بیاید می‌تواند در مورد ترکیب دولت مورد نظر خود با رقبایش صحبت و مصالحه کند. مثلا، مذاکره می‌تواند میان محافظه‌کاران و کسانی که خواهان تغییر هستند به شکل دوستانه و مشورتی برای تعیین افراد صورت بگیرد، تا ببینند چگونه ترکیبی می‌تواند اوضاع را پیش ببرد.

چرا حکومت فضا را باز کند؟

در تقویت و تایید نظریه ضرورت تلاش برای برگزاری انتخابات آزاد، مهم‌ترین و بیشترین استدلالی که تاجزاده درباره ضرورت شرکت در فرصت‌های انتخاباتی مطرح می‌کند پیرامون این معما است که آیا حکومت حاضر است فضای انتخاباتی را باز کند یا خیر؟ آیا حکومت حاضر است به نیروهای مخالف اجازه فعالیت انتخاباتی بدهد؟ و اینکه چرا حکومت باید چنین حقی برای مخالفین قائل شود و باز شدن فضای انتخاباتی را بپذیرد؟ جواب تاجزاده به این سوال‌ها این است که سه عامل اجبار، عقلانیت و تجربه عملی حکومت را سرانجام به صحنه خواهد آورد و مجبور به تغییر خواهد کرد. اولا اینکه وقتی حکومت در پیشبرد سیاست‌هایش به بن‌بست رسید و نتوانست برنامه‌های خود را پیش ببرد و به مطالبات مردم پاسخ دهد مجبور خواهد شد فضای انتخاباتی را باز کند و به سراغ نیروهای میانه‌روتر برود. نه اینکه دستگاه حکومتی "دلش بخواهد" این کار را بکند بلکه مجبور خواهد شد. در عین حال، در کنار اجبار و استیصال، به عنصری از عقلانیت اشاره دارد. می‌گوید رژیم جمهوری اسلامی اشتباهات زیادی داشته اما در بسیاری موارد در "دقیقه ۹۰ عقلانیت بخرج می‌دهد... و در دقیقه ۹۰ مسیر را

درست پیش می‌رود". به معنایی، اشتیاق به گرفتن امتیاز سیاسی در جهت حفظ بقاء خودی است که زمینه تصمیم عقلانی حکومت را فراهم می‌کند، حتی اگر در آخرین لحظه باشد. تاجزاده به تجربه تاریخی اشاره دارد. مُکرر می‌پذیرد که رژیم جمهوری اسلامی اشتباهات زیادی داشته اما "فضای نیمه-مردمی، نیمه-استبدادی" این امکان را بوجود آورده که رژیم به رقبای خود فرصت بدهد. با اشاره به رای‌گیری‌هایی که برگزار شده می‌گوید هیچ کس فکر نمی‌کرد که آقای خامنه‌ای بتواند حکومت را در مقاطع مختلف در اختیار یکی از منتقدین خود قرار دهد ولی داد. بدین سان، واگذاری زمین توسط حکومت را یک قاعده محتمل و ممکن در امر سیاست معرفی می‌کند. در حمایت از این سخن به تجربیات تاریخی اشاره دارد. به زمان شاه و باز شدن فضای سیاسی (در دو سال قبل از انقلاب ۵۷) توجه دارد. می‌گوید قاعده بالا مختص جمهوری اسلامی نیست و زمان شاه هم اتفاق افتاد. وقتی شاه انقلاب سفید را در سال ۱۳۴۲ اجرا کرد و فضای سیاسی کشور بسته شد، نیروهایی مانند جبهه ملی، نهضت آزادی و مهندس مهدی بازرگان "سیاست صبر و انتظار در پیش گرفتند". یعنی به انتظار شرایطی نشستند که شاه مجبور به باز کردن فضای سیاسی شود. همانطور هم شد و در اواسط دهه ۵۰ شاه فضای سیاسی را باز کرد و شاپور بختیار (از اعضای سابق جبهه ملی) روی کار آمد. اما به اعتقاد تاجزاده، مشکل آن دوره این شد که نیروهای میانه‌رو به اندازه کافی نیرومند نبودند و در برابرشان خط انقلابی مسلط شد و ایت‌الله خمینی بازی را برد. نرمش شاه و تجربه باز شدن فضای سیاسی در دهه ۵۰ و ضرورت آماده بودن نیروهای میانه‌رو از جمله درس‌هایی است که تاجزاده از آن دوران می‌گیرد و تذکر می‌دهد.

تاجزاده همچنین به دو تجربه مهم دیگر، در دوران جمهوری اسلامی، اشاره دارد. اول، نرمش رژیم در سال ۷۵ و قدرت‌گیری محمد خاتمی، به عنوان یک نیروی میانه‌رو و اصلاح‌طلب، است. می‌گوید در آن سال، رهبری برای اینکه با بحران مشروعیت در انتخابات مواجه نشود نرمش نشان داد و حتی صلاحیت تعدادی از افراد نهضت آزادی و ملی-مذهبی را تایید کرد. دوم، به تجربه سال ۹۲ اشاره دارد. سالی که پس از جنبش سبز، و بدنبال دستگیری نخست وزیر سابق (موسوی) و رئیس سابق مجلس (کروبی)

و خانه‌نشینی رئیس جمهور سابق (خاتمی)، نظام حاکم بار دیگر باز شدن فضای سیاسی و انتخابات نیمه باز را پذیرفت. "بعد از ۸۸ هیچ کس فکر نمی‌کرد که آقای خامنه‌ای بتواند حکومت را در اختیار یکی از منتقدین خود قرار دهد ولی داد نه اینکه دلش می‌خواست". در واقع، انتخابات ۹۲ نشان داد که "حکومت هنوز آنقدر عقل و درایت دارد که بداند وقتی مشکلی ایجاد می‌شود راهش این است که باید دیگران را مشارکت بدهد و بگذارد تا به سمت حل مشکلات بروند."

بر اساس تجربیات ذکر شده، تاجزاده انتخابات ۱۴۰۰ ابراهیم رئیسی را خلاف قاعده فوق و یک شکست برای آن تلقی می‌کند. انتخاباتی که با محدود کردن فضای رقابتی، بیرون راندن نامزدهای میانه‌رو و شرکت زیر ۵۰ درصد مردم همراه بود. می‌گوید اگر چنین "انتخابات رسوایی" در آینده تکرار شود "بود و نبود جمهوری اسلامی خیلی زودتر از آنچه آقای خامنه‌ای فکر می‌کند زیر سوال خواهد رفت." تاجزاده معتقد است که شکست دولت رئیسی حکومت را وادار خواهد کرد که در رفتارش تجدید نظر کند. می‌گوید "اگر شکست بخورند تردید نکنید که دوباره [رهبری] می‌آید و فضا را باز می‌کند و مجبور می‌شود که اصلاح‌طلبان به حکومت برگردند چون از پس مشکلات برنمی‌آید. ممکن است مشکلاتی ایجاد شود که دو سال دیگر رهبری بیاید و بگوید انتخابات آزاد است و همه بیایند".

معتقد است که اگر فضای سیاسی آماده باشد مردم به انتخابات روی می‌آورند. اگر همین جمهوری اسلامی انتخابات را آزاد بکند بالای ۵۰ درصد می‌آیند و دوباره در انتخابات شرکت می‌کنند. شرکت آنها به این خاطر نیست که عاشق جمهوری اسلامی هستند. برعکس! بسیاری از آنها ممکن است که جمهوری اسلامی را حتی قبول نداشته باشند. ولی علت مشارکت آنها این است که می‌دانند اگر بخواهند هزینه‌ای نپردازند و کشورشان دچار آسیب نشود مجبورند که در همین چارچوب بازی کنند، به این نوع بازی تن بدهند و در انتخابات شرکت کنند. به این طریق امیدوارند که سیاست دولت را تغییر دهند، و بطور مثال سیاست خارجی را درست کنند؛ یا قانون حجاب را بردارند؛ یا اجتماعات خیابانی را قانونی کنند.

تجربه انتخابات در ایران

برای فهم استدلال تاجزاده درمورد مسئله انتخابات، مطالعه پرونده انتخابات در تاریخ معاصر سیاسی ایران ضروری است. ایران سنت و فرهنگ انتخاباتی ضعیفی دارد و به ندرت تجربه‌ای از فضای باز و حتی شبهه-باز انتخاباتی داشته است. موضوع انتخابات آزاد و عادلانه به معنایی جدید است، ریشه پیدا نکرده و شرایط و لوازم آن شناخته شده نیست. اولین انتخابات برای یک مجلس برگزیده و سراسری پس از انقلاب مشروطه، در سال ۱۲۸۵ (یعنی حدود صد سال پیش) برگزار شد. در این انتخابات، حق رای مختص شاهزادگان قاجار، روحانیون، اشراف، تجار، زمین‌داران و اصناف بود. اکثر جمعیت شهری و روستایی از جمله زنان حق رأی نداشتند. در سال ۱۲۹۰ حق رأی به همه مردان تبعه ایران بالای ۲۰ سال اعطا شد. (حق رای زنان در سال ۱۳۴۲ داده شد.) برای حدود دو دهه پس از انقلاب مشروطه، مجلس نقش غیر مسلط ولی قابل توجهی داشت که در اثر تحولات سیاسی، جنگ جهانی اول و فروپاشی نظام قاجار دستخوش تلاطم بود. در دوره سلطنت رضا شاه، انتخابات تحت سلطه پادشاه درآمد و مجلس اهمیت سابق خود را از دست داد. اما پس از آنکه رضا شاه کشور را ترک کرد و فضای سیاسی بازتر شد، مجلس شورا برای حدود یک دهه نقشی قوی‌تر و موثرتر در صحنه سیاسی ایفا کرد. این تجربه شرایط دمکراتیک و فرهنگ آزادیخواهی را تقویت نمود. با کودتای ۱۳۳۲، بار دیگر نقش مجلس شورا به محاق رفت ولی بدنبال انقلاب سال ۱۳۵۷، عنصر جمهوریت پررنگ شد. از یک سو تجربه مهم انتخابات ریاست جمهوری به کارنامه ایرانی اضافه شد و از سوی دیگر مجلس موقعیت مهمتری در ساختار سیاسی پیدا کرد. بدینسان، اهمیت هر دو نهاد با افت و خیز همراه بود.

چهار نظریه درباره انتخابات

در این بستر و پیشینه است که چهار نظریه مختلف درباره ضرورت شرکت و یا عدم شرکت در انتخابات شکل گرفته و در سال‌های بعد از انقلاب با هم رقابت کرده‌اند. در

این فضای سیاسیِ چهار-گونه است که تاجزاده نظر خود را مطرح می‌کند. نظریه اول از طرف محافظه‌کاران حکومتی مطرح می‌شود که شرکت در انتخابات را در هر شرایطی وظیفه می‌دانند. نظریه دوم از آنِ خط میانه‌رو در داخل حکومت است که علی‌رغم اعتراض به وضع موجود شرکت در انتخابات را مفید تشخیص می‌دهد. سوم، نیروهای برانداز که شرکت در انتخابات را خطرناک و خائنانه می‌دانند. چهارم، اصلاح‌طلبانی مانند تاجزاده هستند که حاضرند بصورت مشروط در انتخابات شرکت کنند. به این نظریات رقیب بیشتر می‌پردازیم.

هسته سخت قدرت در جمهوری اسلامی و هواداران ولایت فقیه طرفدار این نظریه هستند که شرکت در انتخابات در هر شرایطی وظیفه و ضروری است. بحث آنها این است که رای دادن یک وظیفه مذهبی و اجتماعی است که ترک آن در هیچ شرایطی جایز نیست و نیز فرصتی است برای تعیین سیاستمداران کار بلد. آنها شرکت در انتخابات را به نفع منافع ملی و مبارزه با دشمن خارجی می‌شمارند. می‌گویند شرکت در انتخابات مشروعیت حکومت و قدرت ملی را افزایش می‌دهد و کم هزینه‌ترین نقش مردم در صحنه سیاسی است. به اضافه، در اشاره به محدود بودن رقابت و رد صلاحیت‌ها توسط شورای نگهبان، می‌گویند انتخابات در ایران فرمایشی نیست بلکه همیشه نوعی حق انتخاب وجود داشته، مثلا، میان محمد خاتمی و اکبر نوری در سال ۷۵ و یا میان حسن روحانی و ابراهیم رئیسی در سال ۹۶. به اضافه اینکه، انتخابات در ایران نسبت به اکثر کشورهای همسایه پیشرفته است و باید به این شکل و سیاق تقویت شود. [i]

نیروهایی که از وضع موجود راضی نیستند ولی می‌خواهند در چارچوب قانون اساسی جمهوری اسلامی فعالیت کنند معتقدند که باید به شکل مشروط در انتخابات شرکت کرد. این جریان شامل گروه‌هایی مانند حزب کارگزاران و برخی عناصر عملگرا و روزنه‌گشا می‌شود. آنها معتقدند که تحریم انتخابات، علی‌رغم محدودیت‌ها، به مصلحت کشور نیست چرا که رئیس جمهور، هر چند هم که محدود باشد تدارکچی

---

[i] سایت اصولگرای "تسنیم" – ۱۷ نکته درباره اهمیت شرکت در انتخابات – ۲۵ خرداد ۱۴۰۰ – یادداشت

سیاسی نیست و حضور و یا عدم حضور او فرق می‌کند. آنها معتقدند که اگر مردم نسبت
به انتخابات بدبین شوند نباید از آنها پیروی کرد بلکه باید آنها را رهبری و راهنمایی
نمود. امید این جریان آن است که انتخابات به ساختمان یک نهاد سیاسی متمرکز،
مقتدر و مداوم کمک کند و حرکت تدریجی به سوی مردم‌سالاری را تقویت نماید. این
جریان از جمله شرکت در انتخابات ۱۴۰۰ را موجه ارزیابی کرد و آنرا صحنه رقابت
میان تکنوکرات‌ها و جبهه تندروی پایداری دانست. [i]

نیروهایی هم معتقد بوده‌اند که رژیم جمهوری اسلامی را باید سرنگون کرد و
شرکت در انتخابات خیانت است. این نیروها شامل افراد و گروهایی مانند مجاهدین
خلق، احزاب مسلح اتنیکی، سلطنت‌طلبان و برخی جمهوری‌خواهان و برخی چپ‌گرایان
می‌شود. استدلال آنها این است که انتخابات ایران فاسد و تقلبی است، همانطور که در
سال ۸۸ مشاهده شد. به اضافه، نمایندگان واقعی مردم هرگز امکان شرکت در انتخابات
را ندارند. آنها می‌گویند شورای نگهبان، با نظارت استصوابی، انتخابات را مهندسی
می‌کند و رقابت را به میان نامزدهای مشابه تقلیل می‌دهد. نمونه اینکه در سال ۹۲
حتی هاشمی رفسنجانی و در سال ۴۰۲ حسن روحانی، که از رهبران عالیرتبه نظام
بودند، رد صلاحیت شدند. به اضافه، عدم شرکت در انتخابات خود یک نوع اعتراض و
مبارزه سیاسی است که بی‌مشروعیتی جمهوری اسلامی را عیان می‌سازد. آنها می‌گویند
عدم شرکت نوعی نافرمانی کم هزینه است؛ پس با توجه به شکست اصلاح‌طلبانی که
برای بازسازی حکومت از طریق انتخابات تلاش می‌کردند، شرکت در انتخابات امری
غیر اخلاقی و به معنای تجدید توان یک رژیم فاسد، سرکوبگر و غیر دمکراتیک است. [ii]

انتخابات و افکار عمومی

---

[i] راهبرد کارگزاران سازندگی ایران در انتخابات ریاست جمهوری اعلام شد: عبور از ناامیدی و حضور
فعال – ۲ اسفند ۱۳۹۹
[ii] برای نمونه: ابوالحسن بنی‌صدر – چرا باید انتخابات را تحریم کرد – دی ۱۳۹۴
طاهر شیرمحمدی – چرا احزاب کرد انتخابات مجلس را تحریم کرده‌اند – ۱۳۹۴ بهمن

فارغ از آنچه نخبگان و نیروهای سیاسی فکر می‌کنند و انجام می‌دهند، نظر مردم کوچه و بازار درباره انتخابات نیز باید مورد نظر قرار بگیرد. بهترین و دقیق‌ترین حکم شاید مراجعه به آمار مشارکت در انتخابات بعد از انقلاب باشد. چنین ارجاعی نشان می‌دهد که در این دوران، نظریه مشارکت مشروط بیشترین حمایت را داشته. میزان شرکت مردم در انتخابات ریاست جمهوری نشان از اهمیت قضیه در افکار عمومی دارد. حتی اگر برخی از ارقام مشارکت در انتخابات مورد مناقشه باشد این توافق کلی وجود دارد که بخش قابل توجهی از مردم، در واقع یک اکثریت قاطع، در بیشتر انتخابات ریاست جمهوری و مجلس شورا شرکت کرده و رای داده‌اند. این خصلت در دهه‌های بعد از انقلاب ۵۷ دیده می‌شود. یک اکثریت قاطع به شرکت در انتخابات باور داشته‌اند.

میزان مشارکت در انتخابات ریاست جمهوری [i]

دور اول – ۱۳۵۸ – ابوالحسن بنی صدر – ۶۹ درصد واجدین شرایط رای دادند.

دور دوم – ۱۳۶۰ – محمدعلی رجایی – ۶۴ درصد

دور سوم – ۱۳۶۰ – علی خامنه‌ای – ۷۴ درصد

دور چهارم – ۱۳۶۴ – علی خامنه‌ای – ۵۴ درصد

دور پنجم – ۱۳۶۸– هاشمی رفسنجانی – ۵۴ درصد

دور ششم – ۱۳۷۲ – هاشمی رفسنجانی – ۵۰ درصد

دور هفتم – ۱۳۷۶ – محمد خاتمی – ۷۹ درصد

دور هشتم – ۱۳۸۰ – محمد خاتمی – ۶۷ درصد

دور نهم – ۱۳۸۴ – محمود احمدی‌نژاد – ۵۹ درصد

دور دهم – ۱۳۸۸ – محمود احمدی‌نژاد – ۸۵ درصد

دوره یازده – ۱۳۹۲ – حسن روحانی – ۷۲ درصد

دوره دوازده – ۱۳۹۶ – حسن روحانی – ۷۳ درصد

دوره سیزده–۱۴۰۰ – ابراهیم رئیسی – ۴۸ درصد

میزان مشارکت در انتخابات مجلس شورای اسلامی

---

[i] این آمار رسمی است که برخی از آن مورد مناقشه بوده است.

دور - تاریخ - رئیس مجلس - درصد مشارکت (به نزدیکترین رقم کل)
اول - ۱۳۵۸ - هاشمی رفسنجانی — ۵۲ درصد
دوم - ۱۳۶۳ - هاشمی رفسنجانی — ۶۵ درصد
سوم - ۱۳۶۷ - رفسنجانی / مهدی کروبی — ۶۰ درصد
چهارم - ۱۳۷۱ - ناطق نوری — ۵۸ درصد
پنجم - ۱۳۷۴ - ناطق نوری — ۷۱ درصد
ششم - ۱۳۷۸ - مهدی کروبی — ۶۷ درصد
هفتم - ۱۳۸۲ - حداد عادل — ۵۱ درصد
هشتم - ۱۳۸۶ - علی لاریجانی — ۵۵ درصد
نهم - ۱۳۹۰ - علی لاریجانی — ۶۴ درصد
دهم - ۱۳۹۴ - علی لاریجانی — ۶۲ درصد
یازدهم - ۱۳۹۸ - محمدباقر قالیباف — ۴۳ درصد

نقش انتخابات در رژیم‌های "ترکیبی"

اصطلاح رژیم‌های "ترکیبی" (های-برید) از دهه ۱۹۹۰ در تحقیقات دانشگاهی رایج شد. رژیم‌های ترکیبی به سیستم‌هایی اطلاق می‌شود که از دو عنصر و ابزار دموکراتیک و اقتدارگرا، در کنار هم و در ترکیب با هم، استفاده می‌کنند. این رژیم‌ها، از یک طرف، اقتدارگرا هستند و آزادی مدنی و مخالفت سیاسی را محدود می‌کنند، و از طرف دیگر، ویژگی‌های دموکراتیک دارند.[i]

رژیم‌های ترکیبی، با آمیخته‌ای از ویژگی‌های دموکراتیک و اقتدارگرا، در بسیاری از موارد از انتخابات به عنوان ابزاری سیاسی استفاده می‌کنند. اجازه می‌دهند انتخاباتی برگزار شود که تا حدودی آزاد و عادلانه‌اند و می‌تواند مشارکت عمومی را جدی کند.

---

[i] For an example see: Graeme B. Robertson - The Politics of Protest in Hybrid Regimes - Cambridge - ۲۰۱۰

نکته قابل توجه در مورد برگزاری انتخابات در رژیم‌های ترکیبی این است که تاثیر انتخابات نسبتا آزاد و نسبتا عادلانه، که به قصد تحکیم پایگاه اجتماعی و مشروعیت نظام بوده، می‌تواند دو نوع تاثیر متفاوت داشته باشد.

از یک سو، رژیم می‌تواند از انتخابات برای مشروعیت بخشیدن و تحکیم رژیم اقتدارگرای خود استفاده کند. برگزاری انتخاباتی که تا حدودی آزاد و عادلانه باشند به رژیم‌های ترکیبی اجازه می‌دهد تا از این ابزار برای مدیریت ثبات و تداوم خود در تحولات سیاسی بهرمند شود. در اینجا انتخابات لزوما به تحکیم دموکراتیک و تحول دمکراتیک منجر نشده و حتی می‌تواند منجر به اقتدارگرایی بیشتر رژیم شود. در این شرایط، رژیم در فرآیند انتخاباتی بنحوی دستکاری می‌کند که پیروزی خود و شکست و مهار گروه‌های مخالف را تضمین کند. اینجا، انتخابات در نظام ترکیبی به مثابه ابزاری برای تحکیم نظام استبدادی مورد استفاده قرار گرفته است. به عنوان مثال، در روسیه، رئیس جمهور ولادیمیر پوتین از انتخابات برای حفظ تسلط حزب خود (روسیه واحد) استفاده کرده است. در شرایطی مشابه، در کشور زیمبابوه، رئیس جمهور رابرت موگابه و حزب وی (زانو–پی–اف) به دستکاری در انتخابات برای ماندن در قدرت متهم شده است. به همین شکل، در ونزوئلا، رئیس جمهور هوگو چاوز از انتخابات برای تضعیف نهادهای دموکراتیک و ایجاد یک رژیم استبدادی استفاده کرد.

همچنین مشاهده شده است که حتی زمانی که انتخابات آزاد و منصفانه باشد، ممکن است انتخابات لزوماً به تحکیم دموکراتیک در نظام ترکیبی منجر نشود. در برخی موارد، رقابت انتخاباتی می‌تواند تنش‌های قومی یا مذهبی را تشدید کند و به خشونت بکشد. به عنوان مثال، در کنیا، انتخابات ریاست جمهوری سال ۲۰۰۷ منجر به خشونت گسترده بین گروه های مختلف قومی شد.

اما از سوی دیگر، تحقیقات نشان می‌دهد که، در برخی شرایط، برگزاری انتخابات در رژیم ترکیبی به عنوان عنصری تعیین کننده در تقویت پروژه دمکراتیک عمل کرده و در تحول از نظام اقتدارگرا به یک نظام دمکراتیک‌تر موثر بوده است. در این موارد، تأثیر انتخابات بر ترویج و تقویت و استقرار روند دمکراتیک، در جامعه و در رژیم، قابل

ملاحظه است. برخی تحقیقات نشان می‌دهد که انتخابات در نظام ترکیبی روند انتقال به دموکراسی را تسهیل کرده چرا که فرصتی برای گروه های مخالف بوجود آورده که با مشارکت در روند سیاسی، نیروی حاکم را به چالش بکشند. در برخی موارد، این روند حتی می‌تواند به انتقال مسالمت‌آمیز قدرت و ایجاد یک حکومت دموکراتیک کمک کند. به عنوان مثال، در آفریقای جنوبی، اولین انتخابات دموکراتیک در سال ۱۹۹۴ به معنای پایان رژیم تفکیک-نژادی و آغاز دوره جدیدی از دموکراسی بود. به همین شکل، روند دموکراتیک نیرومندی در تایوان از طریق انتخابات آزاد و عادلانه در سال ۱۹۹۱ آغاز شد.

می‌توان گفت در حالی که انتخابات در روند تقویت دمکراسی و فرهنگ لیبرال در رژیم‌های ترکیبی نقش داشته، اما تأثیر آن پیچیده و چند وجهی است. به عبارت دیگر، انتخابات می‌تواند فرصتی را برای گروه‌های مخالف برای به چالش کشیدن نظام حاکم و ایجاد یک حکومت آزادتر و باقاعده‌تر فراهم کند. اما در همین حال، این نوع رژیم‌ها می‌توانند از انتخابات به عنوان ابزاری برای تحکیم روش استبدادی کنند. انتخابات همچنین می‌تواند به تشدید تنش‌های قومی و مذهبی بی‌انجامد.

جمع بندی اینکه تاجزاده انتخابات را یکی از زمینه‌های جدی مبارزه می‌داند ولی شرط و شروطی برای ورود به آن قائل می‌شود. برای این کار دوری از تضاد قهرآمیز و روش حذفی را تجویز می‌کند. معتقد است حکومت نهایتا مجبور به باز کردن فضای انتخابات می‌شود. ولی نیروهای سیاسی باید آماده باشند از آن فرصت بشکل عاقلانه استفاده کنند. در برابر نظریه‌های رقیب، تاجزاده اشاره به نیم قرن تجربه سیاسی دارد. از جمله اینکه اکثریت مردم در سالهای بعد انقلاب بطور مستمر و قاطعانه در انتخابات شرکت کرده‌اند. مطالعات آکادمیک این نظر را تایید می‌کند که احتمال و امکان استفاده موفقیت آمیز از انتخابات برای پیشبرد آرمان مردمسالار وجود دارد ولی تضمینی نیست.

فصل دهم

رد روش براندازی و انقلاب‌گری

"درخت عظیم کاج
از بذری کوچک می‌روید
و سفرِ هزار فرسنگی
با یک گام آغاز می‌شود"

دائو دِ چینگ، یا کتاب طریقت، به قلم لائوتزو، فیلسوف چینی

خلاصه

- تاجزاده حق اعتراض و حق تغییر حکومت را به رسمیت می‌شناسد اما با سرنگونی انقلابی حکومت مخالف است.

- وی این مخالفت را بر مبنای واقع‌گرایی تاریخی، خطر بروز خشونت سیاسی و غیر عملی بودن انقلاب معرفی می‌کند.

- بحث تاجزاده در چارچوب مبحث تاریخی "انقلاب یا اصلاح" قابل شناسایی و با اهمیت است.

- نظر تاجزاده در همراهی با بخش بزرگی از افکار عمومی ایران است که از اوضاع ناراضی است اما حاضر به انقلاب و سرنگونی نیست.

مخالفت با انقلاب و براندازی

با این اصل شروع کنیم که تاجزاده حق تغییر حکومت را برای مردم برسمیت می‌شناسد. معتقد است که مردم حق اعتراض، حق تظاهرات و حق تغییر حکومت را دارند. بارها گفته که انتقاد مخالفین جمهوری اسلامی به وضع موجود را می‌پذیرد و تاکید دارد که مخالفت با وضع موجود سیاسی و تلاش برای تغییر آن حق مردم است. "بسیاری از انتقادات را قبل از آنها گفته‌ایم. شاید بسیاری را هم نگفته‌ایم. ولی این مهم نیست. اصل انتقادها درست است." در جایی دیگر می‌گوید بعضی افراد قصد دارند جمهوری اسلامی را ساقط کنند. اینکه بتوانند و یا نتوانند چنین کاری را انجام دهند قابل بحث است اما "اگر مردم بخواهند، این حق آنها است". در اعتقاد به همین اصل بود که حق مردم را در تغییر حکومت شاهنشاهی برسمیت شناخت و برای آن تحول زحمت کشید. و باز هم در اعتقاد به همین اصل بود که با جمهوری اسلامی درگیر شد و سال‌ها به زندان رفت.

اما بعد از چهار دهه پس از انقلاب ۵۷، تاجزاده به جایی رسید که با انقلاب و روش انقلابگری مخالفت کرد. تجدیدنظرطلبی گسترده او در بخش دیگر این تحقیق مورد توجه قرار گرفته و نیازی به تکرار آن نیست. مخالفت او با خشونت سیاسی هم مطرح شده است. اما تاجزاده، بعد از چند دهه فعالیت سیاسی، به روشنی به نقطه‌ای رسید که با براندازی به عنوان روش سیاسی مخالفت کرد. به قول خودش، با این مخالف شد که براندازی در دستور کار قرار بگیرد و چاره‌ای نباشد جز اینکه جامعه را دو قطبی کرد، حکومت را سیاه، و ملت را سفید، جلوه داد و همه اختلافات را تحت الشعاع شکاف دولت و ملت آورد. با این مخالف است که احساسات مردم را تحریک و بر کینه و خشم آنها تکیه کرد تا مردم بتوانند در برابر سرکوب حکومت بایستند، فداکاری کنند و سرانجام حکومت را بزیر بکشند.

در مخالفت با انقلاب، استدلال‌های گوناگونی را مطرح می‌کند و از چند زاویه متفاوت وارد بحث می‌شود. یکی از مهم‌ترین بحث‌های او، رجوع به تاریخ معاصر، یعنی واقعیت اتفاق افتاده روی زمین، است. یعنی آنچه که عملا به وقوع پیوسته و تجربه

شده را مورد استناد قرار می‌دهد. رئالیسم صرف. می‌گوید "با توجه به تجربه انقلاب، این ۴۲ سال، حوادث منطقه خاورمیانه و بهار عربی، به این نتیجه رسیدم". اینجا، حرف او فارغ از فلسفه تاریخی، آرمان‌گرایی ایدئولوژیکی و یا بحث حقوقی است. تجربه خالص و تجربه صرف را مبنا قرار می‌دهد. تجربه بر پایه اعتراضات دهه ۱۳۹۰، جنبش سبز، بهار عربی، انقلاب ۵۷ و حتی قبل از آن. اینکه تجربه نشان داد، که "دو انقلاب ضد استبدادی و ضد استعماری ایرانیان در یک قرن گذشته، به‌رغم برخی دستاوردهای سترگ، در تحقق اهداف اعلامی خود و در راس همه، در مهار دیکتاتوری شکست خوردند." تجربه سال ۵۷ منجر به آن شد که "یک حکومت آخوندی" در ایران شکل بگیرد، قدرت به انحصار روحانیون بیاید و "نظارت استصوابی" سرنوشت انتخابات را تعیین کند. تاکید دارد که تجربه و واقعیت تاریخ نشان می‌دهد روش انقلابی در یک صد سال اخیر در ایران ناموفق بوده است.

استدلال دیگر او در رد انقلاب، در قبال مسئله خشونت است. به موضوع خشونت در بخش‌های دیگر تحقیق اشاره شده است. اینجا تاجزاده معتقد است که انقلاب بر اساس یک نگاه حذفی استوار است و اگر بخواهد در ایران رخ بدهد هیچ راهی نیست جز اینکه متوسل به خشونت شد. در برابر انقلابیون، حکومتی است که اتکا به بخش‌هایی از مردم (ولو یک اقلیت) دارد، و از اراده و توان سرکوب برخوردار است. رژیم می‌خواهد بماند و اگر مخالفینش بخواهند آنرا با قهر ساقط کنند با آنها می‌جنگد. تاجزاده می‌گوید که فرق انقلاب و براندازی با اصلاح‌طلبی در مورد همین عنصر خشونت است. هر تغییری که ملت بدون خشونت بخواهد، فارغ از نتیجه، حرکت انقلابی نیست بلکه اصلاحی است.

در استدلال دیگری، تاجزاده انقلاب را نا ممکن‌تر، و اصلاحات را ممکن‌تر، می‌شمارد. می‌گوید انقلاب، نه اینکه محال باشد، ولی عملا ممکن نیست در حالیکه اصلاحات شدنی‌تر و ممکن‌تر است. اصلاحات امکانات و ابزار کمتری می‌طلبد. در برابر براندازان که می‌گویند "اصلاح‌طلبان زورشان نمی‌رسد مردم را بسیج کنند" تاجزاده می‌پرسد اگر اصلاح حکومت ممکن نباشد سرنگونی آن چگونه ممکن خواهد بود؟ اگر

مردم نتوانند رهبر کشور را به تغییر رفتار مجبور کنند آیا می‌توانند به حذف او اقدام نمایند؟

بر این اساس، تاج‌زاده نظریه براندازی را رویاپردازی تعریف می‌کند. معتقد است که امکان و احتمال اصلاحات ساختاری واقعی‌تر از انقلاب است. می‌پرسد بیایید ببینیم که اندیشه و استراتژی براندازی چقدر پایش روی زمین است و اصلاحات ساختاری چقدر پایش روی زمین است. این معلوم می‌کند احتمال عقلایی پیروزی کدام یک بیشتر است. به نظر وی، اگر چه تضمینی در کار نیست ولی به لحاظ محاسبه می‌توان اجمالا گفت که بنظر می‌آید منطق و امکان اصلاحات قوی‌تر باشد.

استدلال دیگری که تاج‌زاده به آن ارجاع می‌دهد این است که براندازان و انقلابیون برنامه ندارند. می‌گوید حتی اگر فرض کنیم جمهوری اسلامی حکومتی است که پایگاه ندارد و با چند تظاهرات ساقط می‌شود، نیروهای پیروز چکار خواهند کرد و چه کسی می‌خواهد اوضاع را جمع کند؟ انتقاد دارد که نیروهای به اصطلاح برانداز حتی با یکدیگر حرف نمی‌زنند و گفتگو نمی‌کند چه به اینکه برنامه مشترک برای آینده داشته باشند. "آیا توانسته‌اند با هم حرف بزنند؟.. با مردم، در مورد برنامه و قانون اساسی مطلوبشان و مخالفین‌شان حرف بزنند؟.. امروز بیایند و با مردم حرف بزنند؟" جوابش منفی است. به همین خاطر در فقدان گفتگو و تفاهم و برنامه‌نویسی میان نیروهای سیاسی، تز براندازی را خطرناک می‌شمارد. پیامد چنین بی‌برنامگی را در شرایط خلاء قدرت، هرج و مرج می‌شناسد. خود را یک "آنارشیست خام" نمی‌داند که بگوید "حالا اینها بروند، ابن‌زیاد هم بیاید بهتر از این‌ها است... نه! دلم نمی‌خواهد ایران بهم بریزد. با اینها [در حکومت] مخالفم ولی دنبال براندازی نیستم چون الترناتیو اینها خراب‌تر از خودشان است."

در قبال بی‌برنامگی و نادانی نیروهای سیاسی رادیکال اپوزیسیون از آینده پیش رو، هشدار می‌دهد که اگر این مسئله حل نشود و مردم بی‌گدار به آب بزنند دچار مشکلات بسیار جدی خواهند شد. "اگر آنوقت بگوییم چه خاکی به سرمان بکنیم

بجایی نخواهیم رسید. همانطور که امروز در سوریه کسی نمی‌داند چه خاکی بسر کند، چون کشور نابود شده است."

به اضافه، محتمل‌ترین پیامد شرایط انقلابی را هرج و مرج میداند و نه یک رژیم دمکراتیک و یا سلطنتی. می‌گوید انقلاب پدیده‌ای است که هیچ الترناتیو پیش رو ندارد و انقلاب احتمالی بعدی خطرناک‌تر از انقلاب ۵۷ خواهد بود. در آن انقلاب، روحانیت در سراسر ایران توانست مثل یک ارتش عمل کند و کشور را نگه دارد تا ایران ایرانستان نشود. نگران است که چه کسی خواهد آمد. معتقد است که هرج و مرج خواهد شد چرا که حزب الهی یک چیز می‌گوید. سلطنت‌طلب یک چیز می‌گوید. مجاهد خلق یک چیز می‌گوید. مارکسیست‌ها یک چیز می‌گویند. سکولارها یک چیز دیگر می‌گویند. به اضافه، هر کدام هم در داخل خودشان ده گروه دارند. آنها در ضدیت با جمهوری اسلامی مشترکند ولی در فردای به سرنگونی حکومت اشتراکی نخواهد بود. نتیجه انقلاب هرج و مرج خواهد شد.

در جمع‌بندی می‌توان گفت که تاجزاده با انقلاب کردن در ایران مخالف است و بر پایه تجربه، و آنچه در عالم واقع رخ داده، می‌گوید انقلاب ویرانگر است. دیگر اینکه، معتقد است انقلاب عملا ممکن نیست و اگر هم بشود حاصلش خطرناک و خشونت پرور است. باید از آن پرهیز کرد. انقلاب، به اعتقاد تاجزاده، نه ممکن است و نه مفید.

موقعیت تاجزاده در حوزه اندیشه سیاسی

مفید است بدانیم تاجزاده در کجای صحنه فلسفه سیاسی ایستاده. شناخت موقعیت او در ساختار بزرگتر اندیشه می‌تواند نقاط ضعف و قدرت استدلال را به ما نشان دهد. به ما بگوید اندیشه او، درباره انقلاب، چه مقدار عمیق، جدی و پایدار است. می‌دانیم که در نظریه‌پردازی سیاسی، بحث اصلاح یا انقلاب صدها سال سابقه دارد. برخی اندیشمندان از انقلاب حمایت کرده‌اند. شرایط، ضوابط و اشکال متفاوتی برای آن قائل شده‌اند. از جمله کارل مارکس، بنیانگذار مکتب کمونیسم در قرن ۱۹، که معتقد بود انقلاب اجتناب ناپذیر و برای پیشرفت جامعه بشری ضروری است. نظریه مارکس این

بود که انقلاب یک جبر تاریخی است. می‌گفت کار عامل تعیین کننده پیشرفت بشر است، و کار با سرمایه در تضاد است. سرمایه و سرمایه‌دار استثمار کننده کار و کارگرند و تضاد میان آنها قهرآمیز و سازش‌ناپذیر است. به همین خاطر انقلاب رخ خواهد داد و این امر نیکویی است.[i] می‌دانیم که تاجزاده در دهه ۵۰ تحت تاثیر اندیشه چپ ایرانی بود و از آن، هر چند غیر مستقیم، تغذیه می‌کرد. بعدها تجدید نظر کرد و از آن دور شد.

در سوی دیگر طیف، اندیشمندان سیاسی محافظه‌کار نشسته‌اند. کسانی که بشدت با انقلاب و انقلابگری مخالفند و در توجیه ضرورت حفظ شرایط موجود استدلال می‌کنند. از جمله افرادی که از بزرگان محافظه‌کار شناخته می‌شود، ادموند برک متفکر انگلیسی قرن ۱۸ است. او کتابی با عنوان "تاملاتی درباره انقلاب فرانسه" نوشت و در آن انقلاب را ذاتاً مخرب توصیف کرد. یکی از استدلال‌های برک این است که انقلاب‌ها توسط ایدئولوگ‌های تندرویی هدایت می‌شوند که بیشتر به تحمیل دیدگاه‌های خود علاقه‌مندند تا ترویج خیر عمومی. برک معتقد به ضرورت حفظ سنت و عرف اجتماعی بود. می‌گفت مردمانی که به گذشته و اجداد خود نظر نداشته باشند و عرف تاریخی را رعایت نکنند آینده‌ای هم نخواهند داشت. این نقل قول به این معنا تفسیر شده که باید در احترام به تاریخ و سنت رفتار کرد و در قبال خطر تغییرات تند و سریع و انقلابی هوشیار بود.[ii]

با فاصله از دو قطب انقلابی و محافظه‌کار، اندیشمندان و نظریه‌پردازان لیبرال ایستاده‌اند. لیبرال‌ها اساسا و اصولا، با انقلاب و براندازی مخالفند، اما، و این امای مهمی است، انقلاب را گاه اجتناب‌ناپذیر می‌دانند. لیبرال‌ها عموما از تغییر تدریجی نظام موجود دفاع می‌کنند. تلاش دارند که از کانال‌های سیاسی تثبیت شده، مانند پیشبرد گفتمان سیاسی، اعتراضات مسالمت‌آمیز، انتخابات و قانون گذاری برای اصلاح و بهبود وضع موجود استفاده کنند. به اضافه، به پتنسیال پیشرفت تدریجی و تکامل فزاینده

---

[i] Peter Singer - Marx: A Very Short Introduction - Oxford - ۱۹۸۰

[ii] Frank O'Gorman - Edmund Burke - Bloomington - ۲۰۰۳

جوامع در طول زمان اعتقاد دارند. تاریخ را مجموعه‌ای از پیشرفت‌های کوچک و تدریجی می‌بینند. به دنبال ساختن و تحکیم نهادهایی برای ایجاد تغییرات مثبت هستند.

اما باید توجه کرد که با اینکه لیبرال‌ها اصولا و اساسا مخالف انقلاب و براندازی و سرنگونی هستند لاکن در برخی شرایط آنرا ضروری می‌دانند، که البته شرط و شروطی برای آن قائل می‌شوند، ولی بهرحال انقلاب را می‌پذیرند. برخی از آنها می‌گویند در شرایطی که همه راههای اصلاح انکار شده باشد، و ضروری شود، انقلاب آخرین راه حل ممکن است. با این حال، همین افراد تاکید دارند پذیرش انقلاب صرفا برای جامعه‌ای عادلانه‌تر است که در آن حقوق و آزادی‌های فردی محترم شمرده می‌شود.[i]

یکی از فیلسوفان برجسته لیبرال که انقلاب را در صورت لزوم قابل قبول می‌داند جان لاک است. لاک در کتاب "دو رساله درباره حکومت" (۱۶۸۹ میلادی) پایه و اساس اندیشه لیبرال مدرن را گذاشت و حکومت مشروع را محدود و بر اساس رضایت مردم تعریف کرد. او معتقد بود که وقتی حاکمان حقوق طبیعی افراد را زیر پا می‌گذارند و آزادی‌های آنها را محترم نمی‌شمارند، مردم حق دارند مقاومت و رژیم ظالم را سرنگون کنند. استدلالش این بود که وقتی حکومت مستبد شود و قرارداد اجتماعی میان حاکمان و شهروندان را زیر پا بگذارد انقلاب موجه است.

اما برخی دیگر از متفکرین لیبرال، مانند آیزایا برلین (در قرن ۲۰) به مخالفت با جنبش‌های انقلابی شهرت دارند. برلین از جمله معتقد بود انقلاب‌ها اغلب به سرکوب آزادی فردی و ظهور رژیم‌های استبدادی منجر می‌شوند و تغییر سیاسی باید بر اساس احترام به حقوق و آزادی های فردی شکل بگیرد. برلین نسبت به طرح‌های بزرگ آرمان‌شهری بدبین بود و تلاش برای تحمیل یک دیدگاه واحد برای جامعه‌ای خوب را خطری جدی برای برقراری مجدد ظلم و ستم می‌دانست. با این حال، برلین اذعان

- Encyclopaedia Britannica [i]
- Stanford Encyclopaedia of Philosophy
- Oxford Research Encyclopaedia of Politics

داشت که ممکن است شرایطی بوجود بیاید که انقلاب به عنوان ابزاری برای سرنگونی رژیم سرکوبگر، که حقوق اولیه مردم، را انکار می‌کند ضروری و اجتناب‌ناپذیر شود. اما در این موارد، انقلاب را باید به عنوان یک "ضرورت تراژیک" و نه راه حل ایده‌آل در نظر گرفت. برلین نسبت به رمانتیک کردن انقلاب یا تلقی آن به عنوان نوشدارویی برای همه مشکلات سیاسی هشدار می‌داد.

یکی دیگر از تأثیرگذارترین فیلسوفان لیبرال قرن بیستم، کارل پوپر است که می‌گوید همیشه به انقلاب‌ها به شدت مشکوک بوده. پوپر استدلال می‌کند که اگرچه هدف انقلاب‌ها ایجاد تغییرات مثبت است اما اغلب منجر به پیامدهای ناخواسته، از جمله استقرار رژیم‌های سرکوبگر، می‌شود. پوپر بر اهمیت اصلاحات تدریجی به جای دگرگونی ناگهانی و رادیکال تأکید دارد. می‌گوید اقدام انقلابی ممکن است شرط لازم برای سرنگونی یک رژیم استبدادی باشد اما شرط کافی برای ایجاد یک جامعه باز نیست. در عین حال، پوپر نیز همچنین تشخیص می‌دهد که در برخی شرایط نادر ممکن است انقلاب تنها گزینه مناسب برای افرادی باشد که به دنبال تغییر یک رژیم ظالم هستند. با اینحال پوپر اصولا چنین گزینه‌ای را تبلیغ و حمایت نمی‌کند. می‌گوید که به این باور رسیده که تنها بدیل جدی برای حکومت ظالم یا اقلیتی، خودسر یا تمامیت‌خواه، حاکمیت قانون است و تنها راه توقف انقلاب‌ها ارتقاء فرهنگ سیاسی و لیبرالیسم دموکراتیک است. [i]

اگر تاجزاده را در چارچوب این طیف وسیع فکری قرار بدهیم و موقعیت او را بررسی و مقایسه کنیم می‌بینیم که از انقلابیون به وضوح دور است و در میان آنها نمی‌گنجد. فاصله او با انقلابیون روشن است. اما در دیگر قطب سیاسی، یعنی در میان محافظه‌کاران، هم ننشسته. تلاش او برای ایجاد تغییر و تحول جدی است. خواهان تغییرات بنیادین است. بسیاری از اصول زیربنایی نظام حاکم را به چالش می‌کشد و در قطب محافظه‌کار نمی‌گنجد. از نظر آرمانی، می‌توان تاجزاده را در میان لیبرال‌ها گذاشت. او به آرمان‌ها و آرزوهای لیبرالی و آزادیخواهی نزدیک است و آنها را تبلیغ و

---

[i] برگرفته از کتاب پوپر، "جامعه باز و دشمنان آن"

ترویج می‌کند. در روش کار و در سیاست عملی می‌توان او را یک لیبرال ملاحظه‌کار توصیف کرد. در عین حفظ آرمان‌های آزادیخواهانه و در تلاشی که برای تغییر و تحول و اصلاحات بنیادین دارد بشدت نگران پیامدهای خشونت سیاسی و انقلاب است و آنها را جایز نمی‌داند. بحث و استدلالش در نفی روش انقلابی است.

ملاحظاتی درباره نظریه تاجزاده

باید همواره به یاد داشت که بحث درباره روش انقلابی در سیاست یکی از جدی‌ترین مباحثی است که سیاستمداران ایرانی را در حوزه اندیشه و عمل به خود مشغول داشته. تاجزاده این مناقشه را بخصوص دهه ۹۰، در مصاحبه‌های گوناگون و در جدال‌های زنده در کانال‌های مجازی دنبال کرد. هنگامیکه در اطاق‌های کلاب–هاوس با براندازان گفتگو می‌کرد ده‌ها هزار نفر پای سخنرانیش می‌نشستند. در این بحث‌ها او براندازان را به چالش می‌کشید و نظر انقلابیشان را نقد می‌کرد. مهم اینکه حاضر به گفتگو و تبادل نظر در این زمینه با براندازان بود و به نظر می‌رسد که همین آمادگی باعث شد که برای بار دوم به زندان انداخته شود. مخالفین تاجزاده نیز با زبان تند انقلابی و استدلال‌های تندتر او را به نقد می‌کشیدند. او را مبلغ تفکر التماسی، استمرار طلبی، وسط‌بازی و سازشکاری می‌خواندند.

شناخت زمینه، بستر و چارچوبی که تاجزاده بحث میکند ضروری است. بحث در مورد ضرورت انقلاب و یا خطر انقلاب به تجربه سیاسی یک صد ساله ایرانی بازمی‌گردد. بحثی جدی که به معنایی تمام حوزه فکر سیاسی را تحت‌الشعاع خود قرار می‌دهد و از زیربنایی‌ترین مسائل حوزه اجتماعی شناخته می‌شود. ایران چندین بار روش و منش انقلابی را تجربه کرده است. در سال ۱۴۰۱ خیزش "مهسا، زن، زندگی، آزادی" نمونه‌ای از آن بود. قبل‌تر در جنبش‌های ۹۸ و ۹۶ تحولات مشابه‌ای تجربه شد. نمونه آن، جنبش سبز ۸۸ بود، که شاید عمق انقلابی نداشت ولی حکومت آنرا به مثابه یک حرکت برانداز ارزیابی کرد. بزرگترین و جدی‌ترین تجربه، انقلاب سال ۵۷ بود که به سرنگونی کامل حکومت و فروپاشی تمام نهادهای کشوری و لشکری

انجامید. با توجه به این تجربیات است که تاجزاده نظر خود را در مورد روش سیاستگذاری عنوان می‌کند و روش انقلابی را مردود می‌شمارد.

در عین حال باید توجه داشت که طی دهه‌های بعد از انقلاب ۵۷، اندیشه براندازی و روش انقلابی به تدریج ضعیف و ضعیف‌تر شد و اپوزیسیون رادیکال در بزیر کشیدن حکومت ناتوان ماند. نمونه اینکه در سال ۶۰، مجاهدین خلق به همراهی بنی‌صدر و حزب دمکرات کردستان تلاش بزرگی برای براندازی کردند. کارشان به جایی نرسید و چه بسا که حکومت را خودکامه‌تر و استبدادی‌تر کرد. چالش‌های دیگر انقلابی این احزاب و نیز سلطنت‌طلبان نیز ناکام ماند. در تاریخ معاصر ایران، موفق‌ترین دوره برای رشد اندیشه انقلابی در دهه‌های ۴۰ و ۵۰، پس از "انقلاب سفید شاه و مردم" بود. حکومت پس از انکه برخی رفرم‌های اجتماعی و اقتصادی به سرانجام رساند فضای سیاسی را بشدت محدود کرد و عملا اجازه هیچ کنش سیاسی نداد. تشویق یک فضای غیر سیاسی که امر حکومت را محدود به شخص شاه می‌کرد زمینه رشد تفکر انقلابی را در جامعه فراهم آورد. در این فضا بود که فکر براندازی توسط ایت‌الله خمینی، علی شریعتی، مجاهدین خلق، فدائیان خلق و امثالهم تبلیغ شد و مخاطب پیدا کرد. قبل از آن، در دهه ۲۰، پس از تبعید رضا شاه که به باز شدن فضای سیاسی کشور انجامیده بود، حرکت‌های میانه‌رو رشد کرده و در عوض نیروهای تندروی انقلابی زمینه خود را از داده و دچار افول شده بودند. بررسی این تحولات صد ساله نشان می‌دهد که رشد تفکر انقلابی رابطه مستقیمی با بسته شدن فضای سیاسی کشور دارد. هر چقدر حکومت فضا را محدودتر کند و امکان گفتگو را از میان بردارد و از اجماع سیاسی طبقات مختلف مردم جلوگیری نماید امکان و واقعیت شتاب انقلاب‌گری بیشتر شده است.

این الگو نه تنها در میان نیروها و الیت سیاسی قابل ملاحظه است که در میان توده‌های مردم و اقشار مختلف اجتماعی دیده می‌شود. در چند دهه بعد از انقلاب، هنگامیکه امکان نوعی رقابت سیاسی، هر چند محدود، از طریق انتخابات وجود داشت همواره اکثریت مردم در انتخابات شرکت کردند. هر زمان که این فرصت و امکان وجود نداشته به اعتراضات تند انقلابی متمایل شدند. اما حاصل نهایی صد سال تجربه در میان توده‌های مردم این است که فرهنگ اجتماعی و شعور سیاسی پیچیده‌تر از انتخاب

میان سیاه و سفید و یا خیر و شر مطلق شد. آنچه دیده می‌شود این است که، از یک طرف مردم، از وضع موجود ناراضیند و خواهان تغییر و تحول می‌باشند. ولی از طرف دیگر، در میانشان یاس و سرخوردگی همراه با بی‌اعتمادی به نیروهای سیاسی دیده می‌شود، و بیم انقلاب آنها را به نوعی ملاحظه‌کاری سیاسی رانده. این همان ملاحظه‌کاری است که در فکر سیاسی تاجزاده مشهود است و جهت کار او را تعیین می‌کند. از این منظر، تاجزاده انعکاس دقیقی از افکار عمومی است که از یک سو خواهان تغییرات اساسی در کشور است و از سوی دیگر از انقلاب و فروپاشی تمام نهادهای حکومتی پرهیز می‌کند.

فصل یازدهم

ضرورت واقع‌بینی و عقلانیت در سیاست خارجی

"مرگ بر آمریکا، مرگ بر اسرائیل، مرگ بر انگلیس"
شعار مراسم رسمی جمهوری اسلامی

خلاصه

در قبال مسائل مربوط به روابط بین‌المللی، تاجزاده سیاست خارجی ایران را ویرانگر می‌داند و اصولگرایان تندرو و بخصوص شخص خامنه‌ای را مسئول می‌شمارد.

– آرمان‌هایی که تاجزاده در سیاست خارجی تعقیب می‌کند در جهت کمک به روند آرامش و همکاری بین‌المللی از طریق گفتگو و مذاکره است.

– وی اصلاح سیاست خارجی را مهم‌ترین و ضروری‌ترین قدم در روند تغییرات می‌داند.

– موضع تاجزاده در قبال مسائل بین‌الملل منعکس کننده مبارزه جدی جناحی داخل حکومت، میان تندروها و میانه‌روها، درباره امکان و احتمال تنش‌زدایی با غرب است.

ویرانگری سیاست خارجی جمهوری اسلامی

تاجزاده به شکلی جدی معترض سیاست خارجی جمهوری اسلامی است. معتقد است این سیاست به جامعه آسیب رسانده چرا که جنگ و تروریسم اقتصادی را علیه ملت سازمان داده است. تاجزاده نگران است که اگر سیاست خارجی جمهوری اسلامی تغییر نکند و تصحیح نشود کشور دچار مشکلات جدی شود و جامعه به سمت بن‌بست برود. به فشارهای زیادی که بر دوش مردم تحمل کرده اشاره دارد. تحریم نفتی و تحریم بانکی و سقوط صادرات مواد اولیه را پیامد سیاست خارجی حکومت و مایه نگرانی عمومی معرفی می‌کند که سبب می‌شود ارزش ریال هر چند یکبار سقوط کند. تاجزاده جمهوری اسلامی را متهم می‌کند که خطر سیاست خارجی‌اش را جدی نگرفته، تحریم‌ها را کوچک شمرده و از اجرای یک سیاست بازدارنده در سطح جهانی غفلت کرده است.

در تعیین مسئولیت برای این سیاست‌های غلط به سه عامل اشاره دارد. در درجه اول، رهبر جمهوری اسلامی را مسئول این روش‌های گمراه می‌داند و سیاست "نه جنگ و نه مذاکره" او را غلط معرفی می‌کند. البته، از "نه به جنگ" راضی است ولی "نه به مذاکره" را ویران کننده می‌داند و عدم آمادگی رهبر و پافشاری او به گریز از مذاکره تا پای جنگ را مورد انتقاد قرار می‌دهد. می‌گوید رهبر مذاکره را به نوعی تابو، یا عملی که ممنوعیت عرفی یا شرعی دارد، تفسیر کرده و مانع پیشرفت سیاست خارجی شده. در درجه دوم، تندروهای داخل نظام را مسئول افراط در سیاست خارجی می‌داند. برای این دسته انگیزه‌های متفاوتی قائل می‌شود. کسانی که، به گفته تاجزاده، یا معتقدند با آمریکا نباید مذاکره کرد؛ یا اینکه از بن‌بست سیاست خارجی منفعت می‌برند و کاسبان تحریم‌اند؛ و یا اینکه بخاطر رقابت‌های سیاسی درون جبهه‌ای خود نیازمند پیشبرد یک سیاست خارجی رادیکال هستند تا رقیب‌هایشان را حذف کنند. نیت‌شان هرچه باشد، در امور خارجی دخالت و کارشکنی می‌کنند و مانع مذاکره و معامله ایران با دیگر کشورهای جهان می‌شوند. به قول وی، مشکل می‌سازند، دشمن‌تراشی می‌کنند و سرمایه‌های کشور را به باد می‌دهند. اینجا، تاجزاده به کارنامه عملی سیاست خارجی

اشاره دارد. می‌گوید هنگامیکه حسن روحانی به سفر اروپا می‌رفت تندروها یک دیپلمات را برای بمب‌گذاری در ستاد مجاهدین خلق به اروپا فرستادند تا برنامه روحانی را فلج کنند. یا اینکه، اشغال سفارت انگلیس را اقدامی توطئه‌آمیز می‌شناسد که برای فلج کردن سیاست تنش زدایی خارجی صورت گرفت و نهایتا به تحریم‌های بیشتر بین‌المللی علیه ایران انجامید. شکست مذاکرات علنی علی لاریجانی و خاویر سولانا (نماینده اتحادیه اروپا) در گفتگوهای ۲۰۱۷ هسته‌ای با ایران را هم پیامد مخالفت و کارشکنی تندروهای داخل نظام معرفی میکند. در درجه سوم، از نظامیان بخاطر عاملیت و دخالت در سیاست خارجی انتقاد دارد. می‌گوید دخالت آنها در امور مختلف کشور، و از جمله سیاست خارجی، ایران را با چالش‌های جدی مواجه ساخته. این دخالت را به بلندپروازی نظامی نسبت می‌دهد و اینکه نظامیان می‌خواهند حرف اول را بزنند و نوعی جنگ سرد را پیش ببرند.

انتقاد به سیاست قدرت‌های جهانی

موضع تاجزاده نسبت به سیاست خارجی جمهوری اسلامی ایران انتقادی است اما در عین حال منتقد قدرت‌های جهانی هم می‌شود. انتقاد از سیاست خارجی ایران را برای توضیح شرایط ضروری می‌شناسد ولی کافی نمی‌داند و موقعیت و رفتار ابر قدرت‌ها را هم مد نظر دارد. از جمله، می‌گوید که قدرت‌های خارجی، چه آمریکا و چه عربستان و اسرائیل، اگر بتوانند خواهان جنگ داخلی در ایران هستند و در این راه سرمایه‌گذاری‌های هنگفت کرده‌اند. مشکل این کشورها نبودن دمکراسی در ایران نیست. آنها خواهان تضعیف ایران هستند و، در این قبال، مسئله اتمی شدن ایران، به معنای دستیابی به سلاح هسته‌ای، مشکل اصلی آنها است. نه تنها آمریکا، بلکه اروپا، چین، روسیه و کشورهای همسایه، ایران مسلح به بمب اتم نمی‌خواهند و برای مقابله با چنین احتمالی اقدام می‌کنند. تاجزاده می‌گوید تردیدی نیست که، در صورت دستیابی ایران به سلاح هسته‌ای، آمریکا وارد جنگ با ایران خواهد شد، و اگر هم ایران را اشغال نظامی نکند، حداقل به حملات نظامی دست خواهد زد. تاجزاده، سیاست دولت‌های

بزرگ و مشخصا آمریکا، را قابل انتقاد می‌داند. از جمله، می‌گوید سیاست فشار حداکثری واشنگتن به تمام ملت ایران، شامل طبقه متوسط و نهادهای مدنی و نیز روش اصلاحات آسیب زده و موجب شده در داخل ایران، یک حکومت یکدست اقتدارگرا و متکی به اقلیت قدرت را قبضه کند.

تاجزاده، از یک طرف، سیاست باراک اوباما (رئیس جمهور دمکرات) و دونالد ترامپ (رئیس جمهور جمهوریخواه) را یکسان تلقی می‌کند و اشاره دارد که هر دو خواهان تحریم بانکی و نفتی ایران بوده‌اند. در موازات آن اشاره می‌کند که اسرائیل نیز صدها بار به ایران حملات متفاوتی داشته و این روند همچنان ادامه دارد. از طرف دیگر اشاره دارد که شرایط داخلی این کشورها تاثیر فوری بر شرایط داخلی ایران می‌گذارد، به این معنا که وقتی جریان‌های تندرو در کشورهای دیگر، از جمله آمریکا، قوی و حاکم می‌شوند، به همان نسبت افراطی‌های داخل ایران فرصت رشد پیدا می‌کنند.

در خطاب به نیروهای سیاسی ایرانی، تاجزاده هشدار می‌دهد که نباید الت دست و ابزار سیاست‌های قدرت‌های خارجی قرار بگیرند. این رفتار را نوعی سراب معرفی می‌کند و به دوره دانولد ترامپ اشاره دارد که طرفداران براندازی در ایران را به وجد آورد که دیگر کار جمهوری اسلامی تمام است اما چون سیاست در عمل پدیدار شد داستان چیز دیگری از آب درآمد.

آرمان‌های مطلوب در سیاست خارجی

باید به آنچه که تاجزاده به عنوان اهداف آرمانی سیاست خارجی مد نظر دارد توجه کرد. وی می‌گوید که خواهان آن سیاست خارجی است که به ملت، جامعه، نهادهای مدنی، طبقات مختلف و اصلاحات آسیب نرساند. سیاستی که روند دمکراسی و آزادیخواهی را در ایران به تاخیر نیندازد. سیاستی که در نهایت از استراتژی خلع سلاح جهانی دفاع کند، تنش را کاهش دهد و مانع بازگشت سایه شوم جنگ به آسمان میهن باشد. برای رسیدن به این آرمان‌های بین‌المللی، تاجزاده روش‌های مشخص مورد

نظرش را اعلام می‌کند. از جمله می‌خواهد که قهر در سیاست خارجی کنار گذاشته شود، و به جای آن ایران در نوعی رقابت بین‌المللی شرکت کند که زمینه همکاری شود. برای دست‌یابی به این آرمان‌ها، خواهان مذاکره، به هر شکل ممکن، در سطوح بالا و پایین، مستقیم و غیر مستقیم، و محرمانه و علنی است. توصیه می‌کند باید بهر شکل و روش ممکن از درگیری و جنگ پرهیز نمود و با قدرت‌های خارجی تعامل کرد. در نظر تاجزاده روند چنین سیاست‌گذاری دراز مدت و استراتژیک است. کاری نیست که با یک مذاکره و یا یک توافق حل و فصل شود. چالشی دائمی است که ایجاب می‌کند هر لحظه بر اساس منافع ملی تصمیم‌گیری شود. چنین سیاستی، در نظر تاجزاده، از استقبال و پشتیبانی اکثریت ملت برخوردار خواهد بود. باید آنرا حمایت کرد فارغ از اینکه چه کسی آنرا اجرا می‌کند.

سیاست خارجی، در عمل و اجرا

در این تحقیق اشاره کرده‌ایم که تاجزاده خواهان دنبال کردن دو استراتژی موازی و همزمان است. یکی برای تغییرات بنیادین قانون اساسی و دیگری برای تغییر و تصحیح سیاست‌های جاری دولت‌های حاکم در ایران. در چارچوب این استراتژی دومی (و تحول سیاست‌های جاری) است که تاجزاده مسئله سیاست خارجی و ضرورت اصلاح آنرا در صدر و بالای لیست اقدامات ضروری کشور قرار می‌دهد. اشاره دارد که تغییر سیاست خارجی اولین و مهمترین قدم در یک برنامه اصلاحات دراز مدت است. می‌گوید که مهمترین مسئله‌ای که همه دلسوزان و حتی بخش‌هایی از اصولگرایان روی آن توافق نظر دارند این است که الویت باید به سیاست خارجی و تعامل با دنیا داده شود و یک گشایش جدی در آنها پیش بیاید. می‌گوید حل مشکل سیاست خارجی باید در مرحله اول باشد و پس از آن است که می‌توان سراغ گشایش دوم، در حل مشکلات اجتماعی و از جمله انتخابات آزاد بود. هشدار می‌دهد که در تحلیل نهایی، افق آینده یا جنگ و یا مذاکره است. هیچ راه دیگری وجود ندارد. باید برای دنبال کردن یک استراتژی اصلاحی، در مرحله اول، سیاست خارجی را از طریق مذاکره تصحیح کرد.

در این چارچوب تحلیلی است که تاجزاده از برجام [i] به عنوان یک سیاست صحیح و مفید خارجی استقبال و دفاع می‌کند. از برجام به عنوان نمونه‌ای عالی از سیاست خارجی، آنگونه که باید باشد یاد می‌کند و اهداف و روش اجرایی آنرا درست می‌داند. برجام را سازنده و سالم می‌خواند. در اشاره به زمینه و بستری که برجام باید در آن تحلیل شود، می‌گوید نظام بین‌المللی به گونه‌ای است که دیگر به کشوری اجازه نمی‌دهد با اتکاء به روسیه و چین بتواند به سمت ساختن بمب اتم پیش برود. پیامد چنین تلاشی، درگیری نظامی با آمریکا خواهد بود. کره شمالی نمونه آن است. حتی اگر کشوری، مانند کره شمالی، به سلاح هسته‌ای دسترسی داشته باشد امکان گرفتن امتیاز در مذاکره وجود ندارد. تاجزاده معتقد است که توافق هسته‌ای برجام ضامن منافع ایران، بخصوص در حوزه اقتصادی، است. توافق برجام می‌تواند کشور را از جنگ اقتصادی برهاند، سایه شوم درگیری مسلحانه را منتفی سازد و مملکت را امن کند. تاجزاده می‌گوید "به همین دلیل من از برجام دفاع می‌کنم چون برجام جنگ را منتفی می‌کند و شرایط را طوری می‌کند که بتوانیم روی پای خودمان بایستیم."

وی در اشاره به رقابت‌های داخلی نظام سیاسی تاکید دارد که مبارزه داخلی نظام را باید از سیاست خارجی دور نگه داشت و منافع ملی را درگیر اختلافات داخلی نکرد. در این مورد، حتی تا آنجا پیش می‌رود که اگر سپاه پاسداران کودتا کرد و یک دولت اصولگرا سرکار آورد، تاجزاده بار دیگر به آنها توصیه خواهد کرد که بروند و با قدرت‌های خارجی مذاکره، سازش و توافق کنند. به عبارت دیگر، سیاست تعاملی خارجی باید فارغ از اختلافات درون حکومت پیگیری و اجرا شود. در همین مورد، ابراز تاسف می‌کند که در دوران ریاست جمهوری احمدی‌نژاد که حکومت یکدست و تحت الامر جناح اصولگرا بود تعلل و غفلت شد، فرصت مذاکره از دست رفت و معامله بین‌المللی در قبال مسئله هسته‌ای صورت نگرفت. در مورد روش اجرایی برجام، تاجزاده بر ضرورت مذاکره تاکید دارد. می‌گوید "باید مذاکره کنیم. ما محکوم به مذاکره هستیم." توصیه دارد که

---

[i] Joint Comprehensive Plan of Action

برنامه جامع اقدام مشترک، به اختصار برجام، توافق هسته‌ای بود که میان ایران با چین، روسیه، فرانسه، بریتانیا، آمریکا و آلمان در ژوئیه ۲۰۱۵ به امضاء رسید.

حکومت در قبال مسائل هسته‌ای تعامل و مسئله را حل کند. در قبال توافق با قدرت‌های خارجی تا حدودی وارد جزئیات می‌شود و به دو مورد خاصی که موجب شد برجام نتواند کامل‌تر و وسیع‌تر مذاکره، معامله و اجرا شود اشاره دارد. یعنی، به سیاست منطقه‌ای ایران و نیز برنامه موشکی ایران اشاره می‌کند. در قبال این دو مورد، که ایران حاضر به گفتگو نشد و نتوانست موقعیت جهانی خود را تقویت کند، می‌گوید زمینه مذاکره و معامله وجود دارد. در قبال برنامه موشکی معتقد است می‌توان درباره بُرد موشک مذاکره کرد و در قبال سیاست منطقه‌ای ایران هم می‌توان نوعی "برجام منطقه‌ای" را تنظیم کرد و درباره آن به توافق رسید.

دفاع از سیاست خارجی اصلاح‌طلبان

در همین بستر فکری است که تاجزاده از سیاست خارجی اصلاح‌طلبان دفاع می‌کند و آنرا سازنده می‌داند. اشاره دارد که سیاست اصلاح‌طلبان در دوره محمد خاتمی و حسن روحانی توانست کشور را از خطرهای مهلک برهاند. می‌گوید که در دوره دولت خاتمی این احتمال وجود داشت که ایران وارد جنگ شود اما حضور مردم که ناشی از "انتخابات حماسی ۷۶" و "مشروع‌ترین رژیم خاورمیانه" بود حمله آمریکا را منتفی کرد. در دوره روحانی هم "سایه جنگ از سر ایران برداشته شد". به گفته تاجزاده، برجام نه تنها جنگ اقتصادی را منتفی کرد که سایه شوم جنگ را از ایران دور کرد. تاجزاده معتقد است که "از افتخارات اصلاح‌طلبان... و یکی از دست‌آوردهای بزرگ اصلاحات این بوده که هر وقت آمدند امنیت را برقرار کردند". تاجزاده اشاره دارد که سیاست مذاکره و تعامل اصلاح‌طلبان حتی توانست موقعیت نظامی ایران را تقویت کند و صنایع نظامی را به پیش ببرد. می‌گوید که سیاست خارجی خاتمی در مورد این بحث ایدئولوژیکی نبود که آیا آمریکا ذاتاً مخالف ایران هست یا نیست. بحث خاتمی این بود که آیا منفعل کردن احتمال حمله آمریکا به نفع ایران است یا خیر. چنین مواضعی بود که اصلاح‌طلبان پیش بردند و منافع کشور را تامین کردند.

واقع‌گرایی، لیبرالیسم و آرمان‌گرایی

تاجزاده نظریه‌پرداز در سیاست خارجی نیست و تلاشی هم برای اینکار نکرده. حرفش در قبال مسائل بین‌الملل عمدتا متوجه مسائل روز و درگیری‌های استراتژیکی جامعه ایران است که باید در دیدگاه یک سیاستمدار و فعال حزبی لحاظ شود. مشکل او تبیین عقلی و منطقی و فلسفی روابط بین‌الملل نیست. مسئله او پیدا کردن راه و روشی است که بتواند به مردم ایران کمک کند و زندگیشان را سامان دهد. با این حال، اهمیت دارد که جایگاه او را در ساختار تئوریک روابط بین‌الملل جست و موقعیتش را تشخیص داد. یعنی پیدا کرد تا آنجا که به روابط خارجی مربوط می‌شود چه استدلالی دارد، از کجا الهام گرفته، در چه بستری فعال بوده، افکارش چگونه متحول شده، اهدافش کدام است، روش کارش چیست، چه تاثیر بر سیاست داشته، و نقاط ضعف و قدرت کارش کدامند؟ با شناخت این مشخصات می‌توان امیدوار بود که جایگاه وی در ساختار تئوریک و تفسیری روابط بین‌الملل مشخص شود و ما بتوانیم وی را بهتر بشناسیم.

روابط بین کشورهای جهان به اشکال متفاوت و گوناگون تعریف، تبیین و تفسیر شده‌اند، از جمله در نظریه رئالیسم، نظریه لیبرالیسم، نظریه آرمان‌گرایی (ایدئالیسم)، نظریه مارکسیسم، نظریه سازه انگاری، نظریه فمینیسم، نظریه پساساختارگرایی، و نظریه پسااستعماری. هر یک از این تئوری‌ها حامیان خود را در میان نظریه‌پردازان و فعالین سیاسی داشته و تاثیر خاص خود را گذاشته است.

به نظر می‌رسد که تاجزاده پس از ۴۰ سال فعالیت سیاسی، و آنگونه که عنوان شد، به نوعی تعریف واقع‌گرایانه (رئالیستی) در روابط بین‌الملل نزدیک است. نظریه‌ای که در روابط بین‌الملل موقعیت غالب را دارد. واقع‌گرایان معتقدند که هیچ اصولی وجود ندارد که مورد توافق مشترک در سطح جهانی باشد و به کشورها و دولت‌ها امکان بدهد که اعمال خود را بر اساس آن اصول هدایت کنند. در واقع شرایط آنارشی یا هرج و مرج و رقابت و درگیری سخت در روابط بین‌الملل حاکم است. در چنین شرایطی، کشورها مجبورند با رصد رفتار رقیبان از موقعیت اطراف خود آگاه شوند و بر اساس این دیدبانی، منافع ملی خود را تعریف و تبیین کنند و پیگیر سیاست موثر باشند.

واقع‌گرایان معتقدند که در شرایط بی‌قانونی جهانی، کشورها به اجبار از رویکردی واقع‌بینانه برای حل اختلافات احتمالی استفاده خواهند کرد. اینجا، فرض بر این است که دولت‌ها بازیگران یک وضع بین‌المللی آنارشی هستند و هیچ مرجعی وجود ندارد که بتواند تعاملات بین آنها را تنظیم کند، هیچ مرجعی که موثر، معتبر و تعیین کننده باشد. عناصر تعیین کننده در این سناریو، قدرت مادی کشورها، توازن قوای بین‌المللی و تلاش برای حفظ امنیت خود است.

می‌توان نظریه واقع‌گرایی را با دیگر نظریه‌های روابط بین‌الملل، از جمله، لیبرالیسم مقایسه کرد. لیبرالیسم خوش‌بینی بیشتری به ذات نیک و اخلاق انسان دارد و هماهنگی در نظام بین‌الملل را ممکن می‌داند و برای آن تلاش می‌کند. این مکتب معتقد است که وجود وابستگی‌های متقابل پیچیده در سطح جهانی امکان برقراری نوعی توازن و حاکمیت را میان کشورها ممکن می‌سازد. بر این اساس، دولت‌ها، بازیگران غیردولتی و نهادهای بین‌المللی باید برای ساختن و پیشبرد نهادهای مشترک جهانی تلاش کنند. واقعگرایان با آنچه موجود است دست‌وپنجه نرم می‌کنند و لیبرال‌ها برای جهانی بهتر در تلاشند. اولی بر واقعیت سخت موجود تاکید می‌کند و دومی بر عقلانیت و منافع مشترک و همکاری تاکید دارد.[i]

تفسیر دیگری که در روابط بین‌الملل رایج بوده و هست تفسیر پسااستعماری است.[ii] در این نظریه، وجود نظام استعماری و امپریالیستی به عنوان زیربنایی‌ترین اصل تعیین کننده روابط بین‌الملل مورد نظر قرار می‌گیرد و سیاست‌گذاری بر اساس آن تعیین و تکلیف می‌شود. نظریه‌پردازان پسااستعماری این اندیشه را که روشنگری غرب برتری عقلانی و فرهنگی دارد مورد حمله قرار می‌دهند و در این چارچوب مبارزه ضد استعماری و ضد امپریالیستی را تجویز می‌کنند. بخصوص تاکید دارند که مبارزه علیه حاکمیت استعماری نژاد سفیدپوست باید در چارچوب و بستری فرهنگی صورت بگیرد تا شوونیسم آن ویران شود.

---

[i] Kevin Bloor - Theories of Global Politics - E-International Relation - e-ir.info - ۲۰۲۲

[ii] Postcolonialism

می‌توان دید که افکار تاجزاده در مورد روابط بین‌الملل در طی سالیان بلند فعالیت سیاسی تحت تاثیر این مکاتب فکری بوده. در سال‌های جوانی ضد استعماری و انقلابی بود. بعدها به تدریجی به موضعی میان واقع‌گرایی و لیبرالیسم سیاسی رسید. نظرات او را می‌توان – کم و بیش، و با فراز و نشیب‌هایی – در این چارچوب فکری مشاهده و تعریف کرد. می‌توان به شواهدی اشاره کرد که نشان می‌دهد برداشت تاجزاده از روابط بین‌الملل طی چهل سال تغییر کرد و تحولات عمیقی را پشت سر گذاشت.

روند فکری روابط خارجی

برای اینکه امکان شناخت استدلال و موقعیت تاجزاده قابل دسترسی شود باید چارچوبی را که در آن متحول شده بررسی کرد. برای این کار، نخست باید سراغ انقلاب ۵۷ رفت. آنجا که پرچم مبارزه ضد استعماری برافراشته است و انقلابیون علیه امپریالیسم و صهیونیسم مبارزه می‌کنند. یکی از مهمترین پرچمداران این کارزار علی شریعتی است که بخش عظیمی از فعالین سیاسی، منجمله تاجزاده و گروهش "فلق"، تحت تاثیرش کار کردند. شریعتی در کنار دیگر اندیشمندان دهه ۵۰، مانند جلال ال‌احمد، سوار و عامل موج عظیم فرهنگی ایرانی برای یافتن "خویشتن خویش" بودند. موجی است که ال‌احمد از آن به عنوان غرب‌زدگی یاد می‌کند و تلاش علیه آنچه "غرب‌زدگی.. همچون وبازدگی" می‌خواند، و مبارزه در برابر فرهنگ وارداتی بورژوازی غربی توصیف می‌کند. شریعتی خود تحت تاثیر فرانس فانون، متفکر فرانسوی-ماترنیکی، است و افکار ضد استعماری او را منعکس می‌کند.

برای فانون روابط بین‌الملل رابطه میان استثمارگران و استعمارشدگان، و رژیمی غیرعادلانه است که نه فقط ابعاد نظامی و سیاسی دارد که عمیقا فرهنگی و روانی است. فانون خشونت سازمان یافته دستجمعی و راهبردی را برای سرنگونی رژیم استعماری و ایجاد نظم جدید اجتماعی تجویز و تشویق می‌کند. کتابش، "دوزخیان روی زمین" را شریعتی به فارسی ترجمه کرد و مانند او مبلغ و مشوق جهاد و شهادت در مبارزه ضد استعماری با غرب بود. چنین اندیشه‌ای بود که در انقلاب ۵۷ فائق آمد

و مسلط شد. بعدها، سر در وزارت خارجه جمهوری اسلامی با شعار "نه شرقی، نه غربی" تزئین شد. در چنین شرایطی بود که تاجزاده که در آمریکا تحصیل می‌کرد، به گروه فلق پیوست. گروهی که اعضایشان را به کمپ رادیکال‌های فلسطینی لبنان و سوریه برای آموزش چریکی می‌فرستاد.

پس از پیروزی انقلاب، ایت‌الله خمینی از مروجین روش رادیکال در سیاست خارجی شد. برداشت او در سیاست خارجی عمیقا ایدئولوژیکی بود و مبارزه علیه آمریکا و اسرائیل را مسئولیتی اخلاقی می‌دانست و خواهان صدور انقلاب شیعی به خاورمیانه بود. عالی‌ترین نمود چنین تفکری پافشاری وی در استمرار اشغال سفارت آمریکا و استمرار جنگ با حکومت بعثی صدام حسین در عراق بود. خمینی آمریکا را دشمن شماره اول بشر خواند و آنرا تشنه به خون مسلمانان توصیف کرد. معتقد بود که آمریکا برای سیطره خود از هیچ جنایتی خودداری نمی‌کند و دشمن همه ادیان است. هشدار می‌داد که اگر یک لحظه غفلت شود آمریکا و اسرائیل مملکت را از بین می‌برند.[i] رهبر بعدی، ایت‌الله خامنه‌ای نیز روش و منش خمینی را ادامه داد. از نظر خامنه‌ای، نظام لیبرال غربی پس از دوران جنگ جهانی دوم رو به افول گذاشته و سرانجام سقوط هژمونی آمریکا را به همراه خواهد داشت. اما برعکس، چین و روسیه قادر به بسط حوزه نفوذ خود شده‌اند و ایران باید روش "نه شرقی، نه غربی" را به نفع "نگاه به شرق" تغییر دهد. با چنین برداشتی، خامنه‌ای به شکل مستمر و گسترده سیاست خارجی ایران را برنامه‌ریزی و مدیریت کرد.[ii] این روش انقلابی و ضد استعماری رگه حاکم بر سیاست خارجی ایران در چهار دهه پس از انقلاب بود.

اما همزمان با فعالیت مستمر ضد استعماری خامنه‌ای و همراهان بنیادگرایش، کشور شاهد شکل‌گیری یک جریان تجدیدنظرطلب در داخل حکومت بود که خواهان برقراری نوعی همزیستی و رابطه مسالمت‌آمیز با جهان شد. این تجدیدنظر یکی از مهمترین و جدی‌ترین اختلاف‌نظرهایی است که در دستگاه سیاسی جمهوری اسلامی

---

[i] ۲۳ فرمایش کلیدی امام درباره آمریکا – سایت مشرق نیوز – ۲۷ مهر ۱۳۹۲

[ii] How Iran's interpretation of the world order affects its foreign policy - Javad Heiran-Nia - atlanticcouncil.org - ۲۰۲۲

رخ داد. اینجا، دو نظر متفاوت و متضاد شکل می‌گیرند. از یک طرف، تندروهای مذهبی و سیاسی که در حمایت دولت‌های محمود احمدی‌نژاد و ابراهیم رئیسی فعالند، و از طرف دیگر، جریان میانه‌رو که از دولت‌های هاشمی رفسنجانی، محمد خاتمی و حسن روحانی حمایت می‌کند. رفسنجانی از افرادی بود که پایان جنگ ایران و عراق را تشویق کرد، در از سرگیری روابط تهران و ریاض (در سال ۱۳۷۰) نقش داشت و در مورد رابطه با آمریکا به خمینی گفته بود "سبکی که الان داریم که با آمریکا نه حرف بزنیم و نه رابطه داشته باشیم قابل تداوم نیست".

تجدیدنظر در روابط خارجی در دوره خاتمی اوج بی‌سابقه به خود گرفت. خاتمی تز گفتگوی تمدن‌ها را روی میز گذاشت و در برابر نظریه‌پرداز آمریکایی، ساموئل هانتینگتون که معتقد به جنگ تمدن‌ها بود، روش همزیستی را پیشنهاد کرد. هانتینگتون هشدار می‌داد که در قرن آینده رویاروئی بین تمدن‌های غربی با تمدن‌های اسلامی و کنفسیوسی اجتناب‌ناپذیر است. اما خاتمی گفت که نظریه گفتگو می‌تواند تنوع فرهنگی میان بازیگران جهانی را مایه همکاری و برابری کند و به دوستی و همبستگی جهانی بی‌انجامد.

در دوره حسن روحانی هم تلاش بزرگی در پیشبرد این تجدیدنظرطلبی صورت گرفت.[i] روحانی با نوعی آرمان‌خواهی واقع‌گرایانه و محاسبه‌گرایی در تعامل با نظام جهانی کوشش کرد به نوعی تنش‌زدایی بین‌المللی برسد که حاصل آن امضاء توافق‌نامه برجام (۲۰۱۵) بود. روحانی که از جمله برای عید سال نو یهودیان پیام تبریک می‌فرستاد معتقد بود که ایران باید بدنبال تعامل سازنده بر اساس احترام متقابل و منافع مشترک با دیگر کشورها باشد. و اینکه می‌توان به چارچوبی برای مدیریت کشمکش‌ها رسید.

اختلاف میان این دو جریان فکری و سیاسی در عالیترین سطح رهبری جمهوری اسلامی قابل توجه و با اهمیت است. این تلاش برای ایجاد تغییر در یکی از اساسی‌ترین راهبردهای کشوری است. نمی‌توان تاثیر آنرا بر اندیشه و کار سیاسی تاجزاده نادیده

[i] گفتمان احتمالی سیاست خارجی روحانی در پرتو نظریه‌ها، علیرضا کریمی، ۱۳۹۲

گرفت. در واقع، استدلال‌های او در قبال سیاست خارجی را باید با توجه به چنین سابقه و کارنامه اختلاف جناحی دید و بررسی کرد.

نقد نظریه تاجزاده و مسئله دشمنی ایران با اسرائیل

می‌توان انتقادهای متفاوت و گوناگونی نسبت به تاجزاده، به عنوان یک سیاستمدار میانه‌رو، در حوزه سیاست خارجی داشت. برخی از این انتقادها، و تجدیدنظرها، توسط خودِ افراد میانه‌رو بیان شده که در بخش‌های مختلف این تحقیق به آنها اشاره شده است. اما شاید مهمترین کاستی و کمبودی که در این جریان تجدیدنظرطلب وجود دارد توجه به مسئله اسرائیل و رابطه ایران با این کشور است. می‌توان به جد گفت که اسرائیل گره کور سیاست خارجی ایران محسوب می‌شود؛ که اسرائیل یکی از علل اصلی شکست برجام بود؛ که اسرائیل شکلی از جنگ نامتقارن را علیه ایران پیش می‌برد.[i] اما میانه‌روها مستمرا این نکته را نادیده گرفته‌اند که مبارزه قهرآمیز با اسرائیل برای "محو رژیم صهیونیستی از صفحه روزگار" یکی از زیربنایی‌ترین محورهای سیاست خارجی ایران است و بدون تغییر در آن، امر تجدیدنظر در کلیات راهبردی سیاست خارجی عملا غیرممکن می‌باشد.

دشمنی جمهوری اسلامی با اسرائیل دلائل گوناگون دارد، ایدئولوژیکی، مذهبی و ضد استعماری. از جمله اینکه تندروهای اسلامی سعی کرده‌اند روابط بین‌المللی را بر مبنای تضاد ایمان با کفر؛ حق علیه باطل و "طواغیت و گرگ‌های جهانخوار" در برابر توده‌های مظلوم و قربانی تفسیر و تعیین کنند. در چنین دستگاه فکری، رفتار ابرقدرت‌ها غیر عقلی و بر مبنای زور تفسیر می‌شود که باید با آن جنگید. اینجا نبرد ایمان مذهبی و مسلمانی با شیطان و کفر چارچوبی است که باید رفتار خود را در آن تنظیم کرد. این

---

[i] از جمله قتل دانشمندان هسته‌ای؛ ربودن اسناد محرمانه؛ نفوذ در دستگاه امنیتی؛ حمله پهبادی و موشکی به پالایشگاه‌ها؛ غرق کشتی‌های نیروی دریایی و تقویت گروهای تندروی اپوزیسیون.

فلسفه سیاسی مبنای بسیاری از مهمترین روابط خارجی نظام جمهوری اسلامی، از جمله با اسرائیل، است.

عامل دیگری که بر سیاست ضد اسرائیلی جمهوری اسلامی تاثیر دارد تفکر ضد یهود است. این تفکر ریشه در برداشتی ارتجاعی از قران و سنت اسلامی دارد، و از آن الهام می‌گیرد، از جمله، آنجا که در قران آمده "بطور مسلم دشمن‌ترین مردم نسبت به موئمنان را یهود و مشرکان خواهی یافت" (مائده–۸۲). ایت‌الله خمینی در کتاب ولایت فقیه آورده که "اسلام در آغاز گرفتار یهود شده... [و] دامنه آن تابحال کشیده شده" است. آقای خامنه‌ای در یک سخنرانی می‌گوید که [خداوند] "یک جا هم فرموده: و لن ترضی عنک الیهود و لا النّصاری حتّی تتّبع ملّتهم [هرگز یهود و نصاری از تو راضی نخواهند شد [i]]، تا وقتی کمند آنها را به گردن نیندازید، دنباله‌رو آنها نشوید، همین آش است و همین کاسه". ایت‌الله مصباح یزدی درباره اسرائیل می‌نویسد: "این سرزمین مقدس در نفوذ غاصبان و شیاطین قرار دارد... که در پی حاکمیت مطلق بر تمام نژادها و ملت‌ها هستند." چنین برداشت‌هایی از قوم یهود میان رهبران و نهادهای گوناگون جمهوری اسلامی قابل مشاهده است. از این منظر حضور و حاکمیت قوم یهود بر قبله اول مسلمانان ضرورت مبارزه با "رژیم صهیونیستی" را در جهت آزادسازی این قبله و خواندن نماز سیاسی در آن ضروری می‌کند.

خارج از تفکر اسلامی، عامل دیگر تعیین کننده رفتار جمهوری اسلامی، نقش اسرائیل به عنوان متحد منطقه‌ای استعمار و امپریالیزم غرب است. اسرائیل نزدیکترین عنصر منطقه‌ای همان آمریکایی است که کودتای ۲۸ مرداد را سازمان داد، از استبداد شاهنشاهی پهلوی حمایت کرد و از پشتیبانان جنگ صدام حسین با ایران بود. اسرائیل هر سال میلیاردها دلار از آمریکا برای پیشبرد قدرت نظامی خود کمک می‌گیرد و پیکان سیاست خارجی آمریکا در خاورمیانه محسوب می‌شود. در این چارچوب، می‌توان تاثیر اندیشه چپ سکولار را ارزیابی کرد. اندیشه‌ای که با عنوان ضرورت مبارزه جهان

---

[i] قران سوره بقره، آیه ۱۲۰

سوم با استعمار اروپائیان (عمدتا سفید پوست) توسط اندیشمندان چپگرا حلاجی شده و از بستر اندیشه سکولار و چپ اروپایی بر اندیشه اسلام انقلابی تاثیر گذاشته است.

جریان میانه‌رو در جمهوری اسلامی ایران عمدتا به نکات فوق بی‌توجه بوده و این بی‌توجهی یکی از عللی است که این گره کور همچنان سرنوشت سیاست خارجی ایران را تعیین می‌کند. تاجزاده در مواردی به مسئله اسرائیل اشاره داشته و خواهان تغییر شده است. مثلا در یک توئیت می‌گوید که ممنوعیت رودررویی با ورزشکاران اسرائیلی، موجب محرومیت ورزشکاران ایرانی از حضور در مسابقات و کسب عناوین قهرمانی و شادی ملی است. یا در آغاز جنگ غزه، حمله حماس را "خطا و پرهزینه" دانست به ویژه آنکه "شواهدی جدی بر نقض حقوق بشر علیه غیر نظامیان" توسط این گروه دلالت دارد. [i] اما این مواضع به معنای تلاشی سازمان یافته و گسترده میان میانه‌روهای ایرانی، و از جمله شخص تاجزاده، برای بررسی عمیق مسئله روابط با اسرائیل، و ارائه راه حل موثر و مفید، نبوده است.

[i] در عین حال، وی در مورد بمباران گسترده غزه گفت که "به نسل کشی شبیه‌تر تا مقابله با حماس" است؛ و خواهان پایان این حملات وحشیانه شد.

فصل دوازدهم

حقوق و مسئولیت مردم در سیاست

"یک مملکت، یک دولت، آن هم به رأی ملت"
از شعارهای مردم در سال ۱۳۵۷

خلاصه

تفسیری که از ذات و طبیعت سیاسی انسان ارائه می‌شود نقش مهمی دارد در اینکه سیاست ورزی به چه شکلی انجام بگیرد. چگونگی این تفسیر تعیین می‌کند که نقش، حقوق و مسئولیت مردم در سیاست چیست. در این مورد، تاجزاده:

- می‌گوید که نظری مثبت به ماهیت سیاسی مردم ایران دارد و آنها را عاقل، دانا و قابل اعتماد می‌داند. اما در عین حال، در افکارش نوعی نگرانی عمیق درباره آنها دیده می‌شود.

- حقوق اجتماعی و سیاسی مردم را مورد توجه قرار می‌دهد و از جمله تاکید دارد که حق تعیین سرنوشت و پاسخگو کردن حکومت از خواسته‌های به حق ایرانیان در دوران معاصر است.

- در قبال حق اعتراض، آنرا می‌پذیرد و از آن دفاع می‌کند، اما خشونت را خط قرمز خود می‌داند و حاضر به تغییر موضع در این قبال نیست.

- تاکید خاص دارد که با پافشاری بر حق اعتراض خشونت‌پرهیز مردم می‌توان به مطالبات و اهداف مشخص اجتماعی دست پیدا کرد.

موضوع "مردم" در امر سیاست چیست؟

نظریه‌پردازان و فعالین سیاسی از زوایای گوناگون موضوع "انسان در صحنه سیاست" را بررسی کرده‌اند. از جمله پرسیده‌اند ماهیت و طبیعت سیاسی انسان چیست؟ مردم چه نقشی در جامعه و در ارتباط با قدرت سیاسی دارند؟ حقوق مردم چیست و یا چه باید باشد؟ برای پاسخ به این سوال‌ها، و از جمله ماهیت، حقوق، مسئولیت و نقش مردم در نظام سیاسی بحث‌های گسترده‌ای صورت گرفته است. اهمیت این بحث‌ها در آن است که تاثیر گذار بر مسائل مربوط به حکومت‌داری، حقوق مردم و عدالت اجتماعی بوده‌اند، حتی اگر تفاوت داشته و در طول زمان متحول شده‌اند.

در یونان باستان، فیلسوفانی مانند افلاطون و ارسطو مفهوم مردم را در چارچوب دولت ایده‌آل و مطلوب تعریف کردند. افلاطون در کتاب "جمهوری" نظریه جامعه عادل را، که توسط شهریاران فیلسوف اداره می‌شود، مورد بررسی قرار داد و بر اهمیت آموزش در شکل دادن به شخصیت سیاسی مردم تأکید داشت. ارسطو در کتاب "سیاست"، اشکال مختلف حکومت از جمله دموکراسی، اشرافیت و استبداد را مورد بحث قرار داد و تأثیر آنها را بر رفاه مردم ارزیابی کرد. در دوران روشنگری اروپا (قرون ۱۷ و ۱۸ میلادی)، متفکرانی مانند جان لاک، ژان ژاک روسو و توماس هابز توجه خود را معطوف به نقش مردم در شکل‌گیری اقتدار سیاسی و قرارداد اجتماعی کردند. لاک استدلال کرد که مردم، از طریق یک قرارداد اجتماعی، دولت‌هایی را برای محافظت از "حقوق طبیعی" خود (در قبال زندگی، آزادی و اموال) تشکیل می‌دهند و مشروعیت حکومت از رضایت مردم ناشی می‌شود. تاکید روسو بر "اراده عمومی" و اهمیت اراده جمعی مردم در اداره جامعه دموکراتیک بود. در یک قطب دیگر، هابز دیدگاه بدبینانه‌ای نسبت به ذات انسان داشت و استدلال می‌کرد که زندگی بشر عموما "نکبت بار، حیوانی و کوتاه" است. به همین خاطر، مردم در یک قرارداد اجتماعی گردهم می‌آیند و قدرت و اختیار مطلقه را به یک شخص واگذار می‌کنند تا تحت سلطه وی، از این وضعیت سخت و اسف انگیز طبیعی رهایی یابند.

در دوران مدرن، اندیشه سیاسی درمورد "مردم" بیش از پیش متحول می‌شود. از جمله، کارل مارکس نقش مردم را در چارچوب مبارزه طبقاتی و تشکیل جامعه کمونیستی بررسی می‌کند. استدلالش این است که طبقه کارگر در نهایت طبقه بورژوازی را سرنگون و جامعه بی‌طبقه‌ای را، تحت رهبری دیکتاتوری پرولتریا، برقرار می‌کند. در قطبی دیگر، جان استوارت میل از آزادی فردی دفاع می‌کند و بر اهمیت حمایت از حقوق اقلیت‌ها حتی در یک جامعه دموکراتیک تأکید دارد و نگران استعداد اکثریت مردم در شکل دادن به حکومت استبدادی است. در قرن بیستم و پس از آن، فیلسوفان سیاسی، مانند هانا آرنت و میشل فوکو، همچنان توجه خود را معطوف به رابطه میان مردم و قدرت سیاسی می‌کنند و آن‌را مورد بررسی قرار می‌دهند. آرنت در آثاری مانند کتاب "وضع بشر" به بررسی مفهوم کنش سیاسی و اهمیت مشارکت عمومی در جامعه می‌پردازد. تحلیل‌های فوکو از قدرت و دانش روشن می‌سازد که چگونه مردم در معرض اشکال مختلف کنترل اجتماعی قرار می‌گیرند و چگونه در برابر این مکانیسم‌ها مقاومت می‌کنند و یا با آن‌ها سازگار می‌شوند. به طور خلاصه، متفکرین مفهوم سیاسی "مردم" را از زوایای مختلف، و از جمله ماهیت، حقوق، نقش و تعامل با حکومت مورد بررسی قرار داده‌اند. افکار آن‌ها به توسعه نظریه‌ها و نظام‌های سیاسی، از جمله دموکراتیک، توتالیتر و سوسیالیستی، کمک کرده و درک انسان از رابطه بین مردم و دولت را شکل داده است. [i] در اینجا، جنبه‌های نظریه تاجزاده بررسی می‌کنیم.

آیا سرشت سیاسی مردم عقلانی است؟

یکی از مسائلی که در بررسی افکار سیاسی باید به آن پرداخت مسئله ذات انسان است، یعنی اینکه ماهیت و ذات اجتماعی و سیاسی انسان چیست و چگونه باید آن‌را تعریف و

Stanford Encyclopedia of Philosophy - plato.stanford.edu [i]
Internet Encyclopedia of Philosophy - www.iep.utm.edu
Oxford University Press - www.oxfordreference.com
plato.stanford.edu/entries/human-nature

تفسیر کرد. برداشت تاجزاده از انسان سیاسی معاصر ایرانی عموما خوش بینانه است. ذات سیاسی ایرانیان را مثبت ارزیابی می‌کند و از جمله آنها را اگاه، با تجربه و واقع‌بین می‌داند. می‌گوید وقتی به مردم و جامعه نگاه می‌کند سراپا امید می‌شود. علتش آنکه ایرانیان بخاطر تجربه مشروطه، انقلاب ۵۷ و فضای نیمه-بازِ بعد از آن رشد کرده‌اند. رفتارشان "در سطح کشورهای توسعه یافته و دمکراتیک" است؛ بالای ۷۰ درصد راه نجات کشور را دمکراسی می‌دانند؛ در سیاست واقع‌بین هستند؛ و شاخص‌ها نشان از یک جامعه رشد یافته، رشید و فهمیده دارد. تاجزاده می‌گوید فهم جامعه ایرانی از سطح فهم حکومت جلوتر است و مردم می‌دانند که به زور نمی‌توان حکم کرد. به اضافه، تک تک آدم‌ها به تدریج شهروندِ مطالبه‌گر شده‌اند. هیچکس کسی را برتر از خود نمی‌داند، جمهوریت به عمق وجودش رفته و حاکمیتی منبعث از اراده خود می‌خواهد.

با این خوشبینی، تاجزاده معتقد است که مردم ایران ظرفیت فرهنگ دمکراتیک را دارند. آشوب نمی‌خواهند و در پیشبرد اهدافشان توانا می‌باشند. می‌گوید هشتاد میلیون نفر آنها در اقصی نقاط ایران، مطالبات ملی و حقوقی و شهروندی دارند. "مردم ما ظرفیت دمکراسی دارند... اگر دمکراسی به معنی حکومت اکثریت باشد مردم کاملا به آن تمکین کرده‌اند. اگر به معنی انتخابات آزاد باشد رفتار مردم قابل قیاس است با کشورهایی که سابقه ۲۰۰ ساله انتخابات دارند". به اضافه معتقد است که دیوار ترس جامعه فرو ریخته و زن و مرد ایرانی اراده کرده‌اند که سرنوشت میهن خود را تعیین کنند و در برابر نقض حقوق و آزادی بایستند.

با این تفاصیل، واضح است که تاجزاده نظری کاملا مثبت به انسان سیاسی ایرانی دارد. او را موجودی عاقل، دانا و قابل اعتماد می‌داند. ماهیت اجتماعی ایرانی را تکرو، متخاصم و جنگی نمی‌شناسد. امیدوار است که مردم بتوانند مصلحت مشترک خود را تشخیص دهند و با هم همکاری و همزیستی کنند. تاجزاده در این مورد اظهار نظر نمی‌کند که توده‌های مردم می‌توانند به خاطر نادانی و یا تحت تأثیر ذهنیت گروهی و زیر بیرق رهبران کاریزماتیک دست به هر کاری بزنند. او بر این نکته تامل ندارد که انسان ذاتاً منفعت طلب است و بر اساس منافع و خواسته‌های شخص خودش کار می‌کند و می‌توانند دست به اقدامی بزند که خلاف مصلحت مشترک و جمعی باشد، و

اینکه این واقعیت باید در معادله سیاسی لحاظ شود. طرز تفکر تاجزاده، با نظر کلاسیک لیبرال، که در تحلیل نهایی، به عقلانیت و استقلال فرد اطمینان می‌کند همخوان است. نظریه‌ای که می‌گوید مردم قادر به انتخاب‌های منطقی و عقلانی هستند.

با این حال، باید این خوشبینی را که تاجزاده، درباره ذات و رفتار سیاسی ایرانیان عنوان می‌کند، با ملاحظه و تامل ارزیابی کرد. او، از یک سو، بر فرهنگ توسعه یافته جامعه تاکید دارد، اما از سوی دیگر، همانطور که در بخش‌های دیگر این تحقیق گفته شده، تاکید بر خطر خشونت می‌کند و نگران جنگ داخلی است. اطمینان به مردم یکی از فرازهای مهم ساختار فکری او است اما در عین حال نگرانی از احتمال اقدام سیاسی خشونت محور و احتمال جنگ داخلی نیز یک فراز دیگر است. یعنی، علی‌رغم نگاه مثبتی که به انسان معاصر ایرانی دارد، یک بدبینی، نگرانی، تامل و ملاحظه عمیق هم در فکرش قابل روئیت است. در واقع خوش‌بینی و بدبینی او را در کنار هم باید دید. آری، خوشبین به عقل سیاسی مردم است ولی در عمل نگرانی دارد.

آیا تکثر اجتماعی به درگیری می‌انجامد؟

تکثر موضوع دیگری است که تاجزاده در توجه به طبیعت سیاسی ایرانیان به آن می‌پردازد. تکثر به معنای چند پارگی و تعدد سیاسی. تکثر به معنای وجود تنوع در منافع، اعتقادات و سبک سیاست‌ورزی. اینجا سوال این است که آیا جامعه موجودی یکدست و هماهنگ است و فرد خود را متعلق و تابع نظم یک پارچه حاکم بر جامعه می‌داند؟ یا اینکه جامعه متکثر، چند پاره و متنوع است و باید جامعه را بر اساس این تنوع تفسیر و تبیین کرد. مشکل سیاسی آنجا است که اگر تکثر به رسمیت خوانده نشود نوعی استبدادِ تک محوری حاکم خواهد شد ولی اگر، از سوی دیگر، اختلاف‌های گوناگون مبنا و معیار مطلق قرار گیرند می‌توانند زمینه تضاد، درگیری و برخورد قهرآمیز را فراهم کنند. بر این اساس گفته می‌شود ضروری است که باید همزمان از تک محوری افراطی و یا کثرت گرایی تفریطی پرهیز کرد تا امکان همزیستی مسالمت‌آمیز منافع، اعتقادات و سبک‌های مختلف زندگی فراهم شود. در این روند، باید از تسلط

یک گروه یا جناح نظام سیاسی جلوگیری کرد تا امکان گفتگو و تعیین منافع مشترک فراهم شود. ولی در عین حال نباید اختلاف و تضاد را معیار تعیین کننده قرار داد تا امور به قهر منتهی نشود. بنظر می‌رسد که این دیدگاهی است که تاجزاده تشویق می‌کند.

در مورد تعدد هویت‌های اجتماعی، تاجزاده می‌گوید که تکثر از انکارناپذیرترین واقعیت‌های ایران ما است. جامعه ایران متکثر است و هیچ فرد و جناحی ندارد که به تنهایی ۵۰ به اضافه ۱ درصد از مردم را نمایندگی کند. جامعه متکثر، متحول، با علائق و منافع متنوع و حتی متضاد است. "بی‌حجاب و باحجاب، شهری و روستایی، مسلمان و سکولار" دارد. تلاش برای یکپارچه کردن، غیرضروری و چه بسا منفی است. می‌گوید اشتباه است که بخواهیم به تحلیل مشترکی در تمام امور، از جمله گذشته تاریخی، برسیم. مهم این است که در قبال ضوابط دمکراسی، به عنوان راه نجات ایران توافق حاصل شود و همه مردم روی آن مواضع بایستند. می‌گوید راه حل، پذیرش تکثر شهروندان و سبک‌های زندگی، رفتار محترمانه با یکدیگر، و مدارا نسبت به عقاید متفاوت است. "باید راهی پیدا کنیم که همه را پوشش بدهد، به رغم همه اختلافاتی که وجود دارد... راهی جز گفتگو با یکدیگر و مشارکت کردن تمام مردم از هر دین و مذهب، قوم و نژاد و زبان و طبقه، زن و مرد، در مدیریت میهن نداریم تا به راهکاری برسیم که خیر عمومی در آن است." به عبارت دیگر، تاجزاده تکثر اجتماعی را می‌پذیرد و به پذیرش عمومی آن خوشبین است. اما نگرانی‌هایی را هم می‌توان همزمان مشاهده کرد. نگرانی از احتمال وقوع درگیری و تضادهای قهرآمیز.

آیا مردم حقوقی دارند؟

بحث در مورد حقوق اجتماعی افراد از مواردی است که نظریه‌پردازان و فعالین سیاسی به شکلی اساسی و گسترده به آن پرداخته‌اند. یعنی تلاش کرده‌اند مشخص کنند که آیا افراد و اعضای جامعه حقوقی دارند یا خیر؟ اگر دارند، این حقوق چیست؟ بر چه پایه‌ای باید حقوق مردم را مشخص کرد؟ آیا این حقوق، الهی، طبیعی و یا قراردادی است؟ مبنای حق بیان، حق تعیین سرنوشت و حق رای چیست؟ آیا این حقوق شامل

موارد اجتماعی و اقتصادی (مانند دسترسی به آموزش، بهداشت و زندگی مناسب) می‌شود؟ این نوع بحث‌ها بود که در صحنه عمل سیاسی، در سال ۱۹۴۸ پس از جنگ دوم جهانی، زمینه را فراهم کرد و موجب تصویب اعلامیه جهانی حقوق بشر به عنوان یک پیمان مهم و راهنمای بین‌المللی شد. در اولین بند این اعلامیه آمده است: "تمام انسان‌ها آزاد زاده شده و در حرمت و حقوق با هم برابرند. عقلانیت و وجدان به آنها ارزانی شده و لازم است تا با یکدیگر عادلانه و انسانی رفتار کنند."

تاجزاده در نوشته‌ها، سخنرانی‌ها و مصاحبه‌های خود بصورت پراکنده به مسئله حقوق اجتماعی و سیاسی شهروندان می‌پردازد. از جمله به حق تعیین سرنوشت و حق پاسخگو کردن حکومت اشاره دارد. می‌گوید معنی شعارهای سیاسی مردم ایران در دوران معاصر این بوده که "حق حاکمیت ملی و حق حاکمیت هر نسل بر سرنوشت خود" برسمیت شناخته شود. می‌گوید هر ملتی حق دارد سرنوشت خود را تعیین کند و هیچ معیاری برای حکومت جز رای مردم نیست. "کاری نداریم اگر کسی فکر می‌کند از جایی تایید دارد و نماینده یک طبقه، خدا یا امام زمان است. آیا رای مردم را دارد یا ندارد؟" به معنایی، تاجزاده به مردم حق می‌دهد حکومت را تعیین کنند.

به اضافه، از حق بیان و حق نمایندگی و حق تشکل‌های مدنی دفاع می‌کند. یک جا می‌گوید: "شما حق دارید حرف دیگران را نقد کنید و بگویید سر تا پا اشتباه است." جای دیگر، می‌گوید افراد حق دارند نامزد پست‌های سیاسی شوند. تا آنجا پیش می‌رود که رقیب دیرینه و کهنه خود را برسمیت می‌شناسد. می‌گوید اگر فردا رضا پهلوی حزبی تشکیل بدهد و بخواهد فعالیت سیاسی کند و در انتخابات شرکت کند از او دفاع خواهد کرد.

برای برسمیت شناخته شدن حقوق مردم، می‌گوید تبعیض باید برداشته شود. مردِ روحانیِ، مسلمانِ شیعه نباید دارای حق ویژه در سیاست باشد. تاجزاده به حقوق مدرن و دمکراتیک مردم نظر دارد و آنرا برسمیت می‌شناسد. در بیان افکارش، به شکل پراکنده و به مضامین متفاوت، مکرر به این مسئله اشاره دارد.

آیا مردم حق اعتراض دارند؟

در بررسی حقوق مردم یکی از مسائلی که مورد بحث قرار می‌گیرد حق اعتراض است. حق اعتراض به معنای ترکیبی از حق بیان و حق تجمع در عیب گیری از حکومت. و اینکه در تعیین و تعریف رابطه میان حکومت و شهروند، این حق اعتراض مردم چگونه است، و آیا این حق ، تعهد و مسئولیت مشخصی هم برای مردم به همراه می‌آورد یا خیر. در تاریخ معاصر ایران این حق و این مفهوم به ندرت برسمیت شناخته شده و به ندرت جنبه حقوقی و قانونی به خود گرفته است. نه در چهار دهه حاکمیت جمهوری اسلامی و نه در شش دهه حکومت پهلوی، دوره طولانی مدتی وجود دارد که در آن حکومت نسبت به این حق روی خوش نشان داده باشد.

طرح مسئله حق اعتراض، با توجه به تظاهرات و ناآرامی‌های سالهای ۹۶، ۹۸ و ۱۴۰۱ اهمیت پیدا کرد. در اعتراض اول، گفته می‌شود، چند ده نفر کشته شدند. در اعتراضات بعدی، گفته می‌شود حدود ۳۲۰ نفر جان خود را از دست دادند. در ناآرامی‌های ۱۴۰۱ بیش از ۵۰۰ نفر معترض و حدود ۶۰ تا ۷۰ نفر از طرفداران حکومت کشته شدند. تخمین زده می‌شود که صدها هزار نفر در این اعتراضات، در ده‌ها شهر، شرکت کردند، و ده‌ها هزار نفر مجروح و یا دستگیر شدند. به این ترتیب بود که این ناآرامی‌ها جنبه حیاتی پیدا کرد. در واقع، این تحولات نشانی از قدرتمند شدن مردم در برابر حاکمیت، و تغییر توازن قدرت سیاسی میان جامعه و حکومت بود. می‌توان آنرا به این معنا تفسیر کرد جامعه تلاش داشت موقعیت مستقل خود را در برابر حکومت رسمیت ببخشد و این تلاش به بحث حق اعتراض دامن زد و آنرا در حوزه فکر سیاسی فراگیر کرد.

در دوره‌های مختلف تاریخ، نظریه‌پردازان سیاسی به انواع گوناگون به این مسئله پرداخته‌اند. برخی از آنها حق اعتراض و انقلاب را، تا حد تایید و ستایش از مقاومت و خشونت، ترویج و تشویق کرده‌اند. از جمله، نظریه‌پردازان لیبرال در این مورد به شکل گسترده بحث کرده‌اند. گفته‌اند که در چارچوب قرارداد اجتماعی، مردم برخی از حقوق و آزادی‌های طبیعی خود را در ازای امنیت و ارتقای رفاه خود به حکومت واگذار می‌کنند.

بدین سان مردم از یک سو به قوانین و مقررات نظم حاکم تن می‌دهند و از سوی دیگر در فرآیند تصمیم‌گیری، از طریق رأی دادن یا ابزارهای دیگر، مشارکت می‌کنند. بدینسان، و در این چارچوب، نوعی قرارداد اجتماعی بوجود می‌آید و حفظ می‌شود. اما چنانچه حکومت این قرارداد را زیر پا بگذارد و یا اینکه برخی مفاد این قرارداد نیاز به تغییر داشته باشد، مردم حق اعتراض دارند. در تعیین حد و حدود چنین اعتراضی، برخی متفکرین لیبرال تا این حد پیش رفته‌اند که حق انقلاب و فروپاشیدن حکومت را برسمیت می‌شناسند. از جمله جان لاک، به عنوان یکی از مهمترین نظریه‌پردازان عصر روشنگری، حق اعتراض تا انقلاب برای سرنگونی حکومت را استدلال و تبیین می‌کند. لاک دو شرط را برای اعتراض انقلابی ضروری می‌داند. یکی اینکه حکومت اساسی‌ترین و بینادی‌ترین حقوق مردم را زیر پا گذاشته باشد و دیگر اینکه انقلاب خشن، نه بعنوان راه حل برای تمام اختلاف نظرهای سیاسی بلکه به عنوان آخرین و نهایی‌ترین ابزار کار مورد استفاده قرار بگیرد. موقعیت تاجزاده در مورد موضوع حق اعتراض، به نظریه پردازان لیبرال و دمکرات نزدیک است. او هم از حق اعتراض حمایت می‌کند. اما فرقش آنجاست که بطور مشخص تا مرحله ترویج خشونت پیش نمی‌رود، چرا که اصولا آنرا ابزاری ناموفق می‌داند که نمی‌تواند هدف والاتر سیاسی را محقق کند.

در صحنه سیاسی ایران موضع تاجزاده میان دو قطب نیرومند می‌نشیند. اپوزیسیون رادیکال، همانند تاجزاده، حق اعتراض را می‌پذیرد اما نوعی اعتراض تهاجمی و انقلابی را تشویق می‌کند، بخصوص بر حق دفاع مشروع، تاکید دارد و آنرا اعمال خشونت در دفاع خویش می‌خواند، و ضد حمله را تجویز می‌کند. معتقد است مردم حق دارند در برابر حکومت ظالم اعتراض کنند و در صورت نیاز دست به خشونت بزنند. یعنی، به معنایی حق اعتراض را در یک چارچوب جبر تاریخی اینگونه تفسیر می‌کنند که بطور طبیعی و اجتناب ناپذیر به سوی مقاومت و اعمال خشونت در برابر حکومت می‌رود. برخی از آنها حتی پرهیز از خشونت را به معنی ترس و بزدلی تفسیر می‌کنند. این نوع تفکر در اسناد و تبلیغات منتشر شده توسط اپوزیسیون انقلابی، از جمله شورای مدیریت گذار، شاهزاده رضا پهلوی و حزب دمکرات کردستان قابل روئیت است.

در قطب دیگر، مدافعان جمهوری اسلامی هستند. آنها در واکنش به اعتراضات گسترده مردم، حاضر به قبول و مشروعیت بخشیدن به آن نبوده‌اند. اعتراضات را نوعی اغتشاش، ساختار شکنی، اقدام غیرقانونی و تشویق به چرخه خشونت اجتماعی تفسیر کرده‌اند. از جمله، ایت‌الله خامنه‌ای، اعتراضات خیابانی را حمله به امنیت ملی و وحدت ملی دانسته. آنرا بحران سازی توسط دشمن (آمریکا) در جهت اختلاف سازی قومی، مذهبی و جنسیتی معرفی کرده است. خامنه‌ای گفته که این ناآرامی‌ها "موجب خوشحالی کفار می‌شود" و وظیفه حکومت مقابله و عقیم کردن آن است. به اضافه، گفته کسانی که امنیت ملی را تهدید می‌کنند دشمن ملت هستند و دانسته یا نادانسته برای دشمن کار می‌کنند.[i] رئیس جمهور وقت، ابراهیم رئیسی، هم با تعاریف و زبان مشابهی صحبت کرده و از جمله اعتراضات ۱۴۰۱ را اغتشاش علیه امنیت، آرامش، کسب و کار و اذهان دانسته است. واضح است که برداشت تاجزاده از حق اعتراض با هیچ یک از این قطب‌های افراطی و تفریطی همخوانی ندارد.

تاجزاده چه حق و حدودی برای اعتراض قائل است؟

تاجزاده به مردم حق می‌دهد که به حکومت اعتراض کنند. اما تاکید مکرر دارد که در این روند باید از خشونت پرهیز کرد. نوعی خط قرمز برای اعتراض دارد و فقط شرایطی را که به درگیری و خشونت نمی‌انجامد تشویق می‌کند. او هم با مواضع محافظه‌کاران حکومتی فاصله دارد و هم از اپوزیسیون رادیکال دور است. حق اعتراض به رفتار حکومت و در عین حال دوری گزینی از خشونت را، کنار هم و همزمان با هم، تذکر می‌دهد. مکرر می‌گوید که تاکید بر برسمیت شناخته حق اعتراض دارد. "من بارها از اجتماعات خیابانی دفاع کرده‌ام. بدون تردید، هر وقت ملت به هر دلیل بخواهند تظاهرات کنند من از حقوق آنها دفاع کرده‌ام، می‌کنم و خواهم کرد. هر وقت هم که حکومت بخواهد آنها را سرکوب کند، به هر دلیلی و در هر دولتی، من محکوم می‌کنم.

[i] سخنرانی رهبر، ۲۰ شهریور ۱۴۰۲

بسیاری از کسانی که امروز به خیابان می‌آیند می‌خواهند [مسئله] تظاهرات را بصورت مسالمت آمیز حل کنند. این گام بزرگی است. درست مثل اینکه انتخابات آزاد شود." مشخصا، اعتراضات گسترده ایرانیان (در دهه نود و پس از آن) را به عنوان صدای بی صداها تفسیر و توجیه می‌کند.

یکجا می‌گوید اجتماعات ۹۶ را می‌توان تجمع قشرهایی از مردم و به ویژه جوانان تحصیلکرده و بیکاری دانست که آینده روشنی پیش روی خود نمی‌دیدند و نسبت به فشار و تبعیض‌ها در جامعه معترض بودند. مخصوصا جوانانی که دیده نشدند و احساس می‌کردند صدای آنها شنیده نشده و پیامشان دریافت نشده است. "آنها می‌خواهند به نوعی توجه جامعه و دولتمردان را به خود و مطالباتشان جلب کنند؛ چراکه تداوم این وضع را برای خود قابل تحمل نمی‌بینند. این تجمعات قطعا اعتراضی است."

در مورد جنبش ۱۴۰۱ مهسا، که چندین ماه بدرازا کشید و چند صد کشته بجا گذاشت، تاجزاده آنرا تحولی مدنی تفسیر می‌کند و آنرا با تاکید بر ضرورت خشونت پرهیزی مفید تشخیص می‌دهد. می‌گوید جنبش "زن، زندگی، آزادی"، خیزش مبارک و در همدلی با درصد عظیمی از شهروندان بود که به رغم هزینه‌ها و قربانی‌هایش دست‌آوردهای بزرگی داشت و فرصت‌های جدیدی خلق کرد. توصیه می‌کند که فرصت مغتنم شمرده شود.

به اضافه اینکه خیزش "زن، زندگی، آزادی" نشان داد که قبل از اصلاح قانون اساسی، حتی در شرایط یکدستی حاکمیت اقتدارگرا، می‌توان به اصلاح و دستاورد بزرگی در حد مخالفت با اجبار حجاب و آزادی نسبی پوشش نائل شد. و بر همین اساس می‌توان گفت که مخالفت‌های مردمی خشونت‌پرهیز، اگر با طرح مطالبات مشخص، مقاومت مدنی و تشکیل کمپین‌های قدرتمند و خلاق همراه شود، می‌تواند در موارد مهم دیگری همچون لغو تحریم‌های اقتصادی، آزادی اینترنت، آزادی انتخابات، آزادی برپایی و تجمع‌های اعتراضی نتیجه بخش باشد. می‌افزاید "چنین تلاشی مطلقا نافی کوشش همزمان برای اصلاح قانون اساسی نیست".

نتیجه اینکه، تاجزاده حق اعتراض را برسمیت می‌شناسد و مشوق اعتراض در برابر حکومت است تا حقوق سیاسی و اجتماعی مردم برسمیت شناخته شود و قانون، از جمله قانون اساسی، تغییر کند. اما وی بشدت بر خشونت پرهیزی تاکید دارد و خشونت را نه صرفا بخاطر ذات و ماهیتش شوم و قبیح می‌داند بلکه آنرا ابزار مناسبی برای دست‌یابی به اهداف سیاسی نمی‌شناسد. تاکید دارد که پافشاری بر حق اعتراض مردم می‌تواند زمینه‌هایی را بوجود آورد تا دستیابی به مطالبات و اهداف مشخص اجتماعی فراهم شود.

فصل سیزدهم

جنبش سیاسی زنان

زن، زندگی، آزادی
شعار جنبش مهسا در سال ۱۴۰۱

خلاصه

جمهوری اسلامی از روز نخست محدودیت‌های حقوقی و عملی شدیدی را بر زنان حاکم کرد. در این چارچوب:

- تاجزاده تلاش در جهت احقاق حقوق مساوی برای زنان را یک بستر اصلی مبارزه برای رشد سیاسی و دمکراسی معرفی می‌کند.

- تاجزاده جنبش زنان، و مشخصا حرکت اعتراضی مهسا، را به عنوان یک الگو و پارادایم سیاسی قرار می‌دهد که بدون فروپاشی حکومت به اهداف مهم سیاسی رسید. به همین خاطر بر ضرورت پیشبرد حرکت‌های مشابه در حوزه‌های مختلف تاکید دارد.

- در مقایسه با دیگر جریان‌های سیاسی، و از جمله اپوزیسیون رادیکال، تاجزاده دیرتر به کاروان مبارزه جنسیتی پیوست.

- در مورد نقش اجتماعی و سیاسی زنان، یک تحول فکری در تاجزاده قابل روئیت است. در اوائل فعالیت سیاسی، نقشی فرعی برای آن قائل بود اما به تدریج آنرا یک محور اصلی مبارزه ارزیابی کرد.

زن در جمهوری اسلامی

موقعیت زنان، بعد از انقلاب سال ۵۷، یکی از سخترین و پیچیده‌ترین مسائل اجتماعی ایران شد و به شکل یکی از حادترین صحنه‌های سیاسی درآمد. مسئله ریشه تاریخی داشت. تفکر حاکم بر رهبران عالیرتبه انقلاب، از جمله ایت‌الله خمینی، واکنشی عمیق بود به سکولاریسم و تجددطلبی دوران پهلوی که جامعه سنتی را به شدت مورد یورش قرار داده بود. این رهبران با الهام از تعالیم اسلامی و قرانی سیاست و برنامه خود را در قبال زنان، و بخصوص مسئله حجاب، پیش بردند. از جمله، الهام از قران در مورد پوشش زنان آنجا که می‌گوید: "شرمگاه خود نگه دارند و زینت‌های خود را جز آن مقدار که پیداست آشکار نکنند و مقنعه‌های خود را تا گریبان فرو گذارند".[i] کارنامه تاریخی ایران، همانند دیگر جوامع سنتی، اساسا و اصولا حق و حقوق محدودتری برای زنان قائل می‌شد و می‌شود. این فرهنگ مشروعیت و قدرت اجرایی خود را از یک پایگاه سنتی اجتماعی کسب می‌کرد تا بتواند روند محدود سازی زنان را پیش ببرد. به این ترتیب بود که جمهوری اسلامی از روز نخست محدودیت‌های حقوقی و رفتاری شدیدی را بر زنان، بخصوص زنان سکولار، متجدد، شهرنشین طبقه متوسط حاکم کرد. قوانینی که برای زنان قید و بند ایجاد می‌کرد، از جمله در قبال روابط خانوادگی، طلاق، ولایت بر فرزند، پوشش، خروج از کشور، خشونت خانگی، ارث و تحصیل. بر همین اساس و در صحنه روزمره اجتماعی، شکل دادن و به عقب راندن زنان، و بخصوص اجباری کردن حجاب و تعیین شکل و شمایل زنان، در دستور کار حکومت قرار گرفت. اجرای قوانین اسلامی و اعمال خشونت خیابانی؛ از جمله ضرب و شتم زنان در صحنه‌های عمومی با شعار "یا روسری یا تو سری"؛ ابزاری بود تا آنها را در فضای عمومی مهار و قدرت فراگیر سیاسی حکومت را به نمایش بگذارد.

---

[i] قران، سوره نور

این روند اسلامی کردن حوزه زندگی زنان، فراز و نشیب خاص خود را داشت که در بسیاری از موارد خلاف تلاش رسمی حکومت بود و نشان می‌داد که زنان در صحنه اجتماعی قدرت مقاومت و نقش فزاینده دارند. از جمله در سال‌های ریاست جمهوری محمد خاتمی، که فضا برای زنان تا حدودی فراهم آمد فعالیت آنها نمونه همکاری مدنی و دستجمعی برای دیگر جریان‌های اجتماعی شد. در دهه ۹۰ نیز مقاومت جامعه مدنی در برابر احکام حکومتی و بخصوص در برابر احکام حجاب، و در دفاع از حقوق زنان، به شکل بی‌سابقه‌ای نیرومند و فعال شد.

انتقاد تاجزاده از برخورد طالبانی

در دفاع از روند بلند مدت مقاومت زنان است که تاجزاده مواضع سیاسی خود را اتخاذ کرد و زنان را قربانی تحقیر حکومت خواند. از جمله گفت که موقعیت سیاسی آنها ماهیتی ویژه و بی‌سابقه دارد چراکه هیچ گروه و قشری در ایران به اندازه زنان تحقیر نشده است. موقعیت زنان را با موقعیت طبقه کارگر مقایسه کرد و گفت درحالیکه طبقات فرودست در دوره‌های مختلف مورد توجه قرار گرفته و امکان بهبود موقعیت خود را کسب کرده، اما حکومت نسبت به وضع زنان بی‌تفاوت بوده، آنها را "۲۴ ساعت تحقیر" کرده و اصولا قصد بهبود وضع آنها را ندارد. تاجزاده رفتار جمهوری اسلامی با زنان را اقتدارگرا و انعکاسی از اندیشه ارتجاع مذهبی معرفی می‌کند. رفتار فرهنگی و دینی جمهوری اسلامی را همانند رفتار قشری و ارتجاعی حکومت طالبان افغانستان می‌داند. هر چند در این مقایسه تاجزاده نوعی اغراق دیده می‌شود؛ چرا که می‌دانیم حکومت طالبان حتی مانع رفتن دختران به مدرسه شد؛ اما این اغراق نمایانگر جدیت اعتراض تاجزاده به نحوه برخورد جمهوری اسلامی با زنان کشور است.

با این طرز تفکر است که تاجزاده از جنبش ۱۴۰۱ مهسا به وجد می‌آید و آنرا انعکاس قدرت جوانانی معرفی می‌کند که "سنگر حجاب را فتح کردند". تفسیری که از آن جنبش چند ماهه می‌کند بیش از هر چیز جنسیتی است. هدف جنبش مهسا را تحقق بخشیدن به یک آرمان و مقاومت ۴۰ ساله زنان، یعنی آزادی سبک زندگی،

میداند که نفی تمامیتخواهی سیاسی سیستم را هدف قرار داده. در مقالات و صحبتهایش در ستایشِ "زنان و دختران شجاع و آزادیخواهِ" که برای آزادی پوشش و پاسداری از یک دستاورد بزرگ سیاسی مبارزه کردند نظریه پردازی و تبلیغ میکند.

علل مخالفت تاجزاده با اقتدارگرایی و مجبورسازی حکومت در امور زنان چند گانه است و حداقل سه استدلال آن بطور مستمر قابل تشخیص است. اول اینکه میگوید اکثریت مردم کشور میخواهند که حجاب اختیاری و آزاد باشد. اکثر مردم معتقدند که دیگر تحمیل پوشش بر زنان را نباید پذیرفت و با آن مخالفند. تاجزاده میگوید تلاش جمهوری اسلامی برای اجباری کردن حجاب از روز نخست اشتباه و خلاف خواست اکثریت بود و باید هرچه سریعتر برطرف شود. دوم اینکه، حجاب اجباری موجب رنج و ناخوشایندی جامعه مذهبی، و اکثریت زنان باحجاب، است. برای جامعه مذهبی و زنان مذهبی که حجاب را انتخاب آزاد خودشان میدانند حجاب اجباری مورد پذیرش ایمان مذهبی نیست. آنها معتقدند که مسئله حجاب در جامعه به امر زور رسیده و تحمیل حکومت بر جامعه شمرده میشود و باید با آن مخالفت کرد. سوم اینکه حجاب اجباری مردم عادی را وادار به جنگ با دین میکند. افراد برای اینکه ثابت کنند با استبداد حکومتی میجنگند مجبورند با احکام اسلامی و در نهایت اگر لازم باشد، با خودِ دین، مبارزه کنند. حجاب اجباری ضرر زیادی به دین زده و آن را زیر سؤال برده. به همین خاطر برای درصد قابل توجهی از جوانان کشور کل دین و ارزشها و هنجارهای دینی به امری نامعقول و ضد ارزشی تبدیل شده و این جوانان قصد مبارزه با آنرا دارند. بدین ترتیب، تاجزاده حجاب اجباری را خلاف رای اکثریت مردم، خلاف خواسته جامعه مذهبی و خلاف مصالح دین اسلام میشناسد و معرفی میکند و درصدد برداشتن آن برمیآید.

سابقه پرونده تاجزاده

باید توجه داشت که تاجزاده به تدریج به این مواضع رسید. مواضعی که از روز اول در سیاستمداری نداشت. با چرخشی فکری و به تدریج وارد این مسئله میشود. تغییر

را خودش عنوان می‌کند و به این تحول اذعان دارد. قضیه را اینطور تفسیر می‌کند که در اوائل انقلاب، اصولا بحث درباره حقوق زنان و از جمله مسئله حجاب رایج نشد. داستان را بر مبنای مصلحت انقلابی تفسیر و توجیه می‌کند. می‌گوید: "ما در این بحث نبودیم... خجالت نمی‌کشم [که بگویم] چون می‌خواهم تجربیات به نسل جوان منتقل شود.... ما درگیر این مسئله [حجاب و حقوق زنان] نبودیم... این واقعیت است".

در توضیح شرایط می‌گوید وقتی حجاب اجباری شد گروه‌های سیاسی عملا همراهی کردند، حتی کسانی که به حجاب اسلامی باور نداشتند، چون فکر می‌کردند قرار است آزادی، عدالت و برابری اجتماعی حاکم شود و اشکالی نمی‌دیدند که جامعه حجاب را به اجبار بپذیرد. به عبارتی، در آغاز انقلاب یک مصلحت سیاسی موجب شد حجاب اجباری در جامعه پذیرفته شود.

به جدا از این مصلحت سیاسی، نباید فراموش کرد که تاجزاده شخصا فردی مذهبی و مقید به فرائض دینی بوده و هست. اسلام سراسر زندگی‌اش حضور داشته. خانواده‌اش مذهبی بود. در جوانی اهل ایمان شد. فعالیت سیاسی را با گروه‌های مذهبی آغاز کرد. با اینکه در عقاید خود تجدیدنظرهای اساسی کرده اما همچنان یک مسلمان معتقد و پایبند فرائض، و از جمله حجاب، محسوب می‌شود. پس قاعدتا مخالفت با حجاب اجباری، از نظر شخصی، یک تصمیم سخت بوده که به تدریج به آن رسیده. مجبور شده در برخورد با مشکلات سیاسی و واقعیات تجربه شده، مسئله را به نحوی تفسیر و تعریف کند که در صحنه اجتماعی قابل قبول باشد. اما تغییر رخ می‌دهد و تغییر هم اساسی است. حتی مسئله از تغییر عقیده صرف فراتر می‌رود چراکه به نظر می‌رسد ناگهان متوجه عمق و اهمیت مسائل زنان در صحنه سیاسی می‌شود. به این نتیجه می‌رسد که اگر در ایران انقلاب جدیدی رخ دهد، آن انقلاب زنانه خواهد بود. می‌گوید "در هر دو دوره بازجویی در زندان سپاه [سالهای ۸۸ و ۱۴۰۱] با ارائه دلایل و شواهد روشن به ایشان هشدار دادم بترسید که زنان و جوانان در برابر شما بایستند... [به همین خاطر] پیشتازی زنان در جنبش مهسا مرا متعجب نکرد".

درس گیری از جنبش مهسا

تحلیلگران بسیاری حرکت‌های اعتراضی دهه ۹۰ و مشخصا جنبش مهسا را بررسی و مهم تفسیر کرده‌اند و تاجزاده هم میان آنها جای دارد. اما وی نه تنها تاثیر مهم جنبش‌های اعتراضی را مورد تایید قرار می‌دهد بلکه، فراتر می‌رود و بر اساس آن روش مبارزاتی خود را دقیق‌تر ترسیم می‌کند و آنرا الگوی مبارزاتی قرار می‌دهد. در مورد جنبش زنان و نقش محوری آنها در صحنه سیاسی کشور به این نتیجه مهم می‌رسد که در تحلیل نهایی، جریان رهایی بخش در جمهوری اسلامی زنان هستند. ارزیابی خود را مقایسه می‌کند با نظر مارکسیست‌ها و لیبرال‌ها و نیز شرایط تحول دمکراتیک در اروپا. اگر مارکسیست‌ها طبقه کارگر و لیبرال‌ها طبقه متوسط را عامل رهایی بخش می‌دانند تاجزاده زنان را عامل موثر تحول اجتماعی معرفی می‌کند. "این جنبش مبارک مرا به این نتیجه رساند که مادر آزادی‌ها در جمهوری اسلامی ایران آزادی حجاب است". اینجا خوش‌بینی به خرج می‌دهد و حتی می‌گوید هر زمان حجاب کاملا آزاد شود، یعنی آزادی حجاب کاملا به رسمیت شناخته شد، تمام آزادی‌های دیگر نیز در کوتاه‌ترین زمان ممکن تامین می‌شوند. جنبش زنان در ایران را با تحول دمکراسی در اروپا مقایسه و ارزیابی می‌کند که به باور وی دستیابی به حق آزادی حجاب، همان نقشی را در جهت گذار به دمکراسی در ایران ایفا خواهد کرد که پذیرش و تثبیت حق مالکیت در اروپا ایفا کرد و سر منشاء دستیابی و به رسمیت شناختن دیگر حقوق و آزادی‌های مدنی و سیاسی شد.

اما آنچه شاید از همه مهمتر باشد الگویی است که از تجربه جنبش مهسا استنباط می‌کند با این استدلال که حجاب رفت ولی نظام سرنگون نشد، و رژیم عقب نشینی کرد ولی نهادهای حکومت سرنگون نشدند. در توضیح این الگو تذکر میدهد که رهبر و بسیاری از منصوبانش، درمورد حجاب اجباری عملا، ولی نه رسما و کلامی، عقب نشستند. اشاره به موضع‌گیری رهبر دارد که در سخنرانیش "حجاب ضعیف" را به معنایی عادی و قابل قبول توصیف کرد و صحنه عملی عقب نشینی را برای نظام

توجیه کرد و آرایش داد.[i] استدلال تاجزاده این است که به همان روشی که جامعه از حجاب اجباری گذر کرده می‌توان، با مقاومت و هزینه کمتر، به اهداف مشابه دیگری نیز دست پیدا کند. از جمله حکومت روحانیت را عقب بنشاند و در قانون اساسی تغییرات دهد. می‌گوید همچنانکه جنبش مهسا نشان داد که می‌توان از حجاب اجباری عبور کرد، در ایرانِ پسا-مهسا نیز می‌توان از اسلام اجباری گذر کرد. می‌افزاید همان گونه که جوانان ایران زمین، جمهوری اسلامی بدون حجاب زوری را ممکن کردند، می‌توانند، با همان منطق و همان ساز، جمهوری اسلامی بدون ولایت فقیه و یا حتی بدون حکومت روحانیون را فراهم کنند. بر اساس همین الگو است که در جهت تحقق خشونت‌پرهیز تغییر قانون اساسی، که متناسب با خواست ملت و مقتضیات زمانه باشد همگان را به بحث و گفت‌وگو فرا می‌خواند. از جمله درباره چگونگی برگزاری رفراندوم در مورد قانون اساسی، که به آن امید دارد.

در بحث موقعیت زنان، تاجزاده به نکته مهمی اشاره دارد که توجه به آن ضروری است. اینکه جمهوری اسلامی ایران علی‌رغم گرایش سختگیر ایدئولوژیک، در صحنه واقعی، زنان را وارد اصلی‌ترین و محوری‌ترین روابط اجتماعی کرد. اشاره او به این استدلال است که جمهوری اسلامی، خواسته یا ناخواسته، موجب رشد فردگرایی، و دیوان سالاری و طبقه بورژوازی در ایران شد و بدینسان زنان را نیرومند کرد، بدون آنکه چنین قصدی داشته باشد. اینکه در تجربه بعد از انقلاب، زنان ایرانی با استفاده از حجاب توانستند به مشارکت بیشتری در زندگی مدرن اجتماعی دست پیدا کنند و سهم بیشتری از قدرت سیاسی را بدست آورند.[ii]

تاجزاده می‌گوید: انقلاب اسلامی راه را برای زنان باز کرد تا، از جمله در مدرسه و دانشگاه، حضور بسیار گسترده و میلیونی داشته باشند بطوریکه اکنون اکثریت

---

[i] "خانمی را که حالا فرض کنید یک مقداری موهایش بیرون است یا به تعبیر رایج بد حجاب است – که حالا باید گفت ضعیف‌الحجاب؛ حجابش ضعیف است... بچه‌های خودمانند، دخترهای خودمانند." علی خامنه‌ای – در دیدار با بانوان – ۱۴ دی ۱۴۰۱

[ii] این شبیه بحثی است که فریبا عادلخواه، جامعه شناس، در کتاب خود مطرح می‌کند.
Fariba Adelkhah - Being Modern in Iran - Hurst & Company ۱۹۹۹

دانشجویان دختر شده‌اند. یا جای دیگر می‌گوید زنان به تدریج استقلال اقتصادی پیدا کرده، شهروند مستقل می‌شوند، روی پای خودشان می‌ایستند و حرف اول را می‌زنند. از این جهت، خدمتی که جمهوری اسلامی به زنان کرده در تاریخ ایران "بی‌نظیر" است. به اعتقاد وی، در هیچ دوره‌ای، حتی در دوره مشروطه که همه بنیان‌های کشور را عوض کرد، اینقدر جامعه تغییر نکرد تا زنان به عرصه‌های مختلف بیایند و حضور داشته باشند.

مقایسه نیروهای سیاسی در مسئله حقوق زنان

مقایسه مواضع تاج‌زاده با دیگر نیروهای سیاسی آموزنده است. بخصوص در جبهه اصلاح‌طلبان که بحث حجاب اجباری مطرح بود ولی به شکل شعار اصلی و محور اصلی مبارزه در نیامد. سالها، جبهه اصلاحات این مسئله را مورد توجه قرار داد ولی آن را به عنوان یک جنبش اعتراضی خیابانی تشویق و رهبری نکرد. بررسی شواهد موجود در اینجا آموزنده است چرا که تاج‌زاده کم و بیش آهنگ جبهه اصلاحات را در قبال جنبش زنان دنبال کرد. یک سال قبل از جنبش مهسا، برنامه حزب اتحاد (که از کاندیداتوری تاج‌زاده در انتخابات ریاست جمهوری ۱۴۰۰ حمایت کرده بود) خواستار تغییرات حقوقی در مسائل زنان شد. از جمله خواهان رفع تبعیض جنسیتی و تحقق اصلِ برابری حقوقی و بهره‌گیری بیشتر از ظرفیت زنان به عنوان نیمی از جمعیت فعال کشور در تمامی سطوح. به اضافه، "منع برخوردهای پلیسی با مسئله پوشش زنان" را در دستور کار قرار داده و قصد خود را برای اصلاح قوانین خانواده در حوزه طلاق، حضانت و ولایت بر فرزند، ادامه تحصیل، اشتغال و خروج از کشور، خشونت‌های خانگی، شهادت و قضاوت زنان اعلام کرده بود.[i]

یک سال بعد از جنبش مهسا یک زن، خانم آذر منصوری، دبیرکل حزب اتحاد شد و در برنامه خود اعلام کرد که دیگر نمی‌شود حقوق بنیادین زنان ایران را نادیده

---

[i] برنامه حزب اتحاد ملت: گفتمان "جامعه قدرتمند-دولت توانمند" – اردیبهشت ۱۴۰۰

گرفت و از آنها انتظار داشت به سبکی از پوشش تن دهند که صرفا مطلوب حاکمیت باشد. تاکید کرد که زنان از حق انتخاب پوشش خود کوتاه نمی‌آیند، و خواهان رفع بی‌عدالتی جنسیتی هستند.[i] در همین سال است که برای اول بار یک خانم بی‌حجاب در مجمع عمومی حزب سخنرانی کرد.

اما در مقایسه، نیروهای برانداز توجه بیشتری به مسئله حجاب اجباری و مسائل زنان به عنوان یک محور اصلی مبارزه داشتند و برای آن سرمایه گذاری کردند. از جمله مسیح علینژاد توانست این مسئله را به صورت جدی و موثر مطرح کند. علینژاد بنیانگذار و طراح جنبش‌های چهارشنبه‌های سفید و آزادی‌های یواشکی (از ۱۳۹۳) بود که با هدف رفع حجاب اجباری در ایران فعالیت کرد. وی توانست با استفاده از پلاتفرم‌های مجازی و سپس تلویزیون صدای آمریکا مسئله حجاب را به عنوان یکی از کارزارهای اصلی مبارزه سیاسی در ایران معرفی کند و پیش ببرد. وی در این مورد گفت که حجاب صرفاً دغدغه زنان نیست و مربوط به کل جامعه می‌شود، و این کمپین اولین کارزار مبارزه نبوده و آخرین آن نیز نخواهد بود. کمپین مورد توجه علینژاد بسرعت تبدیل به یک جنبش اجتماعی شد و در حرکت‌های اعتراضی موثر بود. بدین ترتیب حمایت نیروهای برانداز از جنبش زنان موثرتر و عمیق‌تر بود و در صحنه سیاسی ایران تاثیر قابل توجه خود را گذاشت.

مواضع تاجزاده و مواضع نیروهای برانداز، مانند علینژاد، همسو به نظر می‌رسند چون هر دو خواهان رفع حجاب اجباری هستند. اما تفاوتی اساسی هم میان آنها وجود دارد. براندازان جنبش زنان را قدمی برای فروپاشی نظام تلقی می‌کنند و دستیابی به پوشش اختیاری را ممکن نمی‌دانند تا هنگامیکه رژیم ساقط شده باشد. در واقع همه چیز، و از جمله پوشش اختیاری، را موکول به سرنگونی حکومت می‌کنند. درحالیکه تاجزاده عقب نشینی حکومت و فروریختن حجاب اجباری را در زمان حیات جمهوری اسلامی ممکن تلقی می‌کند و آنرا یک الگو قرار می‌دهد. یک فرق دیگر میان این

---

[i] سخنرانی خانم آذر منصوری در نهمین کنگره حزب اتحاد ملت ایران اسلامی – ۱۴۰۲

دو جریان آن است که اصلاح‌طلبان نتوانستند و یا نخواستند مسئله زنان را به میان مردم ببرند و به اندازه کافی و تعیین کننده در افکار عمومی تاثیرگذار باشند.

جمع بندی اینکه، در قبال نقش اجتماعی و سیاسی زنان یک تحول بزرگ فکری در تاجزاده قابل روئیت است. در اوائل فعالیت سیاسی‌اش نقشی فرعی برای آن قائل بود اما به تدریج آنرا تبدیل به یک محور اصلی مبارزه می‌کند. تلاش برای احقاق حقوق مساوی را بستر اصلی مبارزه برای دمکراسی و رشد سیاسی قرار می‌دهد. بر اهمیت حمایت از این روند، و ویژگی‌های اعتراضی مربوط به آن، پافشاری دارد. در مقایسه با دیگر جریان‌های سیاسی، و از جمله اپوزیسیون رادیکال، دیرتر به این کاروان پیوسته و کمتر مبتکر و بیشتر دنباله‌رو به نظر می‌رسد. اما مهمتر از همه اینکه جنبش زنان، و مشخصا حرکت اعتراضی مهسا، را الگو و پارادایم سیاسی خود قرار می‌دهد. بر ضرورت پیشبرد حرکت‌های مشابه تاکید دارد. معتقد است چنین حرکت‌های سیاسی می‌توانند در ابعاد گوناگون راهگشا باشند.

فصل چهاردهم

همزیستی فراکسیونی برای پیشبرد کار حزبی

جناح گرایی در ذات هر نظام سیاسی است. این ماهیت سیاست است و لزوماً چیز بدی نیست.. کلید این است که چطور آن را به طور مؤثر مدیریت کنید تا اهداف حزب تضعیف نشود.

نخست وزیر سابق بریتانیا، تونی بلر [i]

خلاصه

تاجزاده بشدت نگران اختلاف نظر در داخل جبهه اصلاحات است و آنرا جدی، عمیق و دائمی ارزیابی می‌کند. برای حل این مشکل خواهان رسمیت دادن به اختلافات از طریق گفتگو و معامله به جای درگیری حذفی می‌شود.

– در قبال اختلافات درون جبهه، تاکید می‌کند که همیشه دو الترناتیو وجود دارد: تضاد قهرآمیز و یا همزیستی مسالمت‌آمیز.

– اختلاف نظر داخلی را میان گرایش ملاحظه‌کارتر "روزنه‌گشا" با طرفداران تغییرات ساختاری معرفی می‌کند و خود را مدافع جریان دوم می‌داند. در عین حال با تندروهایی که به حوزه براندازی نزدیک شده‌اند نیز فاصله می‌گیرد.

– در اینجا، تاجزاده با چالشی جدی روبرو است. تاریخچه فعالیت حزبی در ایران معاصر (یعنی در دوران مشروطه، پهلوی و جمهوری اسلامی) نشان می‌دهد که تفکر حذفی و قهرآمیز همیشه برتری داشته و بر فضای حزبی مسلط بوده است.

– این در حالی است که محققین علوم سیاسی اکثرا همزیستی فراکسیونی حزبی را مشوق و ضرورت توسعه دمکراتیک سیاسی دانسته‌اند.

---

[i] از کتاب "یک سفر: زندگی سیاسی من"

ضرورت فراکسیون حزبی برای مدیریت اختلاف نظر

در این بحث، تاجزاده به اوضاع داخلی جبهه اصلاح‌طلب نظر دارد و تاکید می‌کند که اختلاف میان فعالین سیاسی یک امر جدی و گریز ناپذیر است. می‌گوید واقعیت این است که بخاطر اختلافات داخلی اصلاح‌طلبان "خیلی مشکل داریم" و این مشکل در احزاب اصلاح‌طلب "بسیار جدی" است و این دعواهای سیاسی "پایان پیدا نخواهند یافت". این مشکل اصلاح‌طلبان را مقایسه می‌کند با تشتتی که میان اپوزیسیون خارج کشور و مخالفین جمهوری اسلامی وجود دارد، و می‌گوید دقیقا همان نوع تشتت میان نیروهای اصلاح‌طلب نیز هست و باید برای آن راه حلی یافت. ویژگی و اهمیت این بحث تاجزاده در آن است که می‌گوید برای مدیریت این اختلافات حزبی باید همزیستی مسالمت‌آمیز را جای قهر و انشعاب و حذف گذاشت.

راه حلی عملی که تاجزاده برای حل این مشکل و مدیریت اختلاف‌های جدی در داخل جبهه اصلاحات ارائه می‌دهد فراکسیون سازی است. فراکسیون سازی به این معنا که در کار حزبی، اختلاف نظر برسمیت شناخته شود و فراکسیون‌های حزبی رسمیت پیدا کنند. "من سال‌ها است که به احزاب اصلاح‌طلب انتقاد می‌کنم که ما باید این ظرفیت را فراهم کنیم که در درون احزاب، فراکسیون داشته باشیم. اگر فراکسیون نداشته باشیم نمی‌توان از دمکراسی در سطح ملی دفاع کرد. باید وحدت در کثرت را" به نمایش گذاشت. معتقد است فعالین سیاسی نباید وحشت کنند که اختلاف را برسمیت بشناسند هر چند تلخ و سخت باشد. فعالین باید شجاعت رودررویی با این واقعیت را داشته باشند و آینده را بر اساس وجود اختلاف نظر تنظیم کنند. می‌گوید هنگامیکه فراکسیون حزبی در جبهه اصلاحات رسمیت پیدا کند روشن خواهد شد که چه کسی، در چه زمینه‌ای، چه می‌گوید. و با گذشت زمان روشن می‌شود که تحلیل‌های چه کسی واقع بینانه‌تر و دقیق‌تر بوده است. تاکید تاجزاده بر ضرورت وجود و فعالیت فراکسیون حزبی همراه با عنصری از ملاحظه است. یعنی احتمال مشکلات پیش رو را می‌داند. از جمله می‌گوید که این امکان وجود دارد که فعالین حزبی یکدیگر را قانع نکنند و به تفاهم نرسند و خطر انشعاب و جدایی وجود داشته باشد. اما به اندازه‌ای امیدوار است

که علی رغم همه اختلاف‌ها، شاید بتوان تلاش کرد در زمینه‌هایی که اشتراک نظر وجود دارد کار جمعی، ولو در سطح انتشار یک بیانیه، انجام بگیرد. امیدوار است روش کار فراکسیونی بتواند روحیه، ارتباط و همکاری را حفظ کند. و نیز هشدار می‌دهد که اگر اختلاف علنی نباشد، و به معنایی فراکسیونی نشود، سیاست تبدیل به باند بازی فرقه‌ای خواهد شد و به بیراهه خواهد رفت. به معنایی بدنبال سازماندهی اختلاف و قاعده‌مند کردن روابط جریان‌های رقیب است.

جریان روزنه‌گشا در جبهه اصلاحات

در مورد اینکه چه جریان‌هایی در جبهه اصلاحات وجود دارند که میانشان اختلاف نظر اساسی است و باید به نوعی فراکسیون تبدیل شوند، حرف‌های تاجزاده نشان می‌دهد که دو جریان را مهم تلقی می‌کند. یکی از این دو جریان، طرفدار تغییرات بنیادین است که تاجزاده خود را به منتسب به آن می‌داند. دیگری جریانی ملاحظه‌کارتر است که می‌توان با اصطلاح روزنه‌گشا از آنها یاد کرد[i]، و نیروهایی مانند احزاب کارگزاران سازندگی، اعتماد ملی، ندای ایرانیان[ii] و دیگر جریان‌های میانه‌روتر جبهه اصلاحات را شامل می‌شود. تاجزاده خود را نماینده طرفداران تغییرات بنیادین معرفی می‌کند و موضعی انتقادی نسبت به ملاحظه‌کاران دارد. به گفته وی، اکثریت بدنه اصلاح‌طلب خواهان تغییرات بنیادین هستند. به انتصاب خودش در جریان انتخابات ریاست جمهوری ۱۴۰۰ اشاره دارد و اینکه بیش از دو سوم ارای جبهه اصلاحات را بدست آورد و نماینده این جبهه در انتخابات شد. می‌گوید اکثریت جبهه اصلاحات، و حتی کادرهای قدیمی، به برنامه او رای دادند و با آن موافق بودند. (البته می‌دانیم شورای نگهبان صلاحیت او را برسمیت نشناخت و او نتوانست در انتخابات شرکت کند.)

---

[i] در بیانیه ۱۱۰ فعال سیاسی اصلاح‌طلب در انتخابات دوازدهم، که خواهان مشارکت در انتخابات شده بود، از اصطلاح روزنه گشایی بکار رفت.

[ii] در سال ۱۴۰۲، کارگزاران سازندگی به دبیرکلی حسین مرعشی و اعتماد ملی به دبیرکلی الیاس حضرتی و ندای ایرانیان به دبیرکلی شهاب‌الدین طباطبایی.

در برخورد با ملاحظه‌کاری جریان روزنه‌گشا در جبهه اصلاحات، تاجزاده استدلال آنها را طرح و سپس رد می‌کند و در این روند مشخصا از محمد خاتمی به خاطر سکوت سیاسی انتقاد دارد. در توضیح استدلال این جریان می‌گوید که آنها معتقدند شرایط جمهوری اسلامی به گونه‌ای است که امکان طرح بسیاری از مسائل وجود ندارد چرا که "جنبه‌های دمکراتیک قانون اساسی تضعیف خواهد شد و جنبه‌های ارتجاعی آن پررنگ می‌شود." جریان روزنه‌گشا، به گفته تاجزاده، معتقدند که باید از غیرحساس‌ترین مسائل شروع بکار کرد و مسائلی را که حاکمیت اصولگرا نسبت به آن حساسیت دارد فعلا کنار گذاشت. بدین ترتیب کمترین حساسیت را در رهبری و حاکمیت ایجاد کرد.

تاجزاده در پاسخ به این موضع، چند بحث متفاوت ارائه می‌دهد. از جمله می‌گوید که شرایط کشور عادی نیست که بتوان با چنین استدلال و سیاستی با حاکمیت برخورد کرد و آنرا متقاعد ساخت. نظام مسیری را انتخاب کرده که جامعه را در کوتاه مدت با بحران‌های بسیار جدی مواجه می‌کند. بنابراین اصولا فرصتی برای نیروهای روزنه‌گشا ایجاد نخواهد شد که بتوانند از آن استفاده کنند و نظریه گام به گام و کمتر حساس برانگیز را پیش ببرند. وی تاکید می‌کند که هسته سخت قدرت، یعنی اصولگرایانِ بنیادگرا، بنا دارند حکومت را به لحاظ ساختاری یکدست کنند و نمی‌خواهند که حتی یک نفر از نیروهای غیر خودی را جلب و جذب نمایند. پس، تلاش برای جلب نظر آنها اصولا و اساسا غیر ممکن و غیر عملی خواهد بود. بر این اساس هشدار می‌دهد که اگر اصلاح‌طلبان صرفا بدنبال آن باشند که ببینند چه تفاهمی با حکومت ممکن است و کمتر حساسیت آنرا برمی‌انگیزد این خطر وجود دارد که نهایتاً نتیجه‌ای حاصل نشود الی اینکه اصلاح‌طلبان اعتبار مردمی خود را از دست بدهند.

در انتقاد به مواضع جریان ملاحظه‌کارتر جبهه اصلاحات، تاجزاده مشخصا شخص محمد خاتمی را مورد انتقاد قرار می‌دهد و مواضع وی را به عنوان نمونه فکر ملاحظه‌کاری در میان اصلاح‌طلبان نقد می‌کند. سوال اصلی او این است که چرا خاتمی درقبال مسائل و مشکلات مملکتی سکوت کرده. می‌گوید خاتمی بدنبال تنش زدایی، حاکمیت قانون و رفع تحریم است. و حتی با اصلاحات ساختاری، در حوزه راهبردی و رفتاری، نه تنها موافق است که حتی در مواردی از خودِ تاجزاده تندروتر محسوب

می‌شود. اما می‌افزاید که مردم گله دارند که خاتمی ساکت است. برای مردم توضیح نمی‌دهد که چرا سکوت کرده. جامعه گله دارد که اصلاح‌طلبان، بخصوص شخص خاتمی، آنطور که باید و شاید به میدان نیامده‌اند. می‌گوید اگر خاتمی، که راه‌کارهایش به صراحت تاجزاده نبوده، سکوتش را بشکند بخش عظیمی از مردم به او اقبال خواهند کرد. بدین سان تاجزاده از ملاحظه‌کاری جناح راست جبهه اصلاحات ناخشنود است ولی همکاری با آنها را در چارچوب کادر فراکسیونی در همان جبهه ضروری می‌داند و توصیه می‌کند.

عمده انتقاد تاجزاده به ملاحظه‌کارانِ جبهه اصلاحات است اما باید توجه داشت که او همچنین منتقد کسانی است که در جبهه اصلاحات بوده‌اند و به تدریج تندروتر شده و حتی شاید از آن جدا شده باشند. تاجزاده فاصله خود را با آنها نیز حفظ می‌کند. کسانی مانند ابوالفضل قدیانی که از رفقا و همکاران تاجزاده محسوب می‌شد ولی به تدریج تندروتر شد و از وی و جبهه اصلاحات فاصله گرفت. در این بحث، تاجزاده می‌گوید برای این افراد احترام قائل است و دوستشان دارد و آنها را رفیق ۴۰ ساله می‌شناسد. ولی با خط فکری آنها، و بخصوص مسئله براندازی، فاصله دارد. اینجا در دفاع از اصلاح‌طلبان می‌گوید که روش قدیم - یعنی روش دوران ریاست جمهوری خاتمی و پس از آن - غلط نبود و در قدیم جواب داد. آن کارنامه موفق و قابل دفاع است. دولت خاتمی را موفق‌ترین دولت بعد از انقلاب می‌داند. اما این را هم اضافه می‌کند که اصلاح‌طلبان به این نتیجه رسیده‌اند که باید روش گذشته خودشان را متناسب را شرایط اصلاح کنند. "آن روش دیگر جواب نمی‌دهد و باید آنرا عوض کرد." به عبارتی، در عین حالیکه فاصله خود را از ملاحظه‌کاران پررنگ و مشخص اعلام می‌کند اما فاصله خود را با تندروهایی که به حوزه براندازی نزدیک شده‌اند نیز نگه می‌دارد. این‌ها تدبیری است که تاجزاده برای منظم کردن آرایش سیاسی نیروهای داخل جبهه اصلاحات انتخاب می‌کند و همه را به کار فراکسیونی و برسمیت شناختن یکدیگر فرا می‌خواند.

اختلاف حزبی: انشعاب و یا همزیستی

می‌بینیم که تاجزاده تلاش دارد با در نظر گرفتن اختلافات عمیق سیاسی که در داخل تشکیلات جناحی و حزبی وجود دارد کار دستجمعی بکند. برای ارزیابی این بحث و فهم بهتر می‌توان آنرا را در یک بستر گسترده نظری مورد بررسی قرار داد. موضوع اصلی بحث، اختلاف نظر سیاسی است و آن اینکه اختلاف نظر همیشه وجود داشته و دارد. هیچ هنگام در تاریخ نبوده که اختلاف سیاسی به نحوی خود را نشان ندهد. این مسئله در تمام جوامع، و از جمله جامعه ایران، به شکل جدی دیده می‌شود. بر این اساس نمی‌توان فرض کرد که شرایطی بوجود خواهد آمد که اختلاف اصولا وجود نداشته باشد.

هنگامیکه این شرط را پیش‌درآمد قرار می‌دهیم، مسئله و سوالی که پیش می‌آید این است که چگونه باید اختلاف سیاسی داخل حزب را مدیریت کرد و چگونه باید با رقیب هم حزب رفتار کرد. وقتی اختلاف جدی و اساسی باشد چه ضوابطی باید روابط میان گروه‌های مختلف را تعیین و تنظیم کند؟

در پاسخ به این سوال دو نظر و دو برداشت متفاوت مطرح می‌شود. این دو تفکر و این دو قطب مختلف مشخصا در تاریخ معاصر ایران نمود دارد و قابل مشاهده است. این دو دیدگاه در میان نخبگان و الیت سیاسی مطرح است، و به پیروی از آنها، در میان توده مردم دنبال می‌شود.

در دیدگاه اول، اختلاف سیاسی ماهیتی قهرآلود دارد و تضادی آشتی ناپذیر است. به حکم "یا ما یا آنها" است. اختلاف باید به نفع یکی از طرفین و به ضرر طرف دیگر حل و فصل شود. به همین خاطر درگیری سیاسی همیشه شدید است و به همین خاطر نباید سازگاری نشان داد چرا که سازش نشانی از ضعف محسوب می‌شود و سرانجام به ویرانی خود می‌انجامد. در عوض، سیاست باید با استفاده از زیرکی، روش پنهان کاری و ابزار قدرت همراه باشد. سیاست باید قهرآمیز، بدون سازش و با تمرکز قوا همراه باشد تا بتوان رقیب را بکلی از بین برد و از صحنه خارج کرد و بدین سان به هدف خود رسید.

دیدگاه دوم، اختلاف سیاسی را طبیعی و غیر قابل اجتناب می‌داند ولی می‌خواهد راه حلی میانی پیدا کند. راه حلی خشونت پرهیز و مسالمت جو که به نوعی برد-برد برای دو طرف بی‌انجامد. در این دیدگاه وظیفه سیاستمدار پیدا کردن روش سازش و دنبال کردن آن است. به این خاطر گفتگو را پایه و روش نخست سیاست‌ورزی درون حزبی قرار می‌دهد و تلاش می‌کند بر اساس گفتگو به نوعی معامله برسد و اختلاف را حل و فصل نماید. معتقد است که بر مبنای تبادل اندیشه می‌توان به نوعی اجماع و تصمیم دست‌جمعی رسید که به نفع طرفین شود. این روش، همزیستی مسالمت آمیز را در چارچوب قانون و عرف اجتماعی قرار می‌دهد. اینجا نوعی برسمیت شناختن، و حق حیات قائل شدن برای رقیب سیاسی، مبنا است. به اضافه، اختلاف در ملاء عام و بصورت شفاف کمک می‌کند تا بتوان مسائل را بهتر مدیریت کرد. بدین سان، از نظر دیدگاه دوم، اختلافات در اندیشه، اختلاف در منافع و اختلاف در سیاست قابل مدیریت می‌شود.

این دو نوع برخورد هم در بستر بزرگ جامعه و هم در سازمان و تشکیلات حزبی قابل روئیت. اگر مسائل از نظر دیدگاه اول دنبال شوند اختلاف و شکاف سیاسی عموما به جدایی و انشعاب سازمانی می‌انجامد. اگر مسائل از دیدگاه دوم دنبال شود می‌توان امیدوار بود که اختلاف به نحوی در داخل دستگاه حزب حل و فصل شود و وحدت سازمانی را حفظ کند.

این مشکل را می‌توان در یک چارچوب وسیع‌تر تاریخی نیز بررسی کرد. می‌دانیم که در تاریخ معاصر، حزب به عنوان دستگاه و ماشینی شناخته می‌شود که هدفش کسب قدرت، چه از طریق انتخابات دموکراتیک و چه از طریق انقلاب، است. بر این اساس و برای تحقق چنین هدفی، آرایش درونی و ساماندهی تشکیلات و فعالیت حزبی صورت میگیرد. این گونه است که احزاب سیاسی مدرن، در اروپا و آمریکا، از قرن نوزدهم به بعد، همراه سیستم پارلمانی و دمکراتیک شکل گرفتند و توسعه یافتند. اینجا کار حزبی به معنای فعالیت یک ماشین تاثیر گذار اجتماعی، بر اساس آرایش درون سازمانی، یک ضرورت محسوب می‌شود و همزیستی حزبی و همزیستی فراکسیونی یکی از ویژگی‌های آن است. در کشورهای کمتر توسعه یافته، احزاب بیشتر شبیه فرقه

و قبیله عمل می‌کنند. یا حول شخصیت‌ها و گروه‌های با نفوذ (مانند سران قوم، دولتمردان، بانکداران، صنعتگران و یا بازرگانان) گروه‌بندی می‌شوند، و یا اینکه ماهیت نظامی دارند. در اینجا تقابل و اختلاف ماهیت قبیله‌ای و حذفی دارد و همزیستی مسالمت‌آمیز میان جناح‌های رقیب کمتر دیده می‌شود.

مدیریت اختلاف حزبی در تاریخ معاصر ایران

در سنت کار سیاسی در ایران فعالیت حذفی فراگیر و عمیق است. به ندرت دوره‌ای وجود دارد که تجربه همزیستی حزبی و رشد فعالیت حزبی قابل روئیت باشد. به نظر می‌رسد ایرانیان در کار دستجمعی سیاسی عموما عقب مانده و غیر خلاق بوده‌اند. برای دیدن این واقعیت میتوان دوران مختلف تاریخی را با هم مقایسه کرد. آنچه مشهود است ضعف عمیق تجربه حزبی و ضعف همزیستی فراکسیونی در داخل احزاب است. البته، شرایط استبدادی است که اجازه تجربه، رشد و توسعه حزبی نداده و در نتیجه، فرهنگ حذفی و قهرآمیز میان فرقه‌ها و جریان‌های سیاسی همچنان حاکم مانده است. اما انتخاب و عاملیت عناصر سیاسی غیر حکومتی را هم نمی‌توان نادیده گرفت.

فعالیت حزبی در ایران با انقلاب مشروطه آغاز شد و به شکل‌گیری چند جریان مهم انجامید. فرقه اجتماعیون اعتدالیون و فرقه عامیون، که اولی اعتدالی و دومی انقلابی بود. در این دوره کشمکش‌های بی‌حساب شخصیت‌های سیاسی و احزاب موجب فراگیر شدن هرج و مرج اجتماعی شد و زمینه محبوبیت و شکل‌گیری یک دولت نیرومند مرکزی را فراهم آورد. این رقابت‌ها عموما فرقه‌ای و فاقد شفافیت، پاسخگویی و یا خشونت پرهیزی بودند.[i]

در دوره رضا شاه، فعالیت حزبی به شکلی جدی رو به افول گذاشت و حتی حزب‌هایی که به طرفداری از رضا شاه شکل گرفته بودند به تدریج تعطیل شدند. پس از اشغال ایران توسط متفقین در جنگ جهانی دوم، و تا کودتای ۲۸ مرداد ۱۳۳۲،

---

[i] ظهور احزاب سیاسی در عصر مشروطیت در ایران - محسن امین‌زاده - ۱۳۸۷ - فرهنگ پاییز

فضای سیاسی یکباره تغییر کرد و باز شد و احزاب فعال شدند و برای ۱۲ سال یکی از آزادترین دوره‌های تاریخ کشور رقم خورد. اما در همین دوره تاریخی نیز فعالیت احزاب گرفتار اندیشه حذف رقیب بود و نوسان فراکسیونی داخل حزبی ماهیتی فراگیر داشت. تحولات این دوره به شکل گیری دو جریان حزب توده و جبهه ملی انجامید که هر دو از اختلافات موجودیتی با یکدیگر و نیز اختلافات داخلی و انشعابات متعدد درونی در رنج بودند. در این دوره، مدیریت اختلاف‌های سیاسی به ندرت مسالمت آمیز و همزیست‌گرا بود و بیشتر بر پایه تخاصم و قهر و حذف پیش رفت. بعد از کودتا ۱۳۳۲ و قدرتمند شدن سلطنت، احزاب غیر حکومتی عملا سرکوب شدند و احزاب مورد تایید حکومت (از جمله احزاب مردم، میلیون، ایران نوین و رستاخیز) شکل گرفتند که تاثیری در صحنه سیاسی نداشتند و برایشان مسئله مدیریت اختلاف و فراکسیون حزبی جدی نبود.

نمونه عالی درگیری‌های حذفی پس از انقلاب ۱۳۵۷ دیده شد. در این دوره سازمان‌ها و احزاب سیاسی طرفدار انقلاب به یکباره و به سرعت فعال شدند ولی امکان و میدان فعالیتشان به بیش از چند سال نکشید. اینجا از جمله می‌توان به فعالیت حزب جمهوری اسلامی، حزب توده، سازمان مجاهدین خلق و فدائیان خلق اشاره کرد. در این دوره، برخورد سیاسی بر پایه دشمنی مطلق و حذف رقیب شکل گرفت. درگیری‌ها قهرآمیز و خونین بود و طرفین برای نابودی رقبای خود از هیچ اقدامی کوتاهی نکردند. حاصل اینکه هزاران نفر در خشونت‌های سیاسی در سراسر کشور جان خود را از دست دادند.

پس از سرکوب شدید سال ۱۳۶۰، و تا چهار دهه پس از انقلاب ۵۷ هیچ حزب جدی در داخل حکومت شکل نگرفت اما جناح‌بندی به شکل وسیعی متحول شد و تاثیر گذار بود. شکل گیری جناح‌ها و گرایش‌های داخل نظام نوسانات گوناگونی داشت. در یک ارزیابی بلند مدت شاید بتوان از شکل گیری دو جریان کلی تندرو و میانه‌رو صحبت کرد. جریان تندرو و بنیادگرای اسلامی از جمله شامل حزب جمهوری اسلامی، حزب الله، جبهه پایداری و حزب موئتلفه بود. جریان میانه‌رو از جمله شامل حزب کارگزاران، حزب مشارکت و جبهه اصلاحات می‌شد.

درگیری میان این دو جریان، و نیز اختلافات درونی آنها گاه شدید و مهلک می‌شد. نمونه‌های برجسته این طرز تفکر و رفتار حذفی، از جمله، کنار گذاشتن محمود احمدی‌نژاد از جریان اصولگرا بود. در طرف جریان اصلاح‌طلب نیز می‌دانیم که تفکر حذفی دو رئیس جمهور، یعنی هاشمی رفسنجانی و محمد خاتمی را از صحنه سیاسی کنار گذاشت و سرانجام کروبی و موسوی را سالها به حصر فرستاد.

در خارج نظام نیز اختلافات عمیق، سازش ناپذیر و گاه قهرآمیز بود. اینجا چند گروه کوچک سلطنت طلب، جمهوریخواه، چپ و قومی فعالیت داشتند که علی‌رغم زندگی در جوامع آزاد غربی، هیچ یک از آنها قادر به سازماندهی وسیع، سراسری و دمکراتیک نشدند. اختلافات داخلی و انشعابات متعدد به شکلی مهیب میانشان جریان داشت. یک نمونه اینکه دو حزب دمکرات کردستان و کومله سه تا چهار سال با یکدیگر برای هژمونی در کردستان مسلحانه جنگیدند. در جمع بندی باید گفت تاریخ یک صد ساله ایران نشان می‌دهد که ایرانیان در کار حزبی گرفتار اندیشه حذفی و قهرآمیز بوده و نتوانستند حتی یک جریان مستمر و پایدار حزبی بوجود آورند. در چنین زمینه و بستر سخت تاریخی است که تاجزاده نظر خود را منعکس می‌کند. تاریخ نشان می‌دهد که زمینه واقعی سیاست‌ورزی در ایران معاصر، میان احزاب و نیز فراکسیون‌های درون حزبی، عمدتا حذفی، انشعابی و قهرآمیز بوده است. سیاست میان گروه‌های ایرانی مانند روابط میان جزایر دور از هم و قبیله‌های پراکنده‌ای است که رابطه و تفاهمی با یکدیگر ندارند. آنچه دنبال می‌شود جنگ‌های بی‌انتهای فرقه‌ای برای تسلط یک جناح بر جناح دیگر است. با این حال، تاجزاده حداقل شرایط را به نحوی مساعد می‌بینند که مسئله به رسمیت شناخته شدن فراکسیون در کار حزبی را مطرح می‌کند. امید دارد که برسمیت شناخته شدن فراکسیونیسم حزبی مبنای سیاست ورزی ایرانی معقول‌تر شود.

اهمیت فراکسیونیسم از نظر علوم سیاسی

محققین حوزه علوم سیاسی مسئله مدیریت اختلاف نظر و فراکسیونیسم حزبی را مورد مطالعه قرار داده و نظرات گوناگونی درباره آن ابراز کرده‌اند. بازی فراکسیون در داخل

حزب را به چند دلیل مهم دانسته‌اند. اول اینکه، اگر فراکسیون مورد قبول واقع شود برخورد حذفی به نوعی همزیستی مسالمت آمیز تغییر خواهد کرد. تلاش تاجزاده هم برای اینکه فعالیت فراکسیون حزبی را تشویق کند از این نظر حائز اهمیت است. تلاش برای رسمیت دادن به فراکسیون حزبی به نحوی تقویت کننده همزیستی مسالمت‌آمیز در داخل حزب و در حوزه بزرگتر اجتماعی است.

نکته دوم اینکه، همزیستی فراکسیونی و شکل گرفتن کار حزبی شرایطی را فراهم می‌آورد تا سیاستمداران و شهروندان بتوانند علایق متفاوت، مختلف و گوناگون خود را منعکس کنند. یعنی شرایطی که حزب دیدگاه طیف‌های مختلف مردم را منعکس کند. بر این اساس، فراکسیون‌ها ابزاری موثر برای ارتقای گفتگو و تبادل اندیشه و مشورت جریان‌ها مختلف اجتماعی در داخل حزب می‌شوند. بحث و گفتگو، موجب تولد و شکل گرفتن ایده‌های جدید سیاسی می‌شود و حزب را به سمت تصمیم‌گیری دستجمعی و اجماع عمومی پیش می‌برد.

دیگر اینکه، وقتی جناح‌های حزبی شرایط را برای انعکاس نظرات شهروندان فراهم می‌کنند تا در بحث‌های مشورتی شرکت کنند و یا صدای خود را در این مباحث بشنوند، فرآیند مشارکت عمومی به نوعی ارتقاء پیدا می‌کند و رضایت و خشنودی عمومی را فراهم می‌آورد.

همزیستی جناح‌های حزبی می‌تواند زمینه ارتقای پاسخگویی سیاستمداران را فراهم آورد. یعنی آنها را زیر ذره‌بین گفتگو و پرسش و پاسخ قرار دهد، و مکانیزمی را مهیا سازد که سیاستمداران را در قبال اعمالشان پاسخگو کند. بدین سان است که، بیش از پیش، التزام فرد یا جناح سیاسی به پذیرش مسئولیت، توضیح و توجیه عملکرد سیاسی فراهم می‌شود. [i]

---

[i] Françoise Boucek - Rethinking Factionalism - Party Politics, Sage Journal - ۲۰۰۹
Ian Budge - Ideology, Party Factionalism and Policy Change - Cambridge - ۲۰۱۰

همزیستی فراکسیونی شرایطی را فراهم می‌آورد که اطمینان حاصل شود هیچ جریانی نتواند تفرقه افکنی کند و یا بیش از حد قدرتمند شود. به عبارت دیگر، همزیستی جناحی، حزبی و فراکسیونی بستری را می‌سازد که نیروهای حزبی نظرات خود را آزادانه بیان کنند اما هیچ یک اجازه پیدا نکنند تا از روند سیاسی برای تحمیل خود به دیگران استفاده نمایند. توجه به موارد فوق نشان می‌دهد که چرا نظریه پردازان سیاسی، همزیستی جناحی و حزبی را یکی از ویژگی‌ها و ضرورت‌های سیاست‌ورزی دموکراتیک دانسته‌اند.[i]

Pedro Lourenço - The Management of Intra-Party Factionalism - Cambridge - ۲۰۲۳

[i] برخی نظریه‌پردازان به این مسئله پرداخته‌اند، از جمله

رابرت دال — "چندسالاری، مشارکت و مخالفت"، مترجم: ابراهیم اسکافی، تهران، شیرازه کتاب ما، ۱۳۹۷

جان رالز - "لیبرالیسم سیاسی" - مترجم موسی اکرمی - نشر ثالث — ۱۳۹۳

James S. Fishkin - When the People Speak: Deliberative Democracy and Public Consultation Paperback - ۲۰۱۱

بخش دوم

زندگینامه سیاسی

بچه میدان خراسان

سید مصطفی تاجزاده در ۵ شهریور ۱۳۳۶ در تهران، میدان خراسان، خیابان صفاری، بدنیا آمد.[i] در یکی از محله‌های قدیمی، پایین شهری و عمدتا خرده بورژوازی سنتی پایتخت. خودش را بچه میدان خراسان می‌داند. می‌گوید که محله شدیدا مذهبی بود، و پاتوق فخرالدین حجازی، از سخنرانان تند و آتشین مذهبی دوران پهلوی، در مسجد لرزاده. "با بچه‌های تخس، گردن کلفت و مقاوم" به نحوی که "ساواک از محله ما هیچ خوشش نمی‌آمد... من در دبیرستان، اهل مسجد و مذهب بودم".

محمد قوچانی، روزنامه نگار، کتابی درباره محله‌های پایین تهران، در دوران انقلاب و بعد از آن، دارد. می‌نویسد که قبل از انقلاب، محله نازی آباد، در شش کیلومتری میدان خراسان، نقطه سیاست ورزی چریکی و مبارزات مسلحانه بود. و در روزهای بعد از پیروزی انقلاب بود که جوشش و فکر بچه‌های این محل به تأسیس کمیته‌های انقلاب و سپاه پاسداران انجامید. "بچه‌های پایین" – اصطلاحی که بزرگ شدگان جنوب شهر در دهه‌های ۳۰ و ۴۰ درباره خود به کار می‌بردند – به هر بهانه می‌کوشیدند آیین لوطی‌گری و رفیق بازی را زنده نگه دارند. همین سنت بعدها به روش سیاست و آیین کشورداری هم منتقل شد.[ii]

پدر و مادر

ریشه خانوادگی مصطفی در هرند است. پدر و مادرش اصالتاً اهل هرند، در شرق اصفهان، بودند که در جوانی به تهران آمدند. پدرش، سید مظفر تاجزاده (متولد ۱۳۰۹)، بار/میوه فروش بود و در میدان تره بار تهران، نزدیک میدان شوش، کسب و کار می‌کرد. بعد از قیام خمینی در سال ۴۲، مقلد وی شد. چهار دختر و دو پسر داشت که مصطفی

---

i شناسنامه‌اش به تاریخ اول آذر ۱۳۳۵ است. خیابان صفاری بعد از انقلاب شد شهید مجید حداد عادل.

ii "علت حضور قلعه‌نوعی در مراسم ترحیم پدر تاجزاده چه بود؟" – انصاف نیوز – ۱۶ تیر ۱۳۹۷

فرزند سوم بود. از ده سالگی به کار حسابداری پدرش کمک می‌کرد. بعد از انقلاب، پدر به محله چیذر در شمال تهران نقل مکان کرد و در تیر ۹۷ فوت شد. بسیاری از مقامات عالی‌رتبه حکومتی (از جمله محمد خاتمی و حسین فریدون، برادر حسن روحانی رئیس جمهور وقت)، به احترام مصطفی تاجزاده، در مراسم ختم پدرش در مسجد نور تهران، خیابان فاطمی، شرکت کردند.ⁱ مادر مصطفی، فاطمه (مشهور به ایران) فاضل هرندی، خانه‌دار است.

تحصیلات

مصطفی در دبستان سقراط (خیابان صفاری) از شاگردان ممتاز بود. ولی در دبیرستان، شیطنت جوانی فرصت درس خواندن را از او گرفت و چهار مدرسه عوض کرد. "درسم در دبیرستان جالب نبود. فقط نمره قبولی می‌گرفتم." به دبیرستان اخباری (میدان شاه)، دبیرستان مروی (بازار) و سپس دبیرستان‌های آذر شماره یک و دو (بهارستان و تقاطع قوام) رفت. در سال ۵۴ دیپلم متوسطه خود را با معدل پانزده از بیست گرفت.

در کنکور سراسری نتوانست به سطح دانشگاه تهران برسد و صرفا در حد دانشسرا قبولی آورد. به همین خاطر در امتحان اعزام به خارج (رشته مهندسی مکانیک) شرکت کرد. می‌گوید که دانشگاه‌های آمریکا برای ورود خیلی سختگیری نمی‌کردند. در آمریکا هم "زیاد درس نخواندم. فقط در کالج ثبت نام می‌کردم که ویزا تمدید شود که بعد از مدتی این کار را هم نکردم. سه ترم به دانشگاه رفتم، اما در واقع درس نخواندم."ⁱⁱ نزدیک به سه سال (از دی ۵۴ تا مهر ۵۷) در ایالات متحده بود و در کالج پیش دانشگاهی بود که وارد کار جدی سیاسی شد.ⁱⁱⁱ

ⁱ نمی‌خوام تکرو باشم (گفت‌وگو با مصطفی تاجزاده) - اندیشه پویا - شماره ۴۶ - آبان ۱۳۹۶ — آنلاین
ⁱⁱ تاجزاده در گفتگو با حسین دهباشی + ویکی فقه - دانشنامه حوزوی - سازمان مجاهدین انقلاب
ⁱⁱⁱ چند بار کالج عوض کرد، ظاهرا از جمله سیسکیوس (در وید در کالیفرنیا) و ریدلی (در فرزنو در کالیفرنیا).

Siskiyous and Reedley, in Weed and Fresno

خانواده

در مطالعه پیشینه خانوادگی و تاثیر آن بر کردار و رفتار تاجزاده، چند نکته قابل بررسی است. به لحاظ فرهنگی، خانواده‌اش سنتی و مذهبی بود. چند معمم میانشان داشت، دو پدر بزرگ عمامه داشتند و نیز دو دایی، ایت‌الله فاضل هرندی و حاج آقا علامه که در اصفهان بود. قبل از انقلاب، کمتر نشانی از تجدد طلبی و مدرنیسم رایج دوران پهلوی در خانواده دیده می‌شود. ریشه و تعلقشان به فرهنگ و تفکر عرفی، قدیمی و سنتی بود. روابط خانوادگی، از جمله ازدواج‌های پیچ در پیچ درون فامیل، حکایت از تسلط فرهنگ سنتی و مذهبی دارد. اسم تاجزاده، که قاعدتا در دوره رضا شاه و برای صدور سجل و شناسنامه انتخاب شد، از نام "سید تاج قه" می‌آید، ظاهرا یکی از نیاکان خانواده که در روستای قهی (در ۱۴ فرسخی اصفهان به طرف نائین) زندگی داشت.

به لحاظ طبقاتی، خانواده به اقشار متوسط شهری، از رگه خرده بورژوازی سنتی، متعلق بود. نوع کار و حرفه، اینکه پدرش بار فروش بود، تعیین کننده این رگه اجتماعی است. محل زندگی و روابط اجتماعی آنها نیز حکم بر این دارد. اما بخشی از خانواده درآمدهای بالاتر داشتند. عمو، قبل و بعد از انقلاب، در هرند یک کارخانه ریسندگی و بافندگی داشت.

خانواده مشخصا سیاسی بود و به قول تاجزاده، مانند "کشتی نوح" از همه رگه، توده‌ای، پیکاری و مجاهد خلق نمونه داشتند. اگر این مثال‌ها را معیار قرار دهیم محدودیت آنرا به مخالفین تندروی نظام پهلوی می‌بینیم. یعنی در دوران پهلوی از مخالفین حکومت بودند و سپس در دوران جمهوری اسلامی عمدتا از مدافعان نظام جدید شدند. اما این قاعده مطلق نبود. یکی از بستگان سببی (باجناق عمو)، عباس میرزایی، نماینده مجلس شورای ملی، در سه دوره آخر تا قبل از انقلاب، بود. کاریکاتور نماینده سنتی و مذهبی مجلس، «آمیرزا»، که در بسیاری از کارتون‌های نشریه فکاهی توفیق دوران پهلوی آمده همین عباس میرزایی است.

با انقلاب ۵۷، موقعیت خانواده زیر و رو می‌شود. جهش و ارتقاء اجتماعی خانواده قابل ملاحظه است. از یک عنصر سنتی طبقه متوسط شهری تبدیل به یکی از

ستون‌های طبقه حکومتی می‌شود. زندگیشان تحول عمیقی را طی می‌کند. بسیاری به مقامات عالیرتبه دولتی می‌رسند و بخشی از طبقه جدید بورژوازی حکومتی را تشکیل می‌دهند. این جهش طبقاتی خانوادگی قابل مقایسه است با موارد مشابه در خاورمیانه. در عراق که انقلاب بعثی ۱۹۶۸، طبقه خرده بورژوازی شهری را به قدرت رساند و در سوریه که انقلاب بعثی ۱۹۶۳، شرایط به قدرت رسیدن خرده بورژوازی روستایی را فراهم کرد.

در اینجا ضروری است که گفته شود در این جهش طبقاتی که برخی از مقامات جمهوری اسلامی را ثروتمند کرد، و از فرش به عرش رساند، درویش مسلکی مالی مصطفی تاجزاده مورد تایید کسانی است که او را می‌شناسند. تصویر عمومی و نیز شواهد امر نشان می‌دهد که وی در امور مالی خویشتنداری داشته، از امکانات مالی حکومتی سوء استفاده نکرده، که حتی به اختیار از آن دوری گزیده. از سال ۱۳۵۸ که وارد کار دولتی شد تا سال ۱۳۸۰ و انفصال از خدمت، حقوق بگیر دولت بود.

خودش فقر و صداقت را بزرگ‌ترین موهبت الهی و سرمایه زندگی‌اش دانسته و وضعیت مالی خود را بسیار شفاف توصیف کرده و گفته که "همین وضع روشن هم باعث شده هیچ وصله‌ای در این زمینه به من نچسبد." به گفته همسرش تا ۵۷ سالگی اجاره نشین بودند و صاحب خانه نشدند. همسرش نقل می‌کند که در یک بازجویی در زندان از او پرسیدند که از سفره انقلاب چه بردی و او جواب داد "اه و حسرت". برخی از رقبای سیاسی او هم به پاکدستی‌اش شهادت داده‌اند. از جمله محسن سازگارا، عضو شورای مدیریت گذار، که از مخالفان سرسخت اصلاح‌طلبی و از مروجان مشی براندازی جمهوری اسلامی است، و در سالهای قبل او را می‌شناخت. وی گفته که مصطفی تاجزاده را "سالم و پاک و دور از رانت خواری و فساد می‌دانم".

نکته قابل تامل دیگر در مورد موقعیت خانواده تاجزاده اینکه اختلاف نظر سیاسی میان افراد عمیق بود و عمیق‌تر شد. این اختلاف به خاطر مسائل سیاسی به تدریج شکل گرفت و بسیار جدی شد. به چند مورد مشخص از این شبکه خانوادگی اشاره می‌کنیم.

همسر

دو سال بعد از انقلاب، تاجزاده با دختر خاله خود فخرالسادات محتشمی‌پور ازدواج کرد. خانم فخرالسادات از خانواده‌ای سیاسی می‌آمد. مادرش بتول (محبوبه) حاجی رجب زرندی، (متولد ۱۳۱۸- فوت ۱۳۹۸) خانه‌دار، بود. پدرش سید محمود محتشمی پور (متولد ۱۳۰۹ - فوت ۱۳۹۸) در دوران شاه، از کسبه بازار حضرتی چهارراه مولوی محسوب می‌شد. سید محمود فعالیت‌های سیاسی خود را با نواب صفوی و فداییان اسلام آغاز کرد و عضو جمعیت موئتلفه شد. در سال ۴۳، پس از ترور حسنعلی منصور، برای شش ماه به زندان افتاد. در انقلاب ۵۷ به دیدار خمینی در پاریس رفت و پس از انقلاب، به سرپرستی اموال بنیاد شهید رسید. ولی پس از چندی به شغل آزاد بازگشت. ایت‌الله خامنه‌ای درگذشت او را تسلیت گفت و از وی به عنوان یکی از "یاران دیرین انقلاب و وفاداران حقیقی به اهداف امام" یاد کرد. [i]

فخرالسادات محتشمی‌پور، (متولد تهران، ۱۳۴۲) از بچه‌های عین الدوله، خیابان ایران، در دبستان و دبیرستان‌های اسلامی دوران پهلوی درس خواند. هنگام انقلاب ۱۵ساله بود که وارد فعالیت سیاسی شد. در گروه‌های مقاومت بسیج محل و کلاس‌های عقیدتی شرکت کرد. آموزش نظامی و گشت شبانه داشت. در دوران جنگ، مواد خوراکی برای جبهه بسته بندی می‌کرد. در ۱۸ سالگی معلم کلاس دوم دبستان شد. در دانشگاه‌های تهران و الزهرا در رشته تاریخ لیسانس و فوق لیسانس گرفت. پایان نامه‌اش (سال ۶۸) در باب "فارس در دوره اول قرن هجری" بود. بعد از آن درس تاریخ در دبیرستان داد. در جامعه اللبنانیه، تنها دانشگاه دولتی لبنان، اسم نویس کرد. برای دوره دکترا و نوشتن تزی در مورد "سیستان در قرون اولیه هجری". حدود ده بار به بیروت سفر کرد و شش ماه آنجا ماند. اما بعد از جنبش سبز ممنوع الخروج شد و پایان نامه‌اش را به اجبار رها کرد. فعالیت دولتی‌اش، قبل از سال ۷۶، محدود به خدمت کوتاهی در مرکز تحقیقات صدا و سیما می‌شد. در همین دوره بود که سال ۱۳۷۰ همراه

---

[i] "سید محمود محتشمی پور عضو حزب موئتلفه و پدر همسر مصطفی تاجزاده درگذشت" - سایت نواندیش - ۱۶ فروردین ۱۳۹۸ + "محمود محتشمی پور درگذشت" - ۱۶ فروردین ۱۳۹۸ - ایرنا

تاجزاده به پاریس رفت ولی بیش از شش ماه نماند و زودتر از او برگشت. مجددا معلمی حق التدریسی را از سر گرفت.

به قدرت رسیدن خاتمی در خرداد ۱۳۷۶، اوضاع را عوض کرد. فخرالسادات خودش را خیلی سیاسی نمی‌دید. "به سیاست کشیده شدم... مهارت‌های کافی سیاسی نداشتم. ورودم به سیاست از نظر فرهنگی و اجتماعی بود. می‌خواستم زنان را به صحنه اجتماعی وارد کنم." [i] با این حال درگیر مسائل سیاسی شد و مسئولیت گرفت. از جمله به عضویت جبهه مشارکت (تاسیس ۱۳۷۶ و انحلال ۱۳۸۹) درآمد و در مقاطعی مسئولیت شاخه زنان و تهیه نشریات و بیانیه‌ها را به عهده داشت. در سال ۸۰ مشاور معاون وزیر کشور در امور اجتماعی و سپس مشاور وزیر کشور و مدیرکل امور بانوان وزارتخانه شد، تا سال ۸۴. تمام وقت کار می‌کرد ولی استخدام دولت نبود. از اعضای موسس مجمع زنان اصلاح‌طلب شد و نیز فعالیت‌های مدنی داشت، از جمله در هیأت مدیره انجمن زنان پژوهشگر تاریخ، انجمن زنان کار آفرین و چند سازمان خیریه.

بدنبال ناآرامی‌های جنبش سبز، در ۱۰ اسفند ۱۳۸۹، پس از فراخوانی به مناسبت تولد میر حسین موسوی در تهران دستگیر و ۸۹ روز در زندان بود. به اتهام تبلیغ علیه نظام، شرکت در اغتشاشات و حضور خیابانی. ولی در واقع، در اتوموبیل دستگیر و به حبس فرستاده شده بود. در دهه نود، با حزب اتحاد ملت ایران اسلامی همکاری داشت، ولی نه رابطه تشکیلاتی، و از اعضای حقیقی جبهه اصلاحات بود.

آقا مصطفی و خانم فخری دو فرزند دختر دارند. عارفه (متولد شهریور ۱۳۶۱) و فاطمه (متولد تیر ۱۳۶۶). شواهد حاکی از وجود یک گسل نسلی است. هر دو فرزند ظاهرا به خاطر تنش‌های سیاسی علاقه به فعالیت سیاسی ندارند. برای زندگی، فاطمه به شمال ایران و عارفه نخست به مالزی و سپس به کانادا رفت.

---

[i] مصاحبه فخرالسادات محتشمی‌پور با سعید برزین ، ۱۸ آبان ۱۴۰۲

ایت‌الله محی‌الدین فاضل هرندی

دایی مصطفی، ایت‌الله محی‌الدین فاضل هرندی (متولد ۱۳۱۳ - فوت ۱۳۸۵ قم) در حوزه علمیه اصفهان درس خوانده بود. قبل از انقلاب فعالیت سیاسی داشت و به فدائیان اسلام و نواب صفوی نزدیک بود. در سال انقلاب ۵۷ چند ماهی به زندان افتاد. بعد از انقلاب مقامات گرفت. از جمله رئیس دادگاه انقلاب اسلامی استان سیستان و بلوچستان و سپس، سه دوره نماینده مجلس شورا و یک دور نماینده مجلس خبرگان بود. [i]

علی‌اکبر محتشمی‌پور

خانم فخرالسادات دختر عموی علی‌اکبر محتشمی پور، وزیر کشور در کابینه دوم میرحسین موسوی است. علی‌اکبر در دوران پهلوی در حوزه علمیه درس خواند و سپس سال‌ها در نجف، عراق، زندگی کرد. محتشمی‌پور از تندروهای طرفدار صدور انقلاب و از بنیانگذاران حزب الله لبنان بود. بعدها، حداقل در سیاست داخلی، معتدل‌تر شد. از جمله به عضویت شورای مرکزی جبهه مشارکت درآمد. در انتخابات ریاست جمهوری ۸۴، در طرفداری از کروبی، مدعی مهندسی و تقلب در انتخابات شد. در سال ۸۹، پس از جنبش سبز، به نجف رفت و تا آخر عمر همانجا ماند.

محسن رفیقدوست

خواهر فخرالسادات، عصمت السادات، همسر مرتضی رفیق دوست، است. مرتضی شخصیتی جنجالی است که به خاطر فساد مالی دوبار به زندان محکوم شد و در یک

---

[i] مروری بر زندگینامه آیت‌الله فاضل هرندی - اصفهان شرق - ۲۷ اردیبهشت ۱۳۹۴ - سایت اینترنت

مورد هشت سال را در زندان گذراند. وی به عنوان متهم ردیف دوم پرونده اختلاس ۱۲۳ میلیارد تومانی از بانک صادرات در سال ۱۳۷۴ به حبس ابد محکوم شده بود. [i]

برادر مرتضی، محسن رفیق دوست (عضو سابق جمعیت موتلفه، وزیر سپاه در دوران جنگ و رئیس سابق بنیاد مستضعفین) است. گفته‌های محسن رفیقدوست حاکی از اختلاف عمیق میان این دو بخش از خانواده می‌باشد. "هیچ ارتباطی با تاجزاده، باجناق برادرم ندارم و سال‌هاست که بی‌خبرم... اصلا خبری ندارم." [ii] عصمت درمورد اختلاف عمیق سیاسی با خواهرش صحبت کرده. هنگامیکه فعالیت‌های تاجزاده و همسرش در سال ۱۴۰۱ بالا می‌گیرد، عصمت نامه‌ای به خامنه‌ای می‌نویسد، که در رسانه‌های عمومی به شکل وسیعی منتشر می‌کند، و به خواهرش معترض می‌شود. خطاب به "محضر مبارک حضرت ایت الله امام خامنه ای روحی لک الفداء" می‌گوید: از اهانت به ساحت مقدس شما و خانواده محترمتان که توسط خواهرم [فخرالسادات] انجام شده، عذرخواهی کرده و برائت خود و خانواده را از ایشان و رفتار و گفتارش ابراز می‌نماییم". همچنین می‌گوید پدرش، محمود محتشمی پور، همواره از رفتارهای "ناشایست خواهرم و همسرش" ابراز بیزاری می‌کرده است.

صفار هرندی

دیگر فرد متشخص خانواده، محمدحسین صفار هرندی، پسر خاله همسر تاجزاده است. صفار هرندی از اعضای مجمع تشخیص مصلحت نظام، وزیر ارشاد در دولت اول احمدی‌نژاد، و مشاور فرمانده کل سپاه بود. در مصاحبه‌ای صفار هرندی گفته روابطش با مصطفی تاجزاده تضعیف شده چرا که اختلافات میانشان زیاد است. "از یک جایی ما جدا شدیم و دلم می‌خواهد کسی به این سوال من جواب دهد که آیا ما عوض شده‌ایم یا کسان دیگر عوض شده‌اند؟ من تصور می‌کنم که ما در دهه ۶۰ توقف

---

[i] قیمت دلار در آن سال حدود ۴۰۰ تومان بود.

[ii] مصاحبه با محسن رفیق‌دوست - روزنامه سیاست روز - ۷ تیر ۱۳۹۶ - سایت اینترنت

کرده‌ایم و علائق آن روز را ترک نکرده‌ایم. ولی گویی برخی با علائق پیشین خودشان خداحافظی کرده و یا فاصله گرفته‌اند. منشا بسیاری از اختلافات به نظر من این تغییرات است." [i]

شهید سید محسن تاجزاده هرندی

محسن تاجزاده، فرزند سید عباس ،پسر عموی مصطفی تاجزاده بود. در جنگ ایران و عراق، از مسجد اختیاریه تهران به جبهه اعزام شد. به تاریخ ۱۰ تیر۱۳۶۶، در سن ۲۵ سالگی طی عملیاتی نصر ۴ در منطقه ماووت عراق به شهادت رسید. در وصیّت نامه‌اش نوشته بود که "حافظ ولایت فقیه باشید و امام و رهبرمان را همچون نگین انگشتری در میان خود نگه دارید، تمام مشکلات را بدون سر و صدا حل کنید و نگذارید این قلب امت، لحظه ای درد بگیرد". [ii]

دوران رادیکالیسم انقلاب - ۱۳۵۷ تا ۱۳۶۱

دوره بیست سالگی تاجزاده مقارن است با سالهای انقلاب در ایران که ساختار حاکم کشور را بهم ریخت و نظم نوینی را حاکم کرد. تاجزاده پس از سفر به آمریکا و در دانشگاه است که بشدت سیاسی می‌شود و به کار تشکیلاتی روی می‌آورد. اولین تجربه جدی وی در تشکیل گروه فلق، در اوائل سال ۵۷، در آمریکا بود. فلق به معنی سپیدهٔ صبح، نام سورهٔ ۱۱۳ قرآن. این گروه اسلامی و انقلابی می‌خواست با مشی مسلحانه حکومت شاه را سرنگون کند. برخی از اعضایش به سوریه و لبنان اعزام شدند و در اردوگاه‌های فلسطینی دوره چریکی دیدند. اما تاجزاده به این دوره‌ها نرفت. با بالا گرفتن اعتراضات در داخل کشور و در هماهنگی با دکتر ابراهیم یزدی (که رهبری انجمن اسلامی دانشجویان آمریکا را به عهده داشت) به ایران بازگشت، چند هفته قبل

---

[i] ناگفته های صفار از رابطه فامیلی با تاج زاده - مصاحبه تابناک با صفار هرندی - ۲۵ خرداد ۱۳۹۱ - سایت اینترنت

[ii] سایت اینترنتی لشکر ۱۰ سیدالشهدا - L-۱۰.ir

از اینکه ایتالله خمینی به پاریس برود. بعدها گفت "شنیدم که دکتر یزدی با امام به پاریس رفته. خیلی حسرت خوردم و دلم سوخت. اگر می‌دانستم که امام هفته بعد به پاریس می‌آید حتما به ایران برنمی‌گشتم و به پاریس می‌رفتم."

با سرنگونی حکومت شاه و باز شدن فضا برای فعالیت طرفداران انقلاب، گروه فلق به شش گروه دیگر پیوست که تفکر مشابه داشتند و سازمان مجاهدین انقلاب اسلامی را بوجود آوردند. نام این سازمان به معنایی گویای موقعیت فکری آنها است در تایید قیام مذهبی علیه حکومت پهلوی ولی در عین حال خط کشی مشخص در برابر جریان چپ و بخصوص مشروعیت زدایی از نام "سازمان مجاهدین خلق". تاجزاده مسئولیت روابط عمومی و عضویت دفتر سیاسی سازمان مجاهدین انقلاب را به عهده گرفت. تمام وقت در دفتر مرکزی فعال بود و تحلیل‌های درون سازمانی می‌نوشت. وظیفه خود را، طبق مرامنامه حزبی، دفاع از ولایت فقیه؛ پاسداری از انقلاب اسلامی؛ گسترش انقلاب در جهان؛ و بسیج مردم در مبارزه با ستم، استضعاف و شرک می‌دید.

در این چارچوب‌ها بود که فعالیت‌هایش را تنظیم می‌کرد. در میان مقامات عالی‌رتبه حکومتی رفت و آمد می‌کرد و فعالیت داشت. از جمله با حاج مهدی عراقی، آیت‌الله مرتضی مطهری، ایت‌الله محمد حسنی بهشتی، ابوالحسن بنی‌صدر، علی خامنه‌ای و ایت‌الله خمینی تماس مستقیم و غیر مستقیم و دیدار داشت.[i] سازمان مجاهدین انقلاب نقش زیادی در راه‌اندازی و سازماندهی کمیته‌های انقلاب اسلامی ایفا کرد. اما تاجزاده می‌گوید که علی‌رغم تماس‌های گسترده‌ای که برقرار بود و تمام وقت در سازمان کار می‌کرد وارد دستگاه‌های جدیدالتاسیس دادستانی، دستگاه‌های امنیتی و نظامی نشد. "علاقه من به کار حزبی و سازمانی بود. [رقبای ایت‌الله خمینی، یعنی] مجاهدین خلق، چریک‌های فدایی و حزب توده فعال بودند. ما هم باید در مقابل آنها کار حزبی و تشکیلاتی می‌کردیم." به همین خاطر روی کار تشکیلاتی تمرکز داشت.

---

[i] از جمله در دیدار سالانه شورای مرکزی سازمان مجاهدین انقلاب اسلامی با خمینی شرکت کرد ولی دیدار دو نفره نداشت.

روابط درونی سازمان مجاهدین انقلاب تحت تاثیر فرهنگ بنیادگرای اسلامی و کمونیسم چریکی بود. نمونه اینکه تخلف در فعالیت و یا کوتاهی در انجام وظائف تشکیلاتی، مثلا تاخیر در اطلاع رسانی درون سازمانی، موجب تنبه جسمی و روانی می‌شد، از جمله نظافت ساختمان و خوردن شلاق. ظاهرا تاجزاده در چند مورد شلاق خورد. اختلاف در سازمان مجاهدین انقلاب اسلامی، بخصوص در مورد اندیشه‌های علی شریعتی و نحو برخورد با سازمان مجاهدین خلق از مسائل اساسی بود. این اختلاف‌ها بدنبال حذف بنی‌صدر از مقام ریاست جمهوری بالا گرفت. در دی ۱۳۶۱ تاجزاده همراه جناح "چپ و میانه" از سازمان جدا شد. [i]

دولت بازرگان و اشغال سفارت آمریکا

تاجزاده که به نمایندگی از سازمان مجاهدین انقلاب با دیگر فعالین اسلامی طرفدار ایت‌الله خمینی در تماس بود مدارج پیشرفت سیاسی را بسرعت طی کرد. در هرج و مرج انقلاب و خلاء بزرگ سیاسی که در کشور بوجود آمده بود تاجزادهِ ۲۱ ساله و دوستانش معتقد شدند که می‌توانند کشور را اداره کنند و برای این هدف خیز برداشتند. می‌گوید "این روحیه خیلی سریع در ما رشد کرد که چرا خودمان کشور را اداره نکنیم." سپس به نظرش رسید که باید برای رسیدن به این هدف، دولت موقت، به نخست وزیری مهدی بازرگان، را سرنگون کند. می‌گوید "به نظر می‌رسید جز با کنار زدن او [مهدی بازرگان] نمی‌توان انقلاب را اداره کرد."

دولت بازرگان که در ۱۵ بهمن ۱۳۵۷ تعیین شده بود بدنبال اشغال سفارت آمریکا در ۱۵ آبان ۱۳۵۸ استعفا داد و با اشغال سفارت، رادیکالیسم سیاسی در ایران اوج تازه گرفت. تاجزاده می‌گوید جزء "دانشجویان خط امام" که سفارت را تصرف کردند نبود و هیچ وقت هم در سفارت حضور نداشت. ولی، به گفته خودش، از حامیان سرسخت اشغال سفارت محسوب می‌شد و در ارتباط دادن دانشجویان با شورای انقلاب نقش

---

[i] سازمان در سال ۱۳۷۱ دوباره فعال شد. در این فاصله، دیدارها غیر رسمی بود.

داشت. حتی بعد از حدود چهار دهه پس از آن وقایع نمی‌گوید که اقدام تصرف سفارت غلط بود بلکه فقط "مدت اشغال" آن اشکال داشت و باید بعد از چند روز پس داده می‌شد. چهار دهه بعد ادعا کرد که "اشغال سفارت به عنوان یک حرکت اعتراضی مرسوم است. سفارت را چند ساعت می‌گیرند و بعد تحویل میدهند و می‌روند." پس از سقوط دولت بازرگان، نخست وزیری به محمد علی رجایی سپرده شد و در این دولت، تاجزاده مقام گرفت. از جمله، به عنوان عضو گروه مشورتی سازمان مجاهدین انقلاب با رجایی جلسات هفتگی داشت.[i] در مهر ۱۳۵۹، همراه رجایی به سازمان ملل رفت و در تدوین نطق تند او نقش داشت. در سالهای ۵۸ و ۵۹ به نمایندگی از سازمان مجاهدین انقلاب در ستاد نماز جمعه فعالیت می‌کرد.[ii] در این سالها به خامنه‌ای و خمینی نزدیک بود.[iii]

جنگ با عراق و ارشاد اسلامی (۱۳۶۱ تا ۱۳۶۷)

آغاز جنگ با عراق در شهریور ۱۳۶۰ - که هشت سال بدرازا کشید - تمام حوزه‌های سیاسی کشور را تحت الشعاع قرار داد. برخی از فعالین سازمان مجاهدین انقلاب به جبهه رفتند ولی تاجزاده به کار سیاسی در پایتخت ادامه داد. در اردیبهشت ۱۳۶۱، مسئولیت دولتی گرفت و به همکاری با عبدالمجید معادیخواه وزیر فرهنگ و ارشاد

---

[i] روایت تاج زاده از سفر رجایی به سازمان ملل - شهروند امروز
mmsshh.tebyan.net/post/۵٦٣

[ii] بررسی مواضع و عملکرد سیاسی مصطفی تاجزاده - خبرگزاری فارس - ۱ تیر ۱۳۹۵ - سایت خبری

[iii] پس از آنکه تاجزاده به خواستگاری می‌رود پدر خانمش از آیت‌الله خامنه‌ای درباره تاجزاده تحقیق می‌کند. تاجزاده می‌گوید: "ایشان هم محبت کرده بودند و تعریف کردند. پدر خانم من پرسیده بود که اینها را شما برای این می‌گویید که این وصلت صورت بگیرد یا واقعا فلانی این طور است؟ ایشان در پاسخ فرموده بودند که برای اینکه خیالت راحت شود می‌گویم که اگر دختر داشتم به فلانی می‌دادمش... ایشان همیشه من را به اسم کوچک صدا می‌کرد، تاجزاده را به رسمیت نمی‌شناخت و «آقا مصطفی» می‌گفت، مثل خیلی‌های دیگر که محبت دارند و من را به اسم کوچک صدا می‌کنند." خطبه عقدشان را ایت‌الله خمینی در جماران جاری کرد.

اسلامی رفت. بدون هیچ تجربه اجرایی در سن ۲۵ سالگی، مدیر کل مطبوعاتی وزارت ارشاد شد و تمام مطبوعات، چاپ کتاب و چاپخانه‌های کشور زیر نظر او درآمد.[i] می‌گوید قصد این بود که جریان ضد انقلاب و ضد اسلام محدود و در چارچوب ضوابط قانونی مهار شود. "مدیر توانایی بودم. مدیران چاپخانه‌ها از من می‌ترسیدند... چاپخانه‌هایِ تهرانِ حزب توده را من بستم، تقریبا به شکل غیر قانونی." جایی دیگر می‌گوید: "از عملکرد حزب توده در دوره مصدق چنان کینه داشتیم که ذره‌ای تردید نداشتیم... مقرر کردیم کتاب از چاپخانه خارج نمی‌شود تا زمانی که مجوز از ارشاد بگیرد". سانسور بزرگ که همزمان با عزل بنی‌صدر و مبارزه مسلحانه مجاهدین خلق آغاز شده بود در زمان مسئولیت تاجزاده به انتشارات کتاب گسترش یافت.[ii] از پروژه‌های دیگرش این بود که جلوی اسامی خارجی را برای کالاهای ایرانی بگیرد. در مدتی که ایران با عراق می‌جنگید و بخصوص پس از قیام مسلحانه مجاهدین خلق شدیدترین محدودیت‌ها بر مطبوعات اعمال شد و ادامه یافت. در آبان ۱۳۶۱ محمد خاتمی به وزارت ارشاد رسید و تا ۱۳۷۱ در این مقام بود. در این دوره است که تاجزاده از نزدیک با خاتمی همکاری می‌کند. خاتمی او را مدیر اداره نمایندگی‌های فرهنگی در خارج از کشور و آنگاه معاون امور بین‌الملل وزارت ارشاد کرد. وجه غالب کار تاجزاده و نمایندگان او، در ۳۳ کشور خارجی، رساندن پیام فرهنگی اسلام انقلابی و صدور انقلاب به خارج از کشور بود.[iii] با مجامع و شخصیت‌های مسلمان غیر ایرانی ارتباط برقرار می‌کردند و انتشارات به زبان‌های خارجی داشتند. برای حدود شش سال، کار و فعالیت تاجزاده در مقام معاونت وزارت، ترویج فرهنگ انقلابی اسلامی در کشورهای مختلف جهان بود. در این فاصله نیز به عضویت یک شورای سیاسی دولتی، که نخست وزیر، مهندس موسوی تشکیل داده بود، درآمد.

---

[i] بعدها نوشت امروز مخالف تکرار انقلاب هستم تا فجایع اجرایی دوباره تکرار نشود.

[ii] مصاحبه تاجزاده با اندیشه پویا.

[iii] مصاحبه تاجزاده با خشت خام. به اضافه، رجبعلی مزروعی - مصاحبه با سعید برزین - ۲۰ آذر ۱۴۰۲

بازگشت به تحصیل و فعالیت ایدئولوژیکی (۱۳۶۷ تا ۱۳۷۶)

بدنبال اعلام آتش بس در جنگ با عراق، کشور شاهد آغاز پایان انقلابگری به تفسیر سال ۵۷ و آغاز تجدیدنظر در سیاست‌های حاکم شد. هاشمی رفسنجانی با عنوان سردار سازندگی و تز فعالیت در جهت توسعه اقتصادی، تولید ثروت و سیاست بازتر کسب و کار وارد صحنه شد. پذیرش قطعنامه سازمان ملل در تیر ۱۳۶۷ که پایان جنگ ایران و عراق را رسمیت داد، فصل جدیدی را در تاریخ ایران باز کرد. به نظر می‌رسد تاجزاده که تا آن موقع در مقام معاونت وزیر ارشاد فعال بود دچار نوعی واخوردگی می‌شود. احساس کرد که باید از مسئولیت‌های اجرایی استعفا دهد. به همین خاطر تصمیم گرفت به تحصیلات خود بازگردد و بار دیگر به درس و مشق برسد. به دانشگاه بازگشت و در سال ۱۳۷۱ لیسانس خود را گرفت. سپس در کنکور سراسری (کارشناسی ارشد علوم سیاسی) شاگرد اول شد و در سال ۷۴ در کنکور سراسری (دکترای علوم سیاسی) رتبه سوم را بدست آورد. این شرایط و اوضاع عمومی کشور زمینه‌ای را فراهم کرد که به فعالیت فکری و ایدئولوژیکی روی آورد. در این مدت کار اجرایی نداشت و فقط یکبار به دعوت خاتمی برای مدت یکسال مسئولیت خانه ایران در پاریس را در سال ۱۳۷۱ به عهده گرفت. با استعفای خاتمی، تاجزاده هم به تهران بازگشت.

از ۶۷ تا ۷۶، کار اجرایی تاجزاده کمرنگتر و فعالیت مطبوعاتی و فکری‌اش پررنگتر می‌شود. در سال ۷۴ به روزنامه همشهری می‌رود و برای دو سال مسئولیت مشاور مدیرعامل موسسه را به عهده می‌گیرد. دیگر اینکه وقتی سازمان مجاهدین انقلاب در سال ۷۱ دوباره فعالیت خود را آغاز می‌کند با اینکه دعوت شرکت در جلسات را تا دو سال نمی‌پذیرد اما از سال ۷۳ در تهیه نشریه "عصر ما" برای سازمان فعال می‌شود. در این دوره است که به تجدیدنظر سیاسی گرایش پیدا می‌کند و می‌توان تغییراتی جدی در افکار او مشاهده کرد. البته همچنان به تفسیر اسلام انقلابی ایت‌الله خمینی، بخصوص به مفاهیم استکبار ستیزی و فقر ستیزی، وفادار است ولی تغییر و تحول در افکار، رفتار و مواضع سیاسی او به تدریج ظاهر می‌شود. از همین منظر است که به حوزه سیاست نظر دارد. در انتخابات ریاست جمهوری ۶۸ و ۷۲ که هاشمی رفسنجانی

به قدرت رسید تاجزاده اختلاف نظرهای اساسی با وی داشت و از منتقدین وی، در جناح تندروتر چپ، محسوب می‌شد. همین گرایش چپ بود که چند سال بعد عنوان عالیجناب سرخپوش را به رفسنجانی داد.[i] اما تاجزاده در هر دو انتخابات، علی‌رغم موضع انتقادی، به هاشمی رای داد.

در این دوره، دو هفته‌نامه "عصرما" به همراه روزنامه سلام تنها نشریاتی بودند که تحلیل‌های محدود انتقادی درباره مسائل سیاسی و اقتصادی روز را منتشر می‌کردند. از طریق این نشریه بود که آنچه می‌توان "اندیشه جناحی" نام گذاشت حدود سال ۱۳۷۴ در ایران باب شد و رسمیت یافت. پیشقراولان این اندیشه نظریه‌پردازان سازمان مجاهدین انقلاب، از جمله تاجزاده، بودند. مبحثشان با مقالاتی تحت عنوان "گرایش‌های سیاسی" آغاز شد و به سرعت به سایر نشریات سرایت کرد. این اقدام از چند زاویه قابل تامل بود. یکی اینکه در برابر نظر مسلط حکومتی که وجود جناح‌ها را به رسمیت نمی‌شناخت نظر خود را مطرح و فضای سیاسی کشور را متحول ساخت. به معنایی، وجود اختلاف نظر سیاسی و وجود گرایش‌های مختلف در حکومت را رسمیت بخشید. دیگر اینکه بحث خود را خلاف روش معمول، در چارچوبی استدلالی و غیر ایدئولوژیکی ارائه کرد. در برابر این پیشتازی، دو خط فکری وجود داشت. یکی، در صدر محافظه‌کار حکومت، که جناح‌بندی را اصولا منکر شد و آنرا کم اهمیت دانست. دیگری، در میان مخالفین رژیم، که مسئله گرایش‌های سیاسی را صرفا تصفیه حساب‌های شخصی و حتی توطئه حکومتی تفسیر کردند.[ii] در همین دوران بود که با نشریه جدیدالتاسیس کیان، با محوریت روشنفکری دینی و رهبری عبدالکریم سروش، همکاری کرد و مورد مشاوره قرار گرفت. دوره فراغ از کار اجرایی و تمرکز بر فعالیت فکری و ایدئولوژیکی ده سال دوام داشت. با پیروزی خاتمی در انتخابات ۲ خرداد ۷۶ تاجزاده تحصیلات را بار دیگر نیمه تمام گذاشت و به صحنه سیاست بازگشت.

---

[i] اکبر گنجی – عالیجناب سرخپوش و عالیجنابان خاکستری – ۱۳۷۸

[ii] جناح بندی سیاسی در ایران — سعید برزین — ۱۳۷۷

مصطفی تاجزاده کیست؟ – ۱۸ تیر ۱۴۰۱ – سایت بی‌بی‌سی

سایت سید مصطفی تاجزاده – زندگینامه – tajzade.com

معاونت سیاسی در دولت اصلاحات (۱۳۷۶ تا ۱۳۸۰)

این صفحه از تاریخ ایران شاهد به قدرت رسیدن نیروهای موسوم به اصلاح طلب به رهبری محمد خاتمی و تلاش آنها برای باز کردن فضای سیاسی و نهادینه کردن روند مردمسالاری در کشور بود. می‌توان این دوره را یکی از درخشانترین صفحات تجربه جمهوریت در تاریخ ایران دانست.

تاجزاده چهل ساله است که خاتمی رئیس جمهور می‌شود و پروژه اصلاحات را آغاز می‌کند. فردای روزی که به قدرت رسید به تاجزاده گفت که از جهت فکری، سیاسی و عاطفی او را نزدیک‌ترین آدم به خودش، و مناسب ریاست دفتر رئیس جمهوری، می‌داند. اما او را برای این مقام انتخاب نکرد چون عضو سازمان مجاهدین انقلاب بود و خاتمی نمی‌خواست شائبه نفوذ این سازمان در دفتر ریاست جمهوری را ایجاد کند. تاجزاده می‌گوید "رابطه نزدیک عاطفی و صمیمی با آقای خاتمی داشتم".[i] در این شرایط است که تاجزاده به معاونت سیاسی وزارت کشور، که یکی از کلیدی‌ترین معاونت‌های دولت، و مقامی تقریبا امنیتی، بود منصوب شد. و در همین سال است که با تشکیل "جبهه مشارکت ایران اسلامی" عضویت دفتر سیاسی و شورای مرکزی را پذیرفت.

بزرگترین پروژه خاتمی در طول هشت سال ریاست جمهوریش توسعه سیاسی بود که اجرای محوری آن به عهده وزارت کشور، و بخصوص معاونت سیاسی این وزارتخانه، قرار داشت. توسعه سیاسی به معنای تقویت نهادهای مدنی، برگزاری انتخابات رقابتی‌تر و باز کردن فضای سیاسی تفسیر می‌شد. این برنامه باید در شرایط سختِ مخالفت نیروهای محافظه‌کار و اصولگرا پیش می‌رفت. در این دوره بار سنگین سیاسی به دوش وزارت کشور و از جمله شخص تاجزاده بود. او با دو وزیر این وزارتخانه

---

[i] مصاحبه خشت خام.

کار کرد و پس از استیضاح جنجالی وزیر اول، عبدالله نوری، برای مدت یک ماه سرپرستی وزارتخانه را به عهده داشت.[i]

دوره خاتمی شاهد درگیرهای شدید میان جناح‌های سیاسی بود. این جناح‌ها در آن زمان با عناوین حزب الله، راست سنتی، میانه و چپ شناخته می‌شدند و در فضای بازتر سیاسی دوره اصلاحات شدیدا درگیر بودند. به تدریج بود که جریان اصلاح‌طلب، طرفدار خاتمی، از دل چپ و میانه برخواست و در برابرش جریان اصولگرا از میان حزب الله و راست سنتی شکل گرفت. در همان حال، رقابت جناح چپ با خط میانه هم جدی بود. این درگیری‌ها گاه جنبه خشن، خونبار و مهلک بخود می‌گرفت. از جمله ترور سعید حجاریان، مشاور سیاسی خاتمی.[ii]

جنگ قدرت و فشار بر وزارت کشور

به گفته سخنگوی وقت وزارت کشور حدود ۹۰ درصد بحران‌های دولت خاتمی، که حاصل برخوردهای فرقه‌ای بود، نصیب این وزارتخانه شد. به اصطلاح عامیانه آن روزها "هر نه روز، یک بحران" برای دولت خاتمی می‌آفریدند.[iii] وزارت کشور تحت فشار قرار می‌گرفت چون از طرفی متولی توسعه سیاسی بود و از طرف دیگر مسئولیت امنیت، نظم، ساماندهی و انضباط مملکت را به عهده داشت. از سختی‌های سیاسی این دوران، هنوز بسیاری از اطلاعات ناگفته و سری مانده. ولی گفته شده که در جلسات امنیتی سطوح بالای حکومتی سعی بر آن بود وزارت کشور را تحت فشار قرار دهند. این تهاجم از طرف بخش‌های نیرومندی از حاکمیت اعمال می‌شد که به دنبال ناکام کردن دولت خاتمی بودند. ظاهرا نهادهای نظامی بخصوص سعی بر آن داشتند که ارکان قدرت و

---

[i] عبدالله نوری (۷۶ تا ۷۷) و سید عبدالواحد موسوی لاری (۷۷ تا ۸۴).

[ii] سال ۱۳۷۸.

[iii] ناگفته‌هایی از وزارت کشور دولت خاتمی در گفت و گو با جهانبخش خانجانی مریم آریایی – خبرگزاری ایسنا – شنبه ۲۹ مرداد ۱۳۸۴ – اینترنت
https://news.gooya.com/politics/archives/٠٣٤٨٧٣.php

ابزار مهار بحران‌ها را در دست بگیرند. در برابر این تلاش، وزارت کشور پافشاری داشت که راه‌حل‌های قانونی و انتظامی برای مسائل پیدا کند و نگذارد با آنها از طریق نظامی برخورد شود.

یک نمونه از تهدیدات آشکار نظامی، نامه سرگشاده‌ای بود که فرماندهان سپاه برای خاتمی فرستادند و عملا تهدید به کودتا کردند.[i] تاجزاده معتقد است که در مقام معاونت وزارت کشور و مدیریت تنش‌ها دو معیار را دنبال کرده بود. یکی مذاکره و دیگری اجرای قانون. می‌گوید که در عرصه‌های مختلف به دیدار رقبای سیاسی خود می‌رفته و با آنها به گفتگو می‌نشسته. استدلالش این بوده که "بیاییم دوستانه، خودمان داستان را حل کنیم". تاکید داشته که مشکلات از طریق گفتگو و مذاکره حل می‌شود. تهدیدش هم این بوده که اگر مسائل مورد اختلاف، عمومی و رسانه‌ای شود دولت خاتمی به خاطر حمایت افکار عمومی در موقعیتی است که بتواند از پشتیبانی مردم برخوردار باشد. این استدلال و موضعگیری حداقل برای چند سالی از قدرت برخوردار بود ولی با افت موقعیت خاتمی با اشکال مواجه شد.

برخی از مهمترین پرونده‌های سیاسی وزارت کشور و شخص تاجزاده در این دوره عبارتند از:

قتل‌های زنجیره‌ای (۱۳۷۷)

چند ماه پس از آغاز فعالیت دولت خاتمی، فضای کشور به خاطر قتل حداقل پنج نفر از دگراندیشان متشنج شد و افکار عمومی را ملتهب کرد. خاتمی گروهی را خارج از وزارت اطلاعات و بدون حضور وزیر اطلاعات (دری نجف آبادی) مسئول کرد تا در این مورد تحقیق کنند. پس از یک ماه تحقیق، اعلام شد که مقامات بلند پایه وزارت اطلاعات در این قتل‌ها دست داشته‌اند. بلافاصله خاتمی دری نجف آبادی را برکنار و علی یونسی را جایگزین وی ساخت. گفته شده که اولین بار افشاء و شناسایی آمران

---

[i] در تاریخ ۱۸ تیر ماه ۱۳۷۸.

قتل‌های زنجیره‌ای توسط وزارت کشور صورت گرفت و بعدا به مجموعه‌ای در وزارت اطلاعات سپرده شد. به گفته سخنگوی وقت وزارت کشور نیم ساعت از درج اولین خبر قتل‌های زنجیره‌ای نگذشته بوده که در وزارت کشور جلسه اضطراری تشکیل می‌شود و طی آن مقامات متوجه می‌شوند که "نحله‌ها و نشانه‌های این حرکت در کجاست". بدین ترتیب وزارت کشور در این پرونده دخالت پیدا می‌کند و در افشای قضایا مسئولیت به عهده می‌گیرد. [i]

استیضاح وزیر کشور (۳۰ خرداد ۱۳۷۷)

نزدیک به یک سال از فعالیت دولت اصلاحات می‌گذشت که در مجلس پنجم، اکثریت محافظه‌کار اصولگرا بحث استیضاح وزیر کشور (عبدالله نوری) را پیش کشید. گفته می‌شود این اقدام چند علت داشت. از جمله، اعتراض به عزل و نصب‌هایی که نوری در استانداری‌ها و فرمانداری‌ها انجام داده بود که مورد تایید اصولگرایان نبود. دیگر، افزایش آزادیهای سیاسی در کشور که زمینه نگرانی اصولگرایان را فراهم می‌کرد. پس از استیضاح و برکناری نوری، خاتمی تاجزاده را برای یک ماه سرپرست وزارتخانه کرد. [ii] پس از آن وزارت به موسوی لاری، که برای اصولگرایان قابل قبول‌تر بود، منتقل شد. تاجزاده به مقام معاونت سیاسی بازگشت و برای چند سال با لاری کار کرد.

حمله به کوی دانشگاه تهران (تیر ۱۳۷۸)

این رخداد از نظر سیاسی و تاثیر بر افکار عمومی نقش مهمی داشت. واقعه این بود که به دنبال توقیف روزنامه سلام (که از روزنامه‌های اصلاح‌طلب محسوب می‌شد)

[i] مصطفی تاجزاده، مناظره با علیرضا زاکانی - بخش اول - ۲۵ دی ۱۳۹۷
مصطفی تاجزاده، مناظره با علیرضا زاکانی - بخش دوم - ۳ بهمن ۱۳۹۷
[ii] نوری به معاونت توسعه سیاسی رئیس جمهور منصوب شد.

دانشجویان چند روز تظاهرات کردند. متعاقباً درگیری‌هایی میان آنها با "لباس شخصی‌ها" (یعنی شبه نظامیان وفادار به رهبر) و نیروهای انتظامی به وقوع پیوست که سرانجام در ۱۸ تیر ۱۳۷۸ به حمله این نیروها به خوابگاه کوی دانشگاه، ضرب و شتم شدید دانشجویان و مرگ چند دانشجو انجامید. در این وقایع سیاست وزارت کشور جلوگیری از گسترش درگیری و ناآرامی بود. تاج‌زاده شخصا چند بار به کوی دانشگاه رفت و با دو طرف درگیر گفتگو کرد تا شاید اوضاع را آرام کند. تاج‌زاده یکی از هفت عضو منصوب شورای‌عالی امنیت ملی بود که به بررسی همه جانبه هجوم پلیس و لباس شخصی‌ها به کوی دانشگاه پرداخت و گزارش نهایی را تقدیم آن شورا کرد. طبق آن گزارش، که به گفته تاج‌زاده، در تاریخ معاصر ایران بی‌سابقه بود: الف) دانشجویان در حرکتی خودجوش به توقیف و تعطیلی روزنامه سلام تجمع اعتراضی برپا کرده بودند و با هیچ حزب و گروه سیاسی در خارج دانشگاه هماهنگی نکرده بودند. ب) پلیس اشتباه کرد که وارد کوی دانشگاه شد. ج) لباس شخصی‌ها نیز به طریق اولی برای ورود غیرقانونی به خوابگاه دانشجویان محکوم شدند. در پی این حوادث و با پافشاری دولت و وزارت کشور، برخی مقامات عالی‌رتبه انتظامی از کار برکنار شدند.[i]

تلاش برای تقویت نهادهای مدنی

دولت خاتمی گفتمان مردم‌سالار و جامعه مدنی را تشویق کرد و در اشکال مختلف عینیت بخشید. اعتقاد بر این بود که مشارکت مردم در روند سیاسی از طریق تقویت نهادهای مدنی به عنوان یکی از بازیگران عرصه اجتماعی، در کنار دولت و بخش خصوصی، موجب توسعه و پیشرفت خواهد شد. بر این اساس و با تلاش وزارت کشور تکثر نهادهای مدنی (یا سازمان‌های مردم نهاد "سمن") چشمگیر شد و تعداد آنها به چند ده هزار رسید. این توسعه چند محور مشخص اجتماعی را در بر می‌گرفت: سندیکاها، اصناف، مطبوعات، زنان، دانشجویان. همچنین حوزه‌های مختلفی را مد نظر

---

[i] فیلم "۱۸ تیر ۱۳۷۸ به روایت سید مصطفی تاج‌زاده" – آپارات
https://www.aparat.com/v/O۱Lda

داشت از جمله حوزه‌های علمی، هنری، ورزشی، خیریه، فرهنگی و حرفه‌ای. در این مدت بیش از دویست گروه سیاسی و حزبی مشغول فعالیت شدند از جمله خانه احزاب، که هدفش ساماندهی امور حزبی بود، و از دولت یارانه دریافت می‌کرد. طبعا موضوعیت جامعه مدنی و ضرورت تقویت آن در برابر حکومت، مفهومی نسبی است و موقعیت نسبی دارد. در دوران قبلی، چه در جمهوری اسلامی و چه دوران پهلوی، موضوع جامعه مدنی به این عمق و گستردگی مطرح و مورد توجه قرار نگرفته بود. بطور تاریخی دولت‌ها به نهادهای حکومتی سوءظن داشتند و انها را مکلف به کسب مجوز، و منوط به تایید نهادهای امنیتی، می‌کردند. این قاعده در دوره خاتمی هم بود ولی به شکل چشمگیرتری محدودتر شد. وزارت کشور نقشی اساسی در پروژه توسعه نهادهای مدنی داشت و از پیشقراولان این حرکت محسوب می‌شد.

تلاش برای قانونی کردن برگزاری تجمعات

دولت خاتمی و وزارت کشور تلاش کردند گردهمایی و تجمعات سیاسی را به عرف و سنت اجتماعی تبدیل کنند. دیدارهای سالانه خاتمی با دانشجویان و سوال و جواب‌های که صورت می‌گرفت نمونه‌ای از آن بود. چنین تلاش گسترده، جدی و مداوم در هیچ دولتی در تاریخ ایران سابقه نداشت. وزارت کشور هم در این تلاش نقش مهمی ایفا کرد. تاجزاده می‌گوید در مدتی که در وزارت کشور بود تقاضای برگزاری اجتماعات را می‌پذیرفتند و فقط در چند مورد اجازه راهپیمایی ندادند چون می‌ترسیدند از کنترل خارج شود. اما این پروژه با ناکامی‌های پی در پی مواجه شد، و ظاهرا به دو علت ناکام ماند. یکی مخالفت نیروی انتظامی که مسئولیت حفظ امنیت تجمعات را به عهده داشت و عملا زیر نظر ولی فقیه فعالیت می‌کرد و با برگزاری تجمعات مخالف بود. دیگری، به خشونت کشیدن تجمعات، توسط گروه‌های فشار دست راستی و لباس شخصی‌ها که از حمایت میدانی نیروهای امنیتی و نظامی برخوردار بودند. وزارت کشور یکی از مهره‌های اصلی تلاش برای قانونی کردن و عرفی کردن تجمعات محسوب می‌شد.

برگزاری انتخابات مجلس و شوراهای محلی

شاید بتوان گفت که مهمترین وظیفه‌ای که وزارت کشور و شخص تاجزاده دنبال و اجرا کردند برگزاری انتخابات سالم با رعایت حقوق شهروندی بود. در این زمینه کارنامه قابل توجهی دارند که شامل انتخابات شهر و روستا (۱۳۷۷) و انتخابات مجلس ششم (۱۳۷۸) می‌شود. در این انتخابات محدودیت‌ها و تنش‌هایی جدی سیاسی تجربه شد اما در چارچوب و مقیاس تجربه ایرانی، این انتخابات از نظر مدیریت، اجرا و سلامت مسئولین قابل توجه بود. عدم دخالت مجریان، به معنای مهندسی و تقلب، و نیز شرکت گسترده مردم در رای گیری قابل ذکر است.

در این چارچوب، یکی از مهمترین پروژه‌ها برپا کردن شوراهای شهر و روستا بود. تاجزاده گفته خامنه‌ای و رفسنجانی نخست توصیه می‌کردند که شوراها برپا نشوند چون نگران مدیریت اجرایی کشور بودند اما نظرشان با پافشاری دولت تغییر کرد. قانون شوراهای محلی و انتخاب شهرداران در سال ۱۳۷۵، یعنی قبل از خاتمی، به تصویب رسیده بود اما در دوره خاتمی بود که به اجرا درآمد. در اسفند ۱۳۷۷ و زیر نظر وزارت کشور انتخابات در حدود ۳۳۰۰۰ حوزه صورت گرفت و متعاقباً صدها هزار نفر وارد روند مشارکت سیاسی کشور شدند. در این پروژه، تاجزاده ریاست ستاد انتخابات را به عهده داشت، و بعدها از آن به عنوان یکی از افتخارات خود یاد کرده و گفت با برگزاری این انتخابات، حتی در ناآرام‌ترین استان‌ها، مملکت شاهد امن‌ترین دوران خود شد. اعطای قدرت سیاسی و تشویق مشارکت مردم در امور اجتماعی، و نیز تقویت رسمی نهادهای مدنی، از تجربیات قابل ذکر دوره اصلاحات بود.

انتخابات مهم دیگر برای مجلس ششم بود که بخاطر آن تاجزاده مقام دولتی خود را از دست داد. در این انتخابات اصلاح طلبان به قدرت رسیدند و ۶۳ درصد ارا را بدست آوردند. ولی رقبای اصولگرا ادعا داشتند که ارا به دقت شمارش نشده و باز شماری باید صورت بگیرد. یکی از پیشقراول این ادعا شورای نگهبان و شخص ایت‌الله احمد جنتی (در مقام دبیری شورا) بود. علی‌رغم فشار و دخالت‌های بعدی شورای نگهبان هنگامیکه

باز شماری صورت گرفت به تغییراتی صرفا جزیی انجامید. [i] با این حال، شورای نگهبان ۷۰۰ هزار رای را باطل کرد و علیرضا رجایی (از نیروهای ملی-مذهبی) را کنار گذاشت و به جایش حداد عادل (از رهبران اصولگرا) را به مجلس فرستاد.

مبارزه در قبال این پرونده به زورآزمایی میان تاجزاده و جنتی تبدیل شد. جنتی از ستاد انتخابات کشور، و تاجزاده از شخص جنتی، شکایت به دادگاه بردند. در دادگاه هیچ تقلب انتخاباتی ثابت نشد اما دادگاه تاجزاده را به اتهام "مداخله غیر قانونی در انتخابات" به ۳۰ ماه انفصال از خدمت دولتی محکوم کرد. [ii] پس از آن هم هیچ دادگاهی هرگز برای رسیدگی به شکایت تاجزاده از جنتی برگزار نشد. تاجزاده حکم دادگاه را صرفا به خاطر احترام به قانون پذیرفت و از همان تاریخ در محل کار خود حاضر نشد. [iii]

دخالت‌هایی که توسط مخالفین دولت اصلاحات در انتخابات مجلس (ششم و بعدا در مجلس هفتم) صورت گرفت و بر سرنوشت ارای مردم تاثیر گذاشت بحث جداگانه‌ای است که می‌توان بررسی کرد. اما اصلاح‌طلبان، که در یک انتخابات پیروز شدند و در انتخابات دیگر شکست خوردند، و وزارت کشور تحت نظر آنها، و شخص تاجزاده، می‌توانند ادعا کنند که رای گیری را به سلامت برگزار کردند، تلاش‌شان در جهت رعایت حق مردم و رشد سیاسی جامعه بود. بعدها تاجزاده در ارزیابی این تجربه در وزارت کشور گفت که "من در معاونت وزارت کشور از دمکراسی دفاع می‌کردم و هزینه آن را پرداختم".

---

[i] مقاله "نقش و جایگاه سازمان‌های مردم نهاد در مشارکت سیاسی در دوران‌های ریاست جمهوری خاتمی، احمدی‌نژاد و روحانی" - نصرت‌الله حیدری و محسن جمشیدی - آبان ۱۳۹۵ - فصلنامه تخصصی علوم سیاسی
[ii] ۱۶ اسفند ۱۳۷۹
[iii] گزارش محاکمه، دفاعیات، رخدادها و روند دادگاه بصورت کتابی منتشر شد. بابک داد - رای مردم: محاکمه و دفاعیات سید مصطفی تاجزاده - ۱۳۸۰ - طرح نو

پس از کناره گیری از وزارت کشور، تاجزاده به عنوان مشاور خاتمی ادامه کار داد.[i] در انتخابات دور دوم شورای شهر (۱۳۸۱) به عنوان لیدر فهرست اصلاح طلبان در تهران شرکت کرد اما اصلاح‌طلبان شکست سختی خوردند و او نتوانست وارد شورای شهر تهران شود.

شکست اصلاح‌طلبان و اولین دولت احمدی‌نژاد (۱۳۸۴)

محبوبیت اصلاح طلبان پس ۱۳۸۰ بتدریج کاهش یافت و سپس افت جدی پیدا کرد. در انتخابات شوراهای ۸۱ و مجلس ۸۲ شکست خوردند و با روی کار آمدن محمود احمدی‌نژاد در سال ۸۴ قدرت را کاملا به جناح رقیب اصولگرا تحویل دادند. تاجزاده بعدها به این جمع‌بندی رسید که آنچه موجب شکست اصلاح‌طلبان شد دلسردی مردم، اختلاف داخلی اصلاح‌طلبان و نیز کم توجهی به مسئله طبقاتی و عدالت اجتماعی بود. گفت گرایش اصلاح‌طلبان به راست چرخید و به همکاری با خط میانه میل کرد و بدین سان زمینه شکست را فراهم آورد. این اعتراف اشاره‌ای است به اینکه مردم یک مرتبه، به هر دلیلی تصمیم گرفتند، از اصلاح‌طلبان دوری کنند و در انتخابات شرکت نکنند. سال‌ها بعد تاجزاده گفت درخواست برای دمکراسی، حقوق بشر و آزادی همه فضا را پر کرد، و موجب بی‌توجهی به موضوع عدالت طبقاتی شد و این گونه سرمایه اجتماعی

---

[i] سابقه خدمات دولتی تاجزاده

۶۲-۶۱ مدیرکل مطبوعات و نشریات داخلی وزارت ارشاد

۶۳ مدیرکل رایزنی‌های فرهنگی در خارج از کشور

۶۷-۶۴ معاون امور بین‌الملل وزارت فرهنگ و ارشاد اسلامی

۷۱-۶۷ مشاور وزیر ارشاد

۷۲-۷۱ مدیر عامل خانه ایران در پاریس

۷۶-۷۲ مشاور مدیرعامل موسسه همشهری

۸۰-۷۶ معاون سیاسی و اجتماعی وزارت کشور و سرپرست ستاد انتخابات کشور

۸۳-۸۰ انفصال از خدمات دولتی به علت شکایت آقای جنتی و حکم دادگاه

۸۴-۸۳ مشاور رئیس جمهور خاتمی

اصلاح‌طلبان را کاهش داد. تاجزاده چنین تحولی را خطرناک دانست چرا که می‌توانست و می‌تواند مملکت را در معرض خطر انفجار قرار دهد و حتی شرایط ظهور یک پاپولیست، یا به قول خودش یک "رضا خان اسلامی"، را فراهم آورد.

در انتخابات ۸۴، تاجزاده که از روی کار آمدن محمود احمدی‌نژاد بیمناک بود عضو ستاد مصطفی معین شد و سپس در دور دوم رای گیری از هاشمی رفسنجانی حمایت کرد. پس از به قدرت رسیدن احمدی‌نژاد و در طول دولت اول وی، به شوراهای مرکزی و دفاتر سیاسی سازمان مجاهدین انقلاب و حزب مشارکت پیوست. نیرویش را صرف تقویت بدنه حزبی، تولید فکر سیاسی و برگزاری مجامع و محافل حضوری کرد. در نشریه داخلی مجاهدین انقلاب، نشریه حزب مشارکت (آیین) و سایت اینترنتی آنها نیز فعال بود. در تولید تاملات راهبردی دو سازمان نقش داشت. [i]

جنبش سبز و زندان (از ۱۳۸۸ تا ۱۳۹۵)

ایران در انتخابات ریاست جمهوری سال ۸۸ شاهد تنش و تشنج اجتماعی کم سابقه‌ای شد که نام جنبش سبز بخود گرفت. اختلاف نظر درقبال رای گیری، یک اعتراض گسترده اجتماعی را به همراه داشت که هشت ماه بدرازا کشید. مرگ ده‌ها نفر، و بازداشت هزاران نفر ، را شامل شد و کشور را به لرزه درآورد.

گفته شده که در این انتخابات، میر حسین موسوی، رقیب اصلی احمدی‌نژاد، به دلیل ملاحظات سیاسی، افراد غیر حزبی را دور خودش جمع کرده بود ولی آنها با مشورت و همراهی نیروهای حزبی اصلاح‌طلب، از جمله تاجزاده، برنامه خود را پیش بردند. اصلاح‌طلبان ستاد مستقل خود را داشتند که پشتیبانی فکری و سازمانی به ستاد موسوی می‌داد، و در جهاتی از ستاد موسوی فعال‌تر بود. اجرای بسیاری از عملیات پیچیده به عهده اصلاح‌طلبان گذاشته می‌شد.

---

[i] رجبعلی مزروعی – مصاحبه با سعید برزین – ۲۰ آذر ۱۴۰۲

یک روز پس از رای گیری، تاجزاده به همراه تعدادی دیگر از فعالین ستادی بازداشت شد و برای نه ماه به زندان رفت. افراد بازداشت شده دیگر به این ترتیب بودند:

- بهزاد نبوی (نایب رئیس مجلس ششم و وزیر صنایع سنگین در دولت مهندس موسوی و وزیر مشاور نخست وزیر رجایی)

- محسن میردامادی (استاندار خوزستان در زمان جنگ، رئیس کمیسیون امنیت ملی مجلس ششم)

- عبدالله رمضان‌زاده (استاندار کردستان و سپس سخنگوی دولت خاتمی)

- محسن امین‌زاده (معاون وزیر امور خارجه دولت اصلاحات)

- محسن صفایی فراهانی (رئیس فدراسیون فوتبال و نماینده مجلس ششم و قائم مقام وزیر امور اقتصادی و دارایی دولت خاتمی)

- فیض‌الله عرب سرخی (معاون وزیر بازرگانی دولت اصلاحات).

متعاقباً این گروه، از سردار عبدالله ضیغمی (ملقب به سردار مشفق)، از فرماندهان قرارگاه ثارالله سپاه پاسداران، به اتهام کودتای انتخاباتی قرارگاه، به قوه قضائیه شکایت کردند.

اندکی بعد، (در ۱۰ اسفند ۱۳۸۹)، تاجزاده دوباره بازداشت و به جرم "اقدام علیه امنیت ملی" و "تبلیغ علیه نظام" به شش سال زندان محکوم شد. سال‌های زیادی از این حبس را در انفرادی گذراند که در اعتراض به آن روزه سیاسی گرفت. بعدها گفت که به کتاب، روزنامه، رادیو و تلویزیون دسترسی داشت و این فرصت را برای مطالعه و تأمل گذراند. در زندان به او پیشنهاد کردند به خارج مهاجرت کند ولی او رد کرد. پس از اتمام دوران محکومیت (در ۱۵ خرداد ۱۳۹۵) آزاد شد.

تاجزاده برخلاف بسیاری از نیروهای اصلاح‌طلب که معتقدند در انتخابات ۸۸ تقلب شد مدعی است که سپاه و نیروهای حامی در این انتخابات کودتا کردند. بعدها گفت: "من هیچ وقت نگفتم تقلب شده. همیشه گفتم کودتا شده". در کیفر خواست دادستانی تهران (علیه متهمان این حوادث) نیز آمده است که تاجزاده معتقد بود تقلبی صورت

نگرفته. کیفر خواست به نقل از او می‌گوید: "به محضی که انتخابات تمام شد من از بچه‌های استان‌ها سوال کردم، احساس کردم که انتخابات را باختیم ولی فاصله را سه به یک نمی‌دانستیم... هیچ کس از من نشنید که تقلب شده...". حتی این جمله از او آمده است که "این انتخابات از نظر کمی جزء کم نظیرترین و به لحاظ کیفی جزء بی‌نظیرترین انتخابات بوده." [i]

تاجزاده بعدها هم مسئله صحت انتخابات را مورد تردید قرار نداد ولی بر وقوع کودتا پافشاری کرد. برای این ادعایش به برخی شواهد و اسناد ارجاع داده که نشان می‌دهد سپاه برای مهندسی و کنترل انتخابات، مدت‌ها قبل از رای گیری فعال شده بود. با این استدلال، تاجزاده ادعای تقلب و یا عدم تقلب در انتخابات را غیر ضروری و غیر مهم می‌داند. بجای اینکه ثابت کند که تقلب در رای گیری صورت گرفته یا نه، به شواهدی مبنی بر دخالت نیروهای مسلح و وقوع کودتا ارجاع می‌دهد. از جمله موارد زیر:

- سخنرانی سردار محمدعلی (عزیز) جعفری، فرمانده کل سپاه، که می‌گوید در انتخابات ۸۸ "خط قرمزی که برای نیروهای انقلاب" وجود داشت این بود که "نیروهای مخالف انقلاب و مخالف ارزش‌های انقلاب، که در دوران دوم خرداد فرصت پیدا کرده بودند، مجددا روی کار بیایند". یعنی پیروزی موسوی را خط قرمز سپاه معرفی می‌کند و آنرا غیر قابل قبول می‌داند و اقدام برای جلوگیری از آن را حیاتی می‌شمارد.

جعفری همچنین توجیه می‌کند که اقدام سپاه، نه دخالت سیاسی، بلکه انجام وظیفه است. [ii] می‌گوید: "ما [سپاه] دیگر نمی‌توانیم تحمل کنیم... که، برای یک مقطع چهار ساله یا هشت ساله، یک جریانی روی کار بیاید که بخواهد با ارزش‌ها، اعتقادات، انقلاب و مذهب مردم بازی کند".

---

[i] متن کیفر خواست معاون دادستان عمومی علیه فعالین سیاسی اصلاح طلب.
[ii] "سخنرانی محمدعلی جعفری، فرمانده پیشین سپاه، درباره انتخابات سال ۱۳۸۸" در جمع تعدادی از فرماندهان ارشد و علی سعیدی، نماینده رهبر در سپاه، ایراد شد. در یوتیوب موجود است.

– سند دیگر، فایل صوتی سخنرانی سردار مشفق (عبدالله ضیغمی) است که در آن ادعا می‌کند اصلاح‌طلبان "اتاق جنگ" درست کرده و بهانه تراشی می‌کردند تا در روند انتخابات اختلال کنند، و به همین خاطر اتاق‌های جنگ آنها توسط نیروهای حکومتی شناسایی و مختل شد. از سخنان مشفق می‌توان چنین استنباط کرد که چند ماه قبل از انتخابات، ستادی در قرارگاه ثارالله تشکیل شده بود با این هدف که رقبای احمدی‌نژاد را فلج کند. [i]

– سند دیگر اینکه کیفر خواست و حکم بازداشت هواداران موسوی را پیش از روز انتخابات آماده کرده بودند و خبر بازداشت‌ها صبح روز بعد از انتخابات در روزنامه دولت منتشر شد. یعنی حتی قبل از برگزاری انتخابات، برنامه دستگیری و سرکوب روی میز نیروهای امنیتی و سپاه بود.

– سند دیگر اینکه در روز انتخابات، نیروهای انتظامی و لباس شخصی به ستاد انتخاباتی موسوی و شبکه اس–ام–اس این ستاد حمله کردند و آنها را از کار انداختند. تاجزاده می‌گوید اگر اصولگرایان از موفقیت انتخاباتی خود مطمئن بودند نیازی به چنین سرکوبی نبود.

– سند دیگر، نظر سنجی ستاد موسوی، یک روز قبل از انتخابات است که نشان می‌داد موسوی ۵۳ درصد ارا و بقیه نامزدها در مجموع ۴۷ درصد ارا را داشتند. و نیز، نظر سنجی وزارت اطلاعات و وزارت کشور که نشان می‌داد انتخابات به دور دوم کشیده می‌شود. با مد نظر قرار دادن این شواهد است که سپاه مداخله در انتخابات را وظیفه خود تشخیص داده بود.

---

[i] قرارگاه ثارالله قرارگاه امنیتی سپاه پاسداران در تهران است که تحت امر فرماندهی کل فعالیت می‌کند و وظیفه آن، مدیریت امنیت پایتخت و شهرهای استان تهران می‌باشد. متن و فایل صوتی کامل سخنان سردار مشفق – ۲۱ اسفند ۱۳۹۱– سایت
ourpresident.ir

تاجزاده رهبر را مسئول اول این کودتا معرفی می‌کند چرا که شکست احمدی‌نژاد را شکست خودش خواند و به این ترتیب نیروهای حامیش را بسیج کرد تا در انتخابات دخالت مستقیم، یعنی کودتا، کنند و مانع پیشروی نیروی رقیب شوند.

در سال‌های زندان، تاجزاده به کار فکری و بحث سیاسی روی آورد. از جمله جزوه‌ای، با عنوان "پدر، مادر، ما باز هم متهمیم"، نوشت و نسبت به سوابق و مواضع قبلی خود اعلام برائت کرد. در این جزوه نوشت که همه ما در دوره‌های قبل خطاهای جدی داشتیم و باید بابت آنها پوزش بطلبیم. در اول آبان ۹۰ خواهان دوشنبه‌های اعتراض شد و از مردم خواست که در اول هر ماه به یاد یک کشته جنبش سبز اعتصاب غذا و در هر مرکز ممکن تجمع کنند. این درخواست گوش شنوایی میان توده‌های مردم پیدا نکرد. نامه‌های متعددی نیز به ایت‌الله خامنه‌ای و دیگر مقامات حکومتی نوشت و در آنها رهبر را مسئول مشکلات کشور دانست. در انتخابات ریاست جمهوری ۹۲ از محمد خاتمی دعوت کرد تا در این مبارزه شرکت کند. سپس اعلام کرد که در رای گیری شرکت نخواهد کرد چرا که معتقد بود روحانی و عارف نمی‌توانند اکثریت ارا را بدست آورند ولی بعد از آنکه عارف از رقابت کناره‌گیری کرد حمایت خود را پشت کمپین روحانی گذاشت.

آزادی از زندان و فعالیت مجدد سیاسی (۱۳۹۵ تا ۱۴۰۱)

تاجزاده در خرداد ۹۵ از زندان آزاد شد و پس از مدتی به فعالیت سیاسی بازگشت. این دوره فعالیت تاجزاده در فضایی صورت می‌گیرد که رئیس جمهور، حسن روحانی، موفق به امضا برجام (توافق هسته‌ای ایران و پنج عضو دائم شورای امنیت سازمان ملل و آلمان) می‌شود. اما این برنامه مشترک به مرحله اجرا در نیامد و زمینه شکست طرح تنش‌زدایی در سیاست خارجی را فراهم کرد. شکست برجام تاثیر عمیقی بر افکار عمومی گذاشت. در انتخابات ۹۶ ریاست جمهوری بیش از ۷۰ درصد مردم شرکت کردند (و ۵۷ درصد به روحانی رای دادند) اما در انتخابات ۱۴۰۰، گسترش ناامیدی مردم و عدم رقابتی بودن انتخابات، موثر واقع شد و مشارکت افت چند ده درصدی

داشت. در نتیجه، ابراهیم رئیسی به عنوان نماینده تندروی اصولگرا به قدرت رسید و قدرت سیاسی بیش از پیش در دست اصولگرایان قرار گرفت.

در این دوره، تاجزاده از دولت دوم حسن روحانی و سیاست خارجی وی در برجام دفاع کرد. درباره حمایت از روحانی که به عنوان سیاستمداری میانه‌رو، و نه اصلاح‌طلب، شناخته می‌شد، بحث و جدل میان اصلاح‌طلبان بود و بعدا هم جریان داشت. برخی می‌پرسیدند که اصلاح‌طلبان چرا باید از یک شخصیت محتاط و میانه‌رو حمایت کنند. تاجزاده در این مورد گفت: "به آنها می‌گویم ما اشتباه جبهه ملی را در قبال علی امینی نمی‌کنیم. باید از امینی حمایت کرد. منتهی باید هویت خودمان را حفظ بکنیم. تبلیغ بکنیم. ترویج بکنیم. یک کار بسیار ظریف دوگانه داریم. هم حفظ ائتلاف و هم حفظ هویت. خیلی کار دشواری است. ممکن است شکست بخوریم. ولی راهی جز این نیست. نه می‌توانیم در ائتلاف حل شویم، چون همه چیزمان را از دست خواهیم داد. نه می‌توانیم هویت‌گرای صرف شویم برای اینکه شکست خواهیم خورد و یک استبداد دیگر حاکم خواهد شد." همچنین، تاجزاده سرسختانه از برجام دفاع کرد. در این باب دائم گفت هر چه زودتر برجام امضاء شود به نفع است و اگر امضاء و اجزا نشود تاثیرات فوری بر معیشت و حتی رفتار مردم دارد – و اینجا دقیق پیش‌بینی کرد که – ممکن است موجب اعتراضات خیلی جدی و گسترده شود. در واقع ناآرامی‌های ۹۶ و ۹۸ را از قبل دید. در این قبال از آقای خامنه‌ای به خاطر بقدرت رساندن "جوانان موئمن انقلابی" و نیز ناتوانی‌های حسن روحانی انتقاد کرد. تاکید تاجزاده این بود که توافق‌هایی مانند برجام باید تعمیم پیدا کند تا تنش در صحنه بین‌المللی را تقلیل دهد و مانع بازگشت سایه شوم جنگ به آسمان میهن شود. هر یک روز تاخیر در این امر را زیان دانست.

این دوره شاهد فعالیت قابل ملاحظه تاجزاده در چند حوزه است. یکی اینکه وارد فعالیت حزبی شده و عنوان نماینده جبهه اصلاحات در انتخابات ریاست جمهوری ۱۴۰۰ را بدست می‌آورد. دیگر اینکه وارد گفتگو، بحث و مناظره با دیگر فعالین و مفسرین سیاسی می‌شود و در قبال توسعه جنبش مدنی موضع فعال‌تری می‌گیرد. بررسی این نکات آموزنده است.

انتخابات ۱۴۰۰ ریاست جمهوری

با نزدیک شدن انتخابات ریاست جمهوری ۱۴۰۰، که دوره حسن روحانی را به پایان می‌برد، اصلاح‌طلبان وارد بحث جدی در مورد شرایط شرکت در رقابت انتخاباتی شدند. میانشان اختلاف نظر بود. گرایش ملاحظه‌کارتر درصدد بود به هر طریقی نامزدی معرفی کند. جریان تندروتر معتقد بود که نباید تحت هر شرایطی در انتخابات شرکت داشت، و سرانجام این جریان بود که دست بالا را پیدا کرد و در رای گیری درونی جبهه اصلاحات تاجزاده را به عنوان نامزد جبهه تعیین نمود. ماهیت فکری جبهه در این دوره تاریخی به خوبی در جزوه "جامعه قدرتمند-دولت توانمند" منعکس است. این جزوه ۱۳۳ صفحه‌ای توسط حزب اتحاد ملت به عنوان برنامه انتخاباتی منتشر شد. در آن بر ضرورت یکپارچگی مدیریتی، ارتقاء شاخص‌های انتخابات آزاد و تقویت جامعه مدنی تاکید شده است. بیانیه کوتاه انتخاباتی تاجزاده شاید یکی از الهام برانگیزترین گفتارهای او است. محتوا و آهنگ سخنش این است که "من هم رویاهای زیادی دارم". این حرف یادآور سخنرانی معروف ماریتن لوترکینگ، فعال مدنی آمریکایی در دهه ۱۹۶۰، است با عنوان "من رویایی دارم". بیانیه کوتاه تاجزاده منعکس کننده افکار او در این مرحله از زندگی سیاسی است. در آن می‌گوید: "مخالف راهی هستم که حاکمیت در حال پیمودن است. من با قرائت انسدادی از قانون اساسی و تقلیل دادن آن به اصل ولایت فقیه مخالفم. با سیاست داخلی امنیتی، با بستن دهان مخالفان و منتقدان و گرفتن حق فعالیت تشکیلاتی از هر ایرانی با هر گرایش و عقیده‌ای که ملتزم به قانون است و خشونت را نفی می‌کند، مخالفم. با نظارت استصوابی و سلب حق نامزدی از هر ایرانی واجد شرایط قانون اساسی مخالفم. من با نگاه طالبانی و داعشی به دین مخالفم. معتقد به حجابم ولی با حجاب اجباری مخالفم. من با قوانین تبعیض آمیز علیه زنان مخالفم. با سلب حقوق هر شهروندی با هر عقیده و مذهبی و قومیت و زبانی مخالفم. من با سیاست خارجی پرهزینه و امریکا ستیزی و روسیه دوستی مخالفم. من با دخالت نظامیان در سیاست و اقتصاد و انتخابات مخالفم." علی رغم تلاش جبهه اصلاحات برای کنار آمدن با حکومت و اعلام آمادگی برای شرکت در انتخابات، شورای نگهبان با توسل به قاعده نظارت استصوابی، صلاحیت تاجزاده را رد

کرد. طبق معمول دلائل این تصمیم هرگز اعلام نشد. بدنبال پیروزی ابراهیم رئیسی در انتخابات ۱۴۰۰ که با افت شدید تعداد رای دهنده همراه بود جو سیاسی جامعه محدودتر شد. میزان کنترل و سرکوب بالا رفت و حضور فعالین سیاسی در عرصههای گوناگون کاهش یافت.

گفتگوی مجازی

در سالهای پایانی دهه نود و با توسعه بیش از پیش اینترنت، امکان گفتگو و مناظره سیاسی افزایش یافت. روش متعادلتر دولت حسن روحانی نیز به این تحول یاری رساند و قدرتمندتر شدن جامعه مدنی هم موثر بود. در این فضای نسبتا بازتر سیاسی، تاجزاده فعالانه پا به میدان گذاشت و پس از ده سال نخستین مناظره خود را بطور علنی و با حضور خبرنگاران با علیرضا زاکانی (سیاستمدار اصولگرا) در دی ماه ۹۷ برگزار کرد. پس از آن، تاجزاده دهها مناظره با فعالین و نظریهپردازان داخل و خارج کشور، از چپ و راست، و از حامیان و مخالفین حکومت انجام داد. از جمله، با زاکانی و محمود نبویان (عضو جبهه پایداری) تا میانهروهایی مانند احمد زیدآبادی (روزنامهنگار) و فرخ نگهدار (فعال چپ خارج کشور) تا مخالفین سرسخت جمهوری اسلامی مانند مراد ویسی (روزنامهنگار شبکه سعودی ایران اینترنشنال) به گفتگو نشست. حتی شرایط خود را برای مناظره با رضا پهلوی اعلام کرد. این فعالیت مجازی، پلاتفرمهای متفاوت و گوناگون اینترنتی، از مصاحبه ویدئوی یوتیوب تا گفتگوی زنده تلگرام و بحثهای جمعی کلاب-هاوس، را در بر میگرفت.

تاثیر این مناظرهها چشمگیر بود و تاجزاده از موفقترین سخنرانانی شد که در این پدیده جدید اجتماعی حضور یافتند. در مناظرههای کلاب-هاوس بیش از هر فعال سیاسی دیگر مخاطب پیدا کرد. چند ده هزار نفر پای منبرش آمدند و ساعتها به سخنانش گوش فرا دادند. از نکات مهم این فعالیت اینکه انتقادهای صریحی از رهبر کرد. در یکی از آخرین توئیتها قبل از دستگیری از رهبر خرده گرفت که چرا اجازه احیای برجام را نمیدهد. علیرغم این استقبال در فضای مجازی، که مختص الیت اجتماعی

است، از آنجا که تاجزاده در رسانه‌های حرفه‌ای، از جمله رسانه‌های فارسی زبان خارج کشور، حضور نداشت دسترسی به افکار عمومی جامعه پیدا نکرد و به نظر می‌رسد که نتوانست پایگاه اجتماعی خود را به شکل چشمگیری توسعه دهد.

دستگیری مجدد و محکومیت

اواسط تیر ماه ۱۴۰۱ نیروهای امنیتی، حدود ساعت ۱۱ شب، به منزل تاجزاده رفتند، او را بازداشت و به زندان اوین منتقل کردند. دانسته نیست که آیا این دستگیری به خاطر عمل مشخصی بود که صبر حکومت را لبریز کرد و یا اینکه مقامات امنیتی مدت‌ها برایش پرونده سازی کرده بودند. قوه قضاییه، طبق معمول، اتهام او را تبانی به قصد اقدام علیه امنیت کشور؛ فعالیت تبلیغی علیه نظام و نشر اکاذیب جهت تشویش اذهان عمومی اعلام کرد. اتهاماتی کلی که معمولا علیه فعالین سیاسی به کار می‌رفت. متعاقباً جبهه اصلاحات از ریاست قوه قضائیه، محسنی اژه‌ای، خواست که تاجزاده را آزاد و دادگاه او را به صورت علنی و در حضور هیأت منصفه برگزار کند. همچنین خواست که ضابطان امنیتی مداخله بی‌رویه در این پرونده نداشته باشند. قوه قضائیه توجهی به این درخواست نکرد، و سه ماه پس از بازداشت، تاجزاده را به هشت سال زندان محکوم کرد. در این دور زندان نیز تاجزاده به مطالعه و ارزیابی گفتمان‌های سیاسی روی آورد و از جمله چند مصاحبه با دیگر زندانیان انجام داد و اعلام کرد به مبارزه ادامه می‌دهد.

شخصیت تاجزاده

بیان ویژگی‌های شخصیت سیاسی و خصوصی تاجزاده را می‌توان از زبان دوست و رقیب شنید. شاید گویاتر باشد.

سردار مشفق، از فرماندهان قرارگاه ثارالله سپاه که در سرکوب اصلاح‌طلبان در جنبش سبز نقش داشت، گفته است که: "تاجزاده استاد جنگ روانی است که در فتنه [۸۸]

جایگاه دارد. در حوزه جنگ روانی، در مجموعه اصلاح‌طلبان، تنها کسی است که می‌تواند بصورت عملیاتی اقدامات روانی موثر انجام بدهد چه سینه به سینه در ارتباط با افراد و چه عمومی در سطح جامعه. بسیار خبره و زبردست است." [i]

علیرضا زاکانی، شهردار اصولگرای تهران گفته: "هر زمان آمریکایی‌ها در ایران به مشکل بر می‌خورند، آقای تاجزاده و دوستان وی راه را برای آنها باز می‌کنند. امروز بیشترین دوستان آقای تاجزاده در آمریکا و غرب هستند و علیه ایران فعالیت می‌کنند." [ii]

سازمان مجاهدین خلق درباره او گفته: "تاجزاده از دژخیمان اطلاعاتی دهه۶۰ است که در سرکوب و قتل عام مجاهدین به دلیل رأی ندادن به قانون اساسی خمینی ملعون و نفی اصل ولایت فقیه دست داشت و به همراه همپالگی‌های خود عربده‌های مرگ بر منافقین و مرگ بر ضد ولایت فقیه سر می‌دادند. او کسی است که در دهه ۷۰، دهه بازیهای اصلاحات قلابی، دنبال اصل طلایی قانون اساسی خمینی بود، ولی [بعدها] زیر ضرب قیام‌ها و شعارهای مرگ بر اصل ولایت فقیه مردم و جوانان شورشی پوستین عوض کرده و، ناگزیر، به حذف اصل ولایت فقیه فراخوان" داد. [iii]

عبدالکریم سروش، فیلسوف، گفته: "ما و مردم ما مدیون آقای سید مصطفی تاجزاده هستیم. وی یکی از پخته‌ترین، مجرب‌ترین، منصف‌ترین و پارساترین سیاستمداران و سیاست‌شناسان ما است. بخاطر نقدهای بی‌پروا ولی مدنی و سنجیده‌ای که به این حکومت کرد در بند است. اگر این حکومت گوش شنوا داشت باید مجسمه او را از زر می‌گرفت و از زر می‌ساخت. ولی دریغا که نصیب او زندان انفرادی شده. باید از حقوق او دفاع کرد و نباید گذاشت فراموش بشود. ما به این بزرگان شجاع و دلیر مدیون هستیم. امیدواریم ورق چنان برگردد که این بزرگان نه تنها آزاد شوند بلکه بر صدر

[i] سخنرانی سردار مشفق در مشهد در همایش عبور از بحران

[ii] مناظره ۲۸ خرداد ۱۳۹۸

[iii] فراخوان دژخیم اطلاعاتی دهه۶۰ - ۱۳۹۹ - mojahedin.org

بنشینند و پاداش بگیرند و بتوانند دست گشاده‌ای داشته باشند و تصرف در امور کنند. مردم را در امر سیاست راهنمایی کنند و مقصد درست را نشان بدهند." i

رجبعلی مزروعی، عضو سازمان مجاهدین انقلاب و نماینده دور ششم مجلس گفته: مصطفی تاجزاده "آدم خیلی عاطفی است و به قول اصفهانی‌ها، رفیق باز. خیلی خوش اخلاق و خوش برخورد است. من هرگز شاهد تندخویی او حتی در شرایط سخت نبودم. همیشه سعی می‌کرد با جوک حرف بزند. خودش هم خیلی خوش خنده است. به لحاظ زندگی پاکدست و درویش. خانواده دوست. به سینما و فیلم خیلی علاقه دارد. به تماشای فوتبال خیلی علاقمند است و همچنین خواندن کتاب." i i

فخرالسادات محتشمی‌پور، "همسر جان" آقای تاجزاده، در مورد او گفته "ایشان یک فرد اجتماعی، مردمدار و اهل ارتباط گسترده مردمی است. در مراسم ازدواج، در مسجد الجواد تهران، حدود ۵۰۰ میهمان مرد و تعداد کمتری میهمان زن داشتیم. طیف‌های مختلف فکری بودند. از موئتلفه تا سازمان مجاهدین انقلاب اسلامی و دوستانی که آمریکا درس خوانده بودند. آقای تاجزاده اهل رفت و آمد و تعامل است. مهربان و خوش قلب. اهل نفرت و کینه نیست. حتی با کسانی که اختلاف نظر دارد و علیه او صحبت می‌کنند. به لحاظ اخلاقی رابطه را حفظ می‌کند.

به فوتبال خیلی علاقه دارد. در تیم فوتبال دانشگاه بود. تعصب تیمی ندارد، و یا حداقل اعلام نمی‌کند. به شوخی به او می‌گویم "تاجی، و حتما تاجی هم هستی". میزان و سرعت کتاب خواندنش بسیار است. محمد نوری‌زاد که در یک اطاق با او زندان بود می‌گفت تاجزاده با حرص و ولع کتاب می‌خواند. چند کتاب با هم می‌خواند. مصرف کتابش بالا است. موضوع‌های متفاوت می‌خواند. اما بیشتر در حوزه علوم سیاسی. رمان و ادبیات هم دوست دارد. یک بار گفت چه اشتباهی کردم که وقت کمی گذاشتم در

i گفتارهای دکتر عبدالکریم سروش درباره اعتراضات۱۴۰۱: درباره آقای تاج زاده – یوتیوب – ۲۰۲۲
ii رجبعلی مزروعی – مصاحبه با سعید برزین – ۲۰ آذر ۱۴۰۲

خواندن رمان. در زندان چند کتاب ترجمه کرد، از جمله یکی درباره کره شمالی.[i] چند کتاب دیگرش منتظر مجوز از وزارت کشور است.

به ارتباطات خانوادگی مقید است. با دختر بچهها خیلی وقت میگذاشت. به دخترهایش و بستگان سببی میرسد. در کار خانه کمک میکرد. بخصوص وقتی فرصت داشت. ظرف شستن با آقای تاجزاده بود. به شوخی میگفت نمیگذارند در زندان ظرف بشورم و اگر بیرون بیایم شاید یادم برود که چطور ظرف بشورم.

در دوران اول زندان، در اعتراض به اینکه برخلاف قانون و اجرای حکم در انفرادی بود روزه سیاسی گرفت. چند ماه بعد از بازداشت سال ۸۸ شروع کرد، و نزدیک به شش سال، تا آخر حبس ادامه داد. البته سعی کرد کمبود پزشکی را جبران کند. چشمش دچار مشکل شد. سکته چشمی داشت. ولی میگفت اینطور میتواند مقاومت کند. "[ii]

---

[i] کره شمالی: آن سوی آینه – کانگ دن اوه – ترجمه مصطفی تاجزاده و عباس شاکری سیاوشانی– انتشارات کویر – ۱۳۹۷
[ii] فخرالسادات محتشمیپور – مصاحبه با سعید برزین – ۲۴ دی ۱۴۰۲

منابع

احمد زیدآبادی – "متن کامل مناظره تاجزاده – زیدآبادی درباره اصلاحات – ۲ آبان
۱۳۹۸" – سایت دیدار نیوز و انصاف نیوز

ایران من — "بانیان وضع موجود و آینده ایران با سید مصطفی تاجزاده – ایران من"
کلاب هاوس – ۲۷ اردیبهشت ۱۴۰۱ – یوتیوب

بهار نیوز – "مصطفی تاجزاده – به زندان بروم بازهم هشدار خواهم داد – مصاحبه
بهارنیوز به نقل از هفته‌نامه غرب – فروردین ۱۳۹۷" – baharnews.ir

بیانیه ۱۰ اصلاح‌طلب درباره شرایط کشور – ۲۳ مرداد ۱۳۹۷ – انصاف نیوز

بی‌بی‌سی – "مصطفی تاجزاده کیست؟ از گروه مسلحانه «فلق» تا معاونت وزارت
کشور و زندان" سایت بی‌بی‌سی – ۱۸ تیر ۱۴۰۱

جهانبخش خانجانی — "ناگفته‌هایی از وزارت کشور دولت خاتمی در گفت و گو با
جهانبخش خانجانی" – شنبه ۲۹ مرداد ۱۳۸۴ – gooya.com

حامد سیاسی راد – "گفت‌وگو با مصطفی تاجزاده؛ کندوکاو در مفهوم اصلاحات
ساختاری" – دیدارنیوز – ۲۳ آبان ۱۴۰۰ – یوتیوب، آپارات و دیدار نیوز

حزب اتحاد ملت – "بیانیه حزب اتحاد ملت درباره بیانیه میرحسین و خاتمی" – ۲
اسفند ۱۴۰۱

حسین دهباشی – " خشت خام – گفتگوی حسین دهباشی با مصطفی تاج زاده" – ۱۵ آبان ۱۳۹۶" — سایت‌های یوتیوب، آپارات و تماشا

حسین رزاق – "مصطفی تاجزاده – مصاحبه با حسین رزاق در زندان اوین – گفت‌وگوهای زندان" – ۲۱ شهریور ۱۴۰۲ – پیام رسان تلگرام – فردای بهتر t.me/MostafaTajzadeh

دامون گلریز – "تصمیم‌های سخت، گفتگوی مصطفی تاجزاده (اصلاح‌طلب) با دامون گل‌ریز (مشروطه‌خواه) در کلاب‌هاوس ایران من" – ۱۱ خرداد ۱۴۰۱ – یوتیوب

دانشنامه حوزوی – ویکی فقه – سازمان مجاهدین انقلاب اسلامی – fa.wikifeqh.ir

رضا پهلوی – "زمان انتخاب، مصاحبه میشل تُبمن" – نام ناشر و تاریخ نشر ندارد، احتمالا سال ۱۳۸۹ – آنلاین

سعید برزین – "هسته سخت، پوسته نرم؛ شرایط سیاسی ایران در ۱۴۰۰" – سایت زیتون – آبان ۱۴۰۰

سعید برزین – کتاب "جناح بندی سیاسی در ایران" – نشر مرکز – ۱۳۷۷

سعید حجاریان – "اصلاحات ساختاری یعنی چه؟ – انصاف نیوز – ۲۸ شهریور ۱۴۰۰" – سایت

سید علی خامنه‌ای – " بیانات در دیدار اقشار مختلف بانوان" – ۱۴ دی ۱۴۰۱: – سایت خامنه‌ای

سید محمد خاتمی – "سخنرانی ها و یادداشت های سید محمد خاتمی" – موسسه فرهنگی و اطلاع رسانی تبیان – ۱۳۹۵ – آنلاین

سید محمد خاتمی – همایش "گفت‌وگوی بین فرهنگی؛ چالشی برای صلح" – دانشگاه پاپی گریگوریانوی واتیکان – ۱۳۸۶ – سایت عصر ایران

سید محمود نبویان – "مناظره تاجزاده و نبویان" مناظره مصطفی تاجزاده و سید محمود نبویان (عضو جبهه پایداری) – درباره برجام – ۲۶ اردیبهشت ۱۳۹۸ – یوتیوب و tamasha.com

شورای مدیریت گذار – استراتژی گذار– سند شماره ۳ – سایت شورای مدیریت گذار

عبدی مدیا – "مصطفی تاجزاده – گفتگوی عبدی مدیا – ۱ تیر ۱۳۹۹" – یوتیوب

"علیرضا بهشتی، علی دینی ترکمانی و سعید مدنی – ساختار چیست و اصلاح ساختار کدام است؟" ایران فردا – اسفند ۱۳۹۸ – alirezabeheshti.com

علیرضا رجایی – گفتگو با مصطفی تاجزاده "اصلاحات ساختاری یا انقلاب؟" – کلاب هاوس میدان آزادی – ۱۹ مرداد ۱۴۰۰ – یوتیوب

علیرضا زاکانی – "مصطفی تاجزاده، مناظره با علیرضا زاکانی – بخش اول – ۲۵ دی ۱۳۹۷" – آپارات و یوتیوب

علیرضا زاکانی – "مصطفی تاجزاده، مناظره با علیرضا زاکانی – بخش دوم – ۳ بهمن ۱۳۹۷" – آپارات و یوتیوب

علیرضا زاکانی – "مصطفی تاجزاده، مناظره با علیرضا زاکانی – بخش سوم – ۲۸ خرداد ۱۳۹۸" – آپارات و یوتیوب

علیرضا علوی‌تبار – "میزگرد حجاریان، تاجزاده و علوی‌تبار با موضوع انتخابات" – ۲۹ بهمن ۱۳۹۷ – انصاف نیوز

علی علیزاده – " دهمین اپیزود برنامه جدال – گفتگو با مصطفی تاجزاده" – مرداد ۱۴۰۰" – یوتیوب و جدل

غلامحسین کرباسچی – "متن کامل مناظره تاجزاده و کرباسچی درباره انتخابات ۹۸" – ۱۰ فروردین ۱۳۹۹ – انصاف نیوز

فخرالسادات محتشمی‌پور — مصاحبه با سعید برزین – ۱۸ آبان ۱۴۰۲

فرخ نگهدار– " گزارش مناظره نگهدار–تاجزاده: خشونت اجتناب‌ناپذیر بود؟" – ۳۱ مرداد ۱۳۹۹ – انصاف نیوز

فرید مدرسی – "جدال لفظی فرید مدرسی با مصطفی تاجزاده درباره رهبر" – ۱۰ مرداد ۱۴۰۰ – یوتیوب

مجاهدین خلق – پیام مسعود رجوی – ۱۶ مهر ۱۴۰۲ – سایت اینترنت مجاهدین

محسن کدیور - "ریشه‌یابی حکومت انتصابی در جمهوری اسلامی (تحلیل انتقادی مراحل سهگانه اندیشهٔ سیاسی بنیانگذار جمهوری اسلامی ایران، قبل از زمامداری)"، نشریه آفتاب - شمارهٔ ۱۴ - فروردین ۱۳۸۱

محسن کدیور - نقد گذشته، اصلاحات ساختاری و زندگی در تبعید - ۲۹ مرداد ۱۳۹۱ - Kadivar.com

محسن کدیور - اصلاحات، نقد مرحله اول، دورنمای مرحله دوم - ۸ شهریور ۱۳۸۱ - Kadivar.com

محسن کدیور - نقد گذشته، اصلاحات ساختاری و زندگی در تبعید - ۲۹ مرداد ۱۳۹۱ - kadivar.com

محسن کدیور - به بهانه آزادی تاج زاده از حبس هفت ساله - ۱۵ خرداد ۱۳۹۵ - kadivar.com

محسن کدیور و ابوالفضل قدیانی - گذار مسالمت‌آمیز از نظام اصلاح ناپذیر - ۸ اسفند ۱۳۹۶ - kadivar.com

محسن کدیور - اصلاحات ساختاری و نظام اصلاح ناپذیر- ۱۸ مرداد ۱۳۹۷ - kadivar.com

مشفق، "متن و فایل صوتی کامل سخنان سردار مشفق"، از فرماندهان قرارگاه ثارالله سپاه - ourpresident.ir

مراد ویسی - "مناظره - اصلاحات ساختاری یا عبور از ج.ا - مصطفی تاجزاده و مراد ویسی" - ایران تماشا در کلاب هاوس - ۳۰ خرداد ۱۴۰۱ - یوتیوب

مصباح یزدی - کتاب‌های: حکیمانه‌ترین حکومت: کاوشی در نظریه ولایت فقیه / اخلاق در قرآن، جلد سوم / نظریه حقوقی اسلام - جلد ۱ / پرسش‌ها و پاسخ‌ها / نگاهی گذرا بر فلسفه سیاسی اسلام - mesbahyazdi.ir

مصطفی تاجزاده - "از خطاهای خود در دهه اول انقلاب پوزش می‌خواهم" - ۲۴ خرداد ۱۳۸۹ - radiofarda.com

مصطفی تاجزاده - "اصلاحات دموکراتیک؛ جامعه محور یا حکومتی؟" - مجله آیین - آذر و دی ۱۳۸۷ - ensani.ir

مصطفی تاجزاده - "امام، پرچمدار جمهوریت در ایران" - نشریه آفتاب - شمارهٔ ۱۵ - اردیبهشت ۱۳۸۱

مصطفی تاجزاده - "امکان یا امتناع سیاست ورزی در ایران" - مجله آیین - آذر ۱۳۸۳ - پرتال جامع علوم انسانی - ensani.ir

مصطفی تاجزاده - "باید به برجام‌های جدیدی فکر کرد" - انصاف نیوز - ۴ مهر ۱۳۹۶

مصطفی تاجزاده - "تحلیل تاجزاده از اعتراضات اخیر" - انصاف نیوز - ۱۴ دی ۱۳۹۶ - ensafnews.com

مصطفی تاجزاده - "در ضرورت اصلاحات بنیادی در قانون اساسی" - مقاله‌ای از زندان - سایت زیتون - ۸ بهمن ۱۴۰۱ - www.zeitoons.com

مصطفی تاجزاده - زندگینامه - tajzade.com

مصطفی تاجزاده – "جرم‌ها و جنایت‌های سید محمد خاتمی" – روزنامه اعتماد ۲۴ اردیبهشت ۱۴۰۱ – etemadnewspaper.ir

مصطفی تاجزاده – در پاسخ به رهبر – ۶ فروردین ۱۴۰۲ — سایت زیتون – zeitoons.com

مصطفی تاجزاده – صفحه فیسبوک – facebook.com/Mostafa.Tajzade

مصطفی تاجزاده – "عبور از خاتمی یا عبور از ملت؟" – مجله آیین – دی ۱۳۸۵ – ensani.ir

مصطفی تاجزاده – فیلم – "حادثه کوی دانشگاه ۷۸ به روایت مصطفی تاجزاده" – aparat.com

مصطفی تاجزاده – "گفتگو: اصلاحات و آینده نظام" – ماهنامه آزما – تیر ۱۳۸۱ – noormags.ir

مصطفی تاجزاده – "گفتگو با مصطفی تاجزاده؛ انتقاد از وضع موجود با صدای بلند!" – دیدارنیوز – آپارات – aparat.com

مصطفی تاجزاده – "مدل های اسلام خواهی" – بازتاب اندیشه ۷۲ – ۱۳۸۵ – ensani.ir

مصطفی تاجزاده – "متن کامل نامه تاجزاده به رهبر انقلاب درباره قانون اساسی" – صدای میانه – ۱۹ اردیبهشت ۱۴۰۰ – vom.ir

مصطفی تاجزاده - "نامه سید مصطفی تاجزاده به سعید حجاریان درباره اصلاحات ساختاری" - ۲۵ مهر ۱۴۰۰ - sobhema.news

مصطفی تاجزاده - "نمی‌خوام تکرو باشم" - اندیشه پویا - شماره ۴۶ - آبان ۱۳۹۶

مصطفی تاجزاده - "یادداشت تحلیلی از مصطفی تاجزاده: پدر، مادر، ما باز هم متهمیم! " - ۱۳۸۸ - https://asre-nou.ne

ملیحه محمدی - "اصلاحات ساختاری یعنی انقلاب - ۸ آذر ۱۴۰۰" - سایت زیتون

میرحسین موسوی - "خواستار برگزاری همه پرسی و تدوین قانون اساسی جدید شد" - سایت زیتون - ۱۵ بهمن ۱۴۰۱

میرحسین موسوی - "خواستار برگزاری همه پرسی و تدوین قانون اساسی جدید - سایت زیتون - ۱۵ بهمن ۱۴۰۱"

نصرت‌الله حیدری و محسن جمشیدی - نقش و جایگاه سازمان‌های مردم نهاد در مشارکت سیاسی در دوران‌های ریاست جمهوری خاتمی، احمدی‌نژاد و روحانی - آبان ۱۳۹۵ - فصلنامه تخصصی علوم سیاسی

نهضت آزادی ایران - بیانیه بمناسبت فرا رسیدن ۲۲ بهمن ۱۴۰۲

همایون کاتوزیان - اقتصاد سیاسی ایران - نشر مرکز - ۱۳۹۴

همایون کاتوزیان - "ایران جامعه کوتاه مدت" - نشر نی - ۱۴۰۱

همایون کاتوزیان – "تضاد دولت و ملت" – نشر نی – ۱۴۰۱

همایون کاتوزیان – "فرقه گرایی در تاریخ معاصر ایران"، (در کتاب جناح بندی سیاسی در ایران – سعید برزین – ۱۳۷۷)

Alexander Moseley - The Philosophy of War - Internet Encyclopaedia of Philosophy

Anoushiravan Ehteshami, Mahjoob Zweiri - Iran and the Rise of Its Neoconservatives

Bruno Macaes, What are structural reforms? European View - journals.sagepub.com

C.A.J. Coady - Morality and Political Violence - Cambridge University

Encyclopaedias:
Britannica
Internet Encyclopedia of Philosophy
Oxford Research Encyclopaedia of Politics
Stanford Encyclopaedia of Philosophy

Elizabeth Frazer - Violence and Political Theory - Cambridge: Polity

Erica Chenoweth and Maria Stephan - Why Civil Resistance Works - Columbia Studies

Eskandar Sadeghi-Boroujerdi - Revolution and its Discontents: Political Thought and Reform in Iran

Fariba Adelkhah - Being Modern in Iran - Hurst & Company

Frank O'Gorman - Edmund Burke – Bloomington

Françoise Boucek - Rethinking Factionalism - Party Politics - Sage Journal

Graeme B. Robertson - The Politics of Protest in Hybrid Regimes - Cambridge

Ian Budge - Ideology, Party Factionalism and Policy Change - Cambridge

James S. Fishkin - When the People Speak: Deliberative Democracy and Public Consultation Paperback

Javad Heiran-Nia - How Iran's interpretation of the world order affects its foreign policy - atlanticcouncil.org

Katarzyna Jezierska, Leszek Koczanowicz - Democracy in Dialogue, Dialogue in Democracy

Kevin Bloor - Theories of Global Politics - E-International Relation - e-ir.info

Mary O'Shaughnessy - Justifications of Political Violence, McMaster University Philosophical Society

Pedro Lourenço - The Management of Intra-Party Factionalism - Cambridge

Peter Singer - Marx: A Very Short Introduction - Oxford

Political Dialogue: Theories and Practices Series: Poznań Studies in the Philosophy of the Sciences and the Humanities, Volume Forty Six

Roger Douglas - The Politics of Successful Structural Reform

Samuel P. Huntington - The Clash of Civilizations: And The Remaking of World

Siavush Randjbar-Daemi - The Quest for the State in the Islamic Republic of Iran - Journal of Critical Globalisation Studies

Siavush Randjbar-Daemi - The Quest for Authority in Iran

Tony Buckle, Liberalism, Republicanism and Violence, Podcast